Dans ma
caméra

Photos: Geneviève Borne
Page couverture: Donat Chabot

Direction artistique: Ann-Sophie Caouette
en collaboration avec Geneviève Borne

Design graphique et montage:
Ann-Sophie Caouette

Infographie: Chantal Landry

Traitement des images: Mélanie Sabourin

Révision et correction: Véronique Desjardins

Catalogage avant publication de Bibliothèque et Archives nationales du Québec et Bibliothèque et Archives Canada

Borne, Geneviève

Dans ma caméra

ISBN 978-2-7619-2986-8

1. Borne, Geneviève - Voyages. 2. Voyages autour du monde - Ouvrages illustrés. I. Titre.

G440.B67 2010 910.4'10222 C2010-942265-1

DISTRIBUTEURS EXCLUSIFS:

Pour le Canada et les États-Unis:
MESSAGERIES ADP*
2315, rue de la Province
Longueuil, Québec J4G 1G4
Téléphone: 450 640-1237
Télécopieur: 450 674-6237
Internet: www.messageries-adp.com
* filiale du Groupe Sogides inc.,
filiale du Groupe Livre Quebecor Media inc.

Pour la France et les autres pays:
INTERFORUM editis
Immeuble Paryseine, 3, Allée de la Seine
94854 Ivry CEDEX
Téléphone: 33 (0) 1 49 59 11 56/91
Télécopieur: 33 (0) 1 49 59 11 33
Service commandes France Métropolitaine
Téléphone: 33 (0) 2 38 32 71 00
Télécopieur: 33 (0) 2 38 32 71 28
Internet: www.interforum.fr
Service commandes Export – DOM-TOM
Télécopieur: 33 (0) 2 38 32 78 86
Internet: www.interforum.fr
Courriel: cdes-export@interforum.fr

Pour la Suisse:
INTERFORUM editis SUISSE
Case postale 69 – CH 1701 Fribourg – Suisse
Téléphone: 41 (0) 26 460 80 60
Télécopieur: 41 (0) 26 460 80 68
Internet: www.interforumsuisse.ch
Courriel: office@interforumsuisse.ch
Distributeur: OLF S.A.
ZI. 3, Corminboeuf
Case postale 1061 – CH 1701 Fribourg – Suisse
Commandes:
Téléphone: 41 (0) 26 467 53 33
Télécopieur: 41 (0) 26 467 54 66
Internet: www.olf.ch
Courriel: information@olf.ch

Pour la Belgique et le Luxembourg:
INTERFORUM BENELUX S.A.
Fond Jean-Pâques, 6
B-1348 Louvain-La-Neuve
Téléphone: 32 (0) 10 42 03 20
Télécopieur: 32 (0) 10 41 20 24
Internet: www.interforum.be
Courriel: info@interforum.be

11-10

Dépôt légal: 2010
Bibliothèque et Archives nationales du Québec

ISBN 978-2-7619-2986-8

Gouvernement du Québec – Programme de crédit d'impôt pour l'édition de livres – Gestion SODEC – www.sodec.gouv.qc.ca

L'Éditeur bénéficie du soutien de la Société de développement des entreprises culturelles du Québec pour son programme d'édition.

Le Conseil des Arts du Canada
The Canada Council for the Arts

Nous remercions le Conseil des Arts du Canada de l'aide accordée à notre programme de publication.

Nous reconnaissons l'aide financière du gouvernement du Canada par l'entremise du Fonds du livre du Canada pour nos activités d'édition.

Dans ma caméra

Photos, textes et collaboration
à la direction artistique

GENEVIÈVE BORNE

LES ÉDITIONS DE L'HOMME
Une compagnie de Quebecor Media

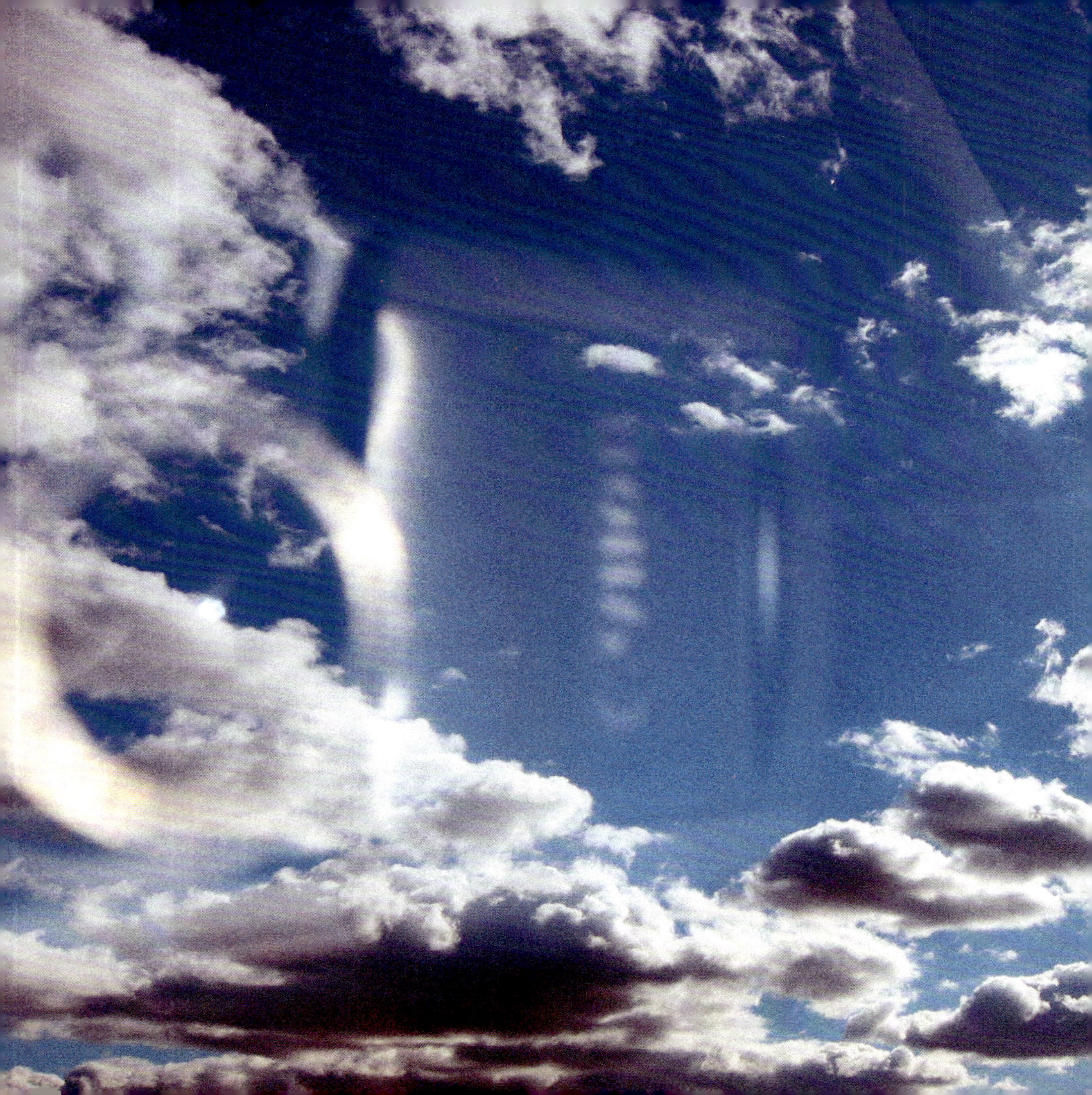

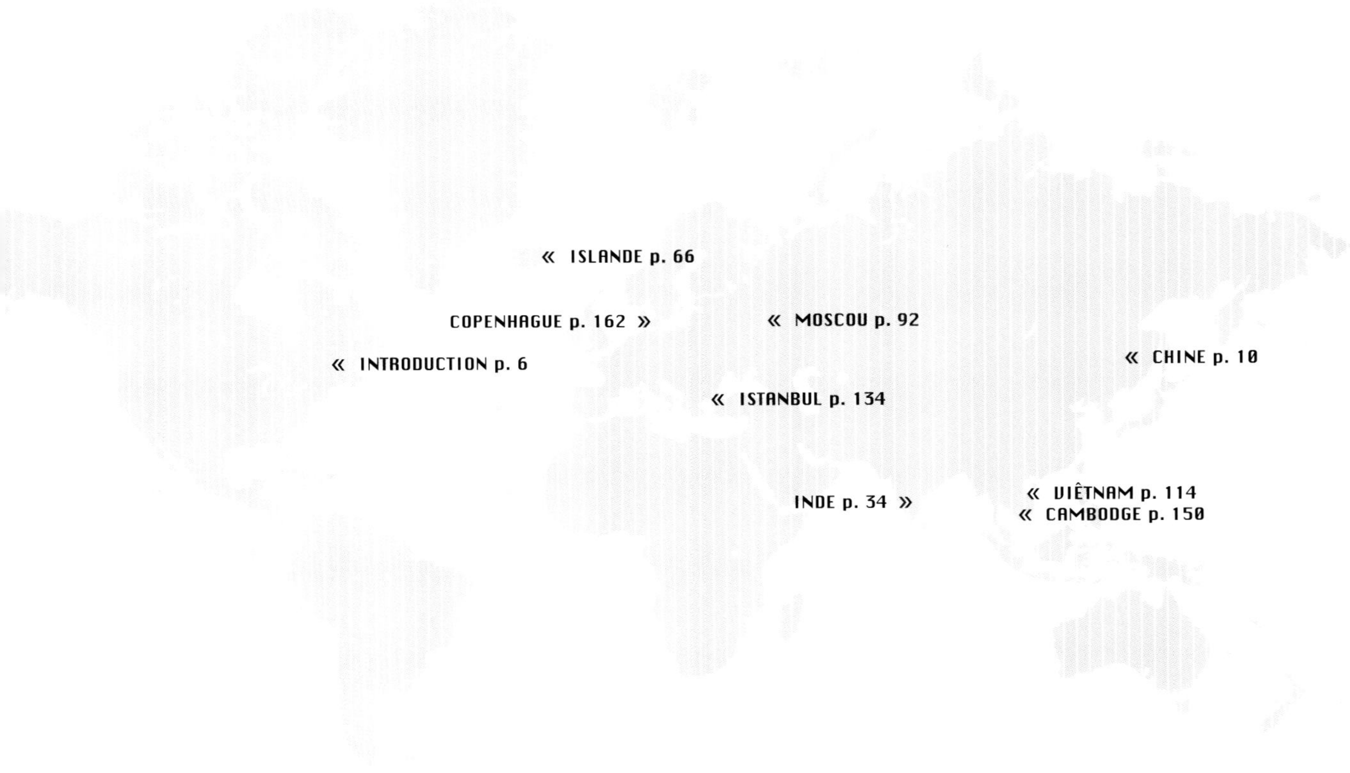

Introduction

J'aime tellement voyager que je pense que je pourrais ne faire que ça dans ma vie ! J'aime choisir une nouvelle destination, préparer mon périple et me retrouver parachutée dans un autre univers que le mien. J'aime le son du craquement de la carte que je déplie quand je commence à découvrir une nouvelle ville. En voyage, je veux marcher du matin jusqu'au soir dans toutes les rues, grimper dans toutes les tours, escalader toutes les murailles… J'aime avoir le sentiment de conquérir le territoire, j'aime aller dans tous les recoins. Je suis sous le charme des vieilles villes d'Europe, particulièrement Prague et Florence, et je crois que j'aimerais vivre à Londres – ma ville préférée. J'ai aussi un faible pour l'Asie. Je m'y suis rendue à quatre reprises et chaque fois, j'ai été complètement envoûtée par cette région de la planète.

À cet amour du voyage s'est ajoutée au cours des dernières années une immense passion pour la photographie. Que je sois seule ou accompagnée, j'ai toujours mon appareil à la main et je prends dans chaque pays des centaines de photos… Celles-ci ont été prises au milieu des horaires intenses de mes tournages d'émissons de voyages ou lors de mes vacances.

Récemment, j'ai ressenti le désir de partager avec vous ce que j'ai pu observer autour de moi ; ce qui a capté mon regard… Je souhaite que ce recueil de photographies vous fasse voyager à partir de votre salon mais par-dessus tout, je souhaite qu'il vous donne envie de prendre le prochain avion, un appareil photo à la main !

Carte d'embarquement
Boarding pass
BORNE/GENEVIEVE
MUMBAI 2
PARIS CDG
TKNE
AF 217
J 25APR 0225
01H40
08L
6A
ST. PETERSBURG
SHEREMETYEVO-MO
AEROFLOT
20JUL
19:35
BORNE/GENEVIEVEMRS
NEW Y
REYKJA
ICELANDAIR
FI 614
1920
ICELANDAIR
KEFLAVIK INTERNATIONAL AIRPORT
CARTE D'ACCÈS A BORD
BOARDING PASS
Nom du passager / Name of passenger
BORNE/GENEVI*
Remarques / Remarks
De / From
LOS ANGELES
A / To
PAPEETE
Vol / Flight
Classe
Date
Départ / Time
TN001
Embarquement / Boarding
21
Emitido por / Issued By AEROLINEAS ARGENTINAS
BOARDING PASS
Nombre del Pasajero / Passenger's Name
BORNE/GENEVIEVE
Desde / From
SALTA
BUENOS AIRES AEP
Puerta / Gate
Hora / Time
Asiento / Seat
No Smoke
755P
25D
AEROFLOT
Russian Airlines
PASSENGER COUPON
BORNE/GENEVIEVE
MOSCOW
PARIS
VIE
AUSTRIAN
714
B 22JAN
1120
STAR ALLIANCE
Boarding
BORNE/GENEVIEVE
JAL
08:15
14K
5/9
CLASS BOARDING PASS
DATE
SERIAL NO.
BOARDING TIME
SEAT
MONTREAL
CHARLES

Embarquement immédiat

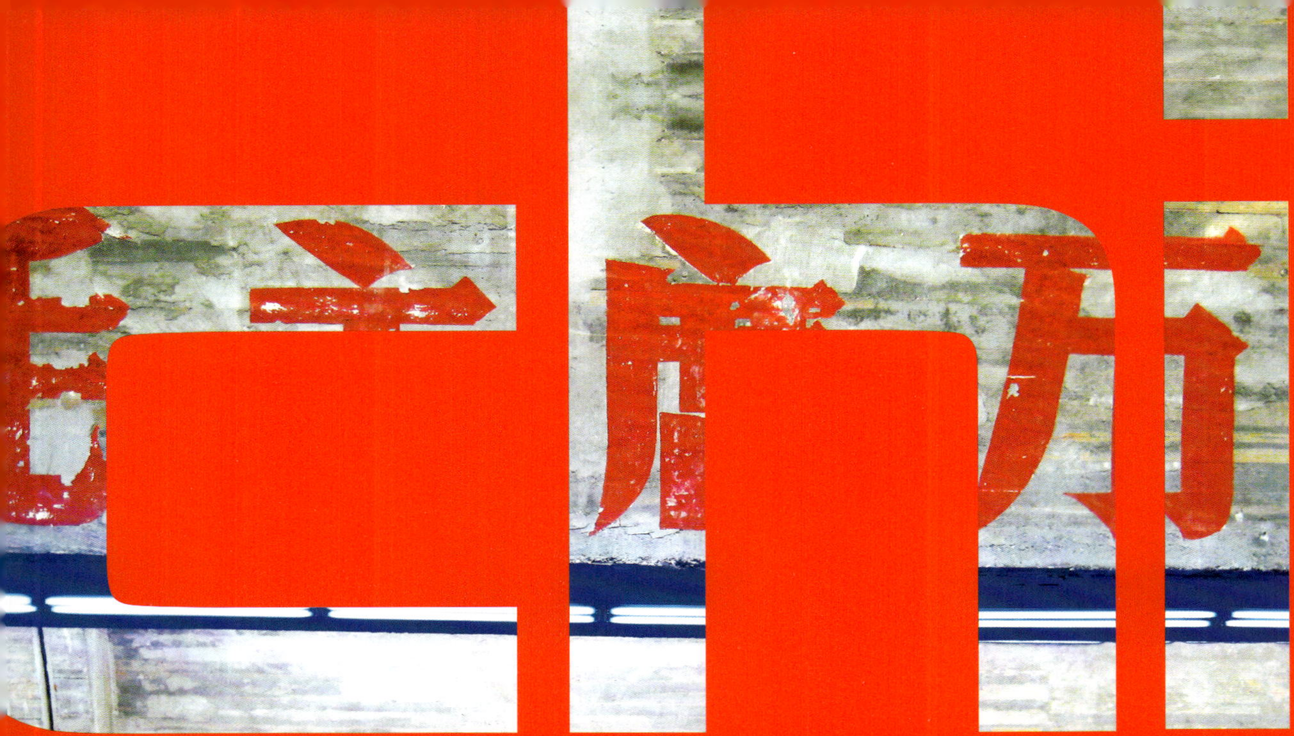
chi

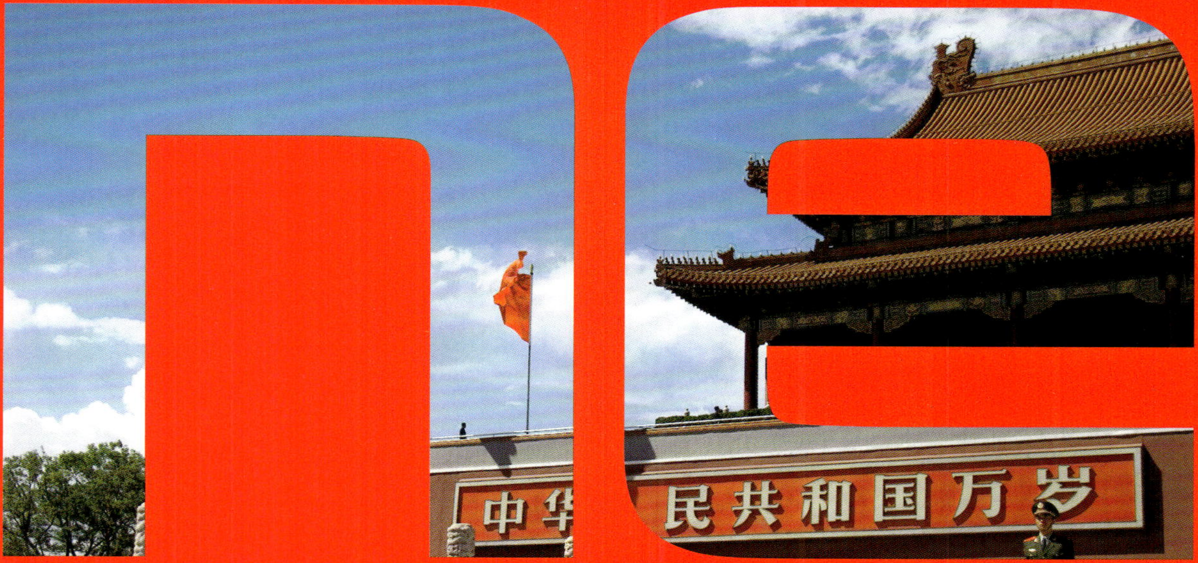

La Chine est le premier pays étranger auquel j'ai été exposée étant petite. Ma mère me faisait rêver en me montrant des photos de la Grande Muraille dans notre encyclopédie et en prononçant les mystérieux mots «communisme» et «Cité interdite»... C'est en 2007 que j'ai eu la chance de m'y rendre pour la première fois afin de tourner la série *Ni Hao* pour Évasion. Pékin construisait alors son stade pour les Jeux olympiques de 2008 et Shanghai se préparait à recevoir l'Exposition universelle de 2010. À Xian, j'ai salué l'armée de terre cuite et à Hong Kong, j'ai découvert le kung-fu et les impressionnants monastères bouddhistes. Mais c'est lorsque j'ai finalement marché sur la Grande Muraille que j'ai été le plus émue et impressionnée. J'étais sur les hauteurs du pays de tous les mystères.

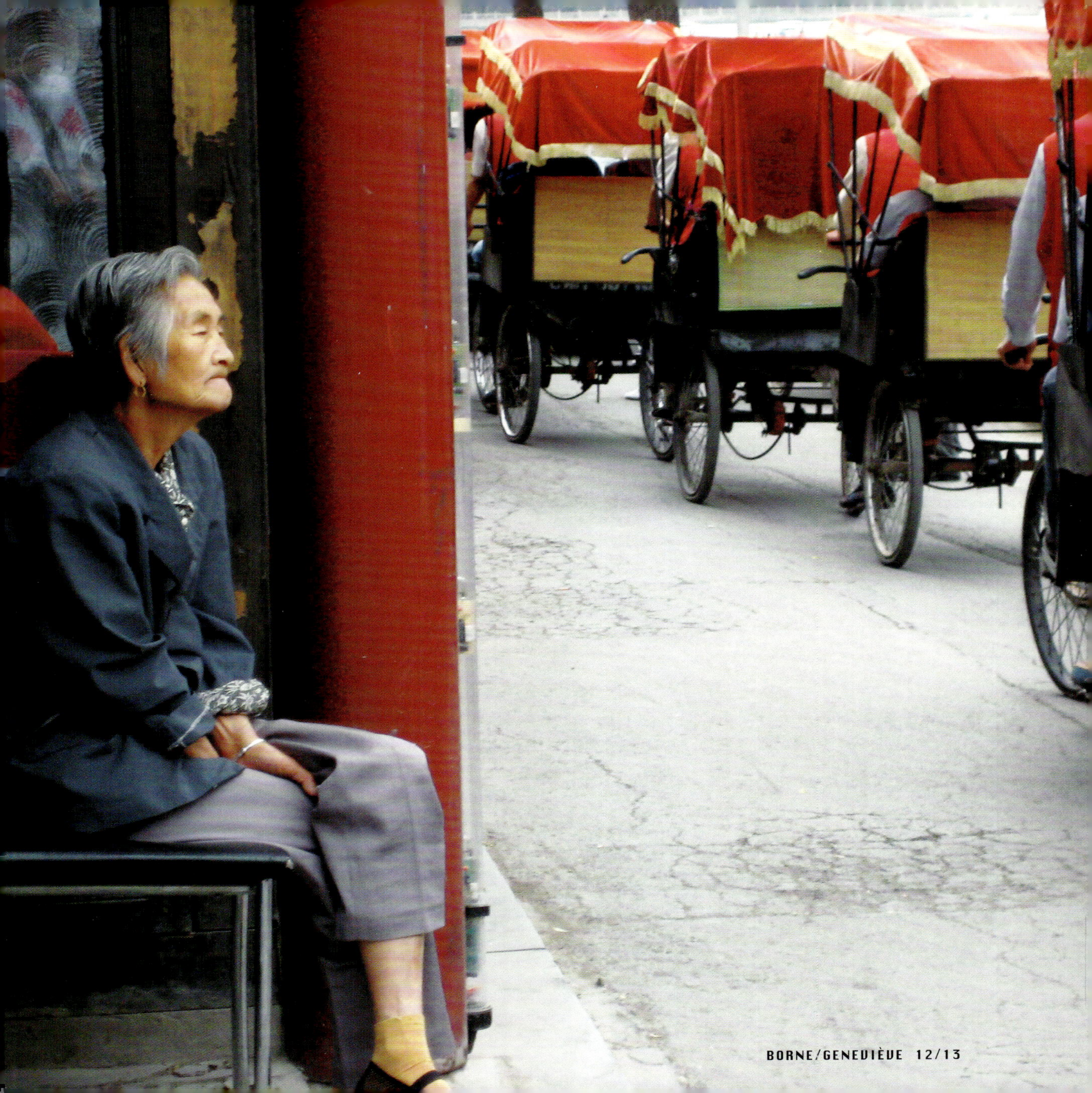

BORNE/GENEVIÈVE 12/13

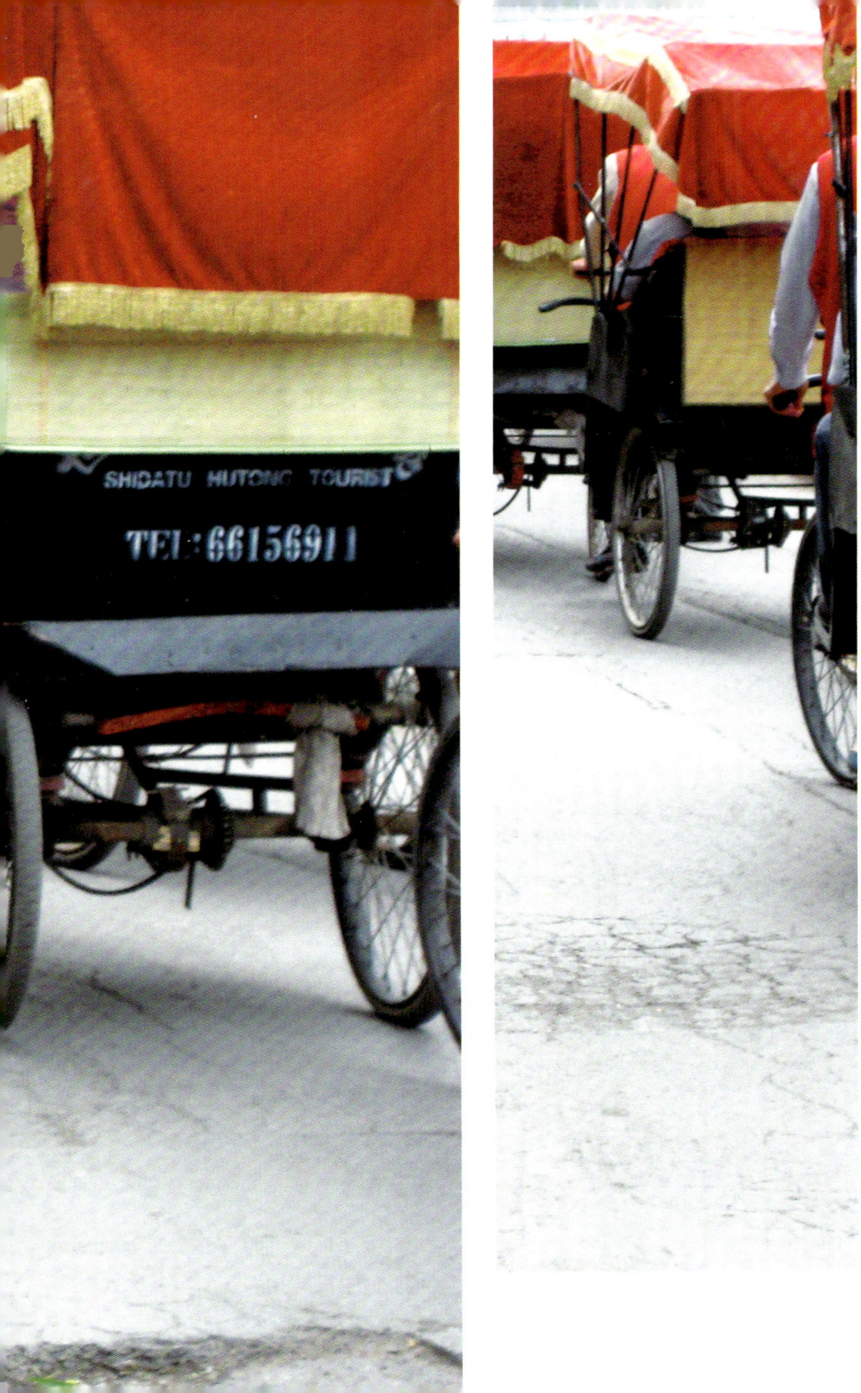

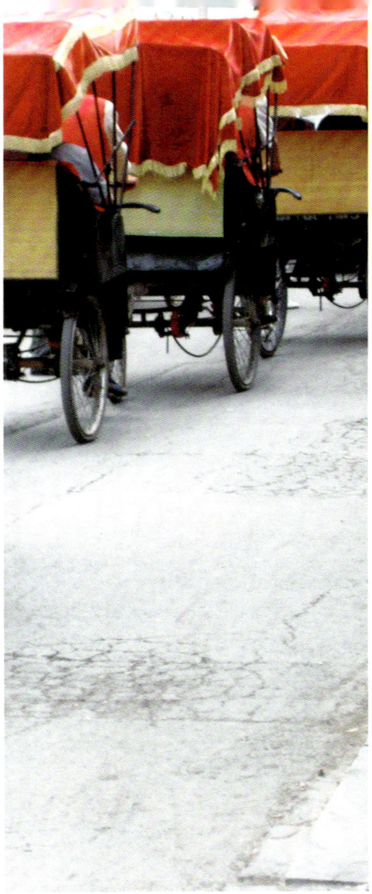

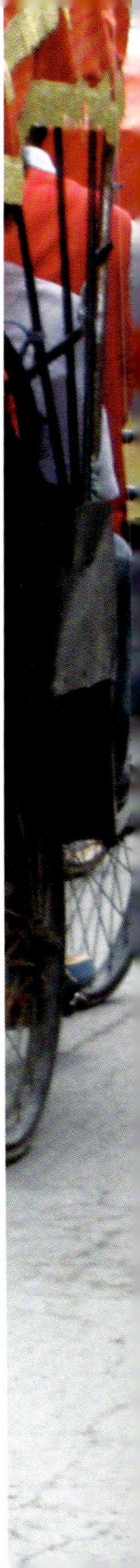

PÉKIN, CHINE

RÉSIDENTE D'UN HUTONG

Cette Pékinoise regarde passer avec résignation les nombreux touristes qui envahissent son quartier. Ils sont plusieurs à venir admirer les dernières maisons traditionnelles de Pékin qui ont survécu au pic des démolisseurs.

« **20 MAI 2007**

ce jour-là il pleuvait très fort...

CHINE

GRANDE MURAILLE

Le jour où j'ai réalisé mon rêve de visiter la Grande Muraille, à mon grand désarroi, il pleuvait à boire debout... Heureusement, en arrivant tout en haut, je me suis retrouvée au-dessus des nuages et de la pluie !

« **22 MAI 2007**

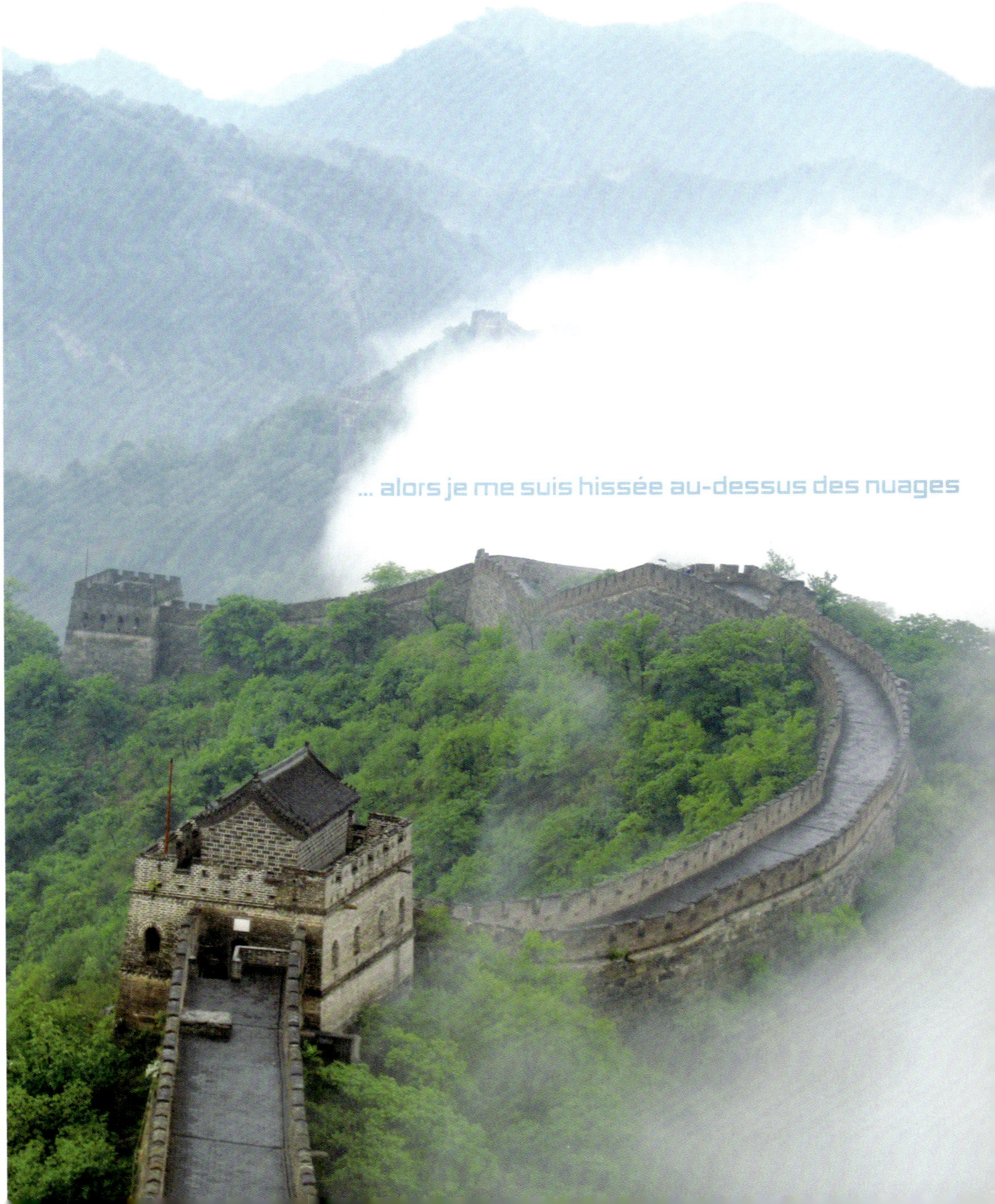
… alors je me suis hissée au-dessus des nuages

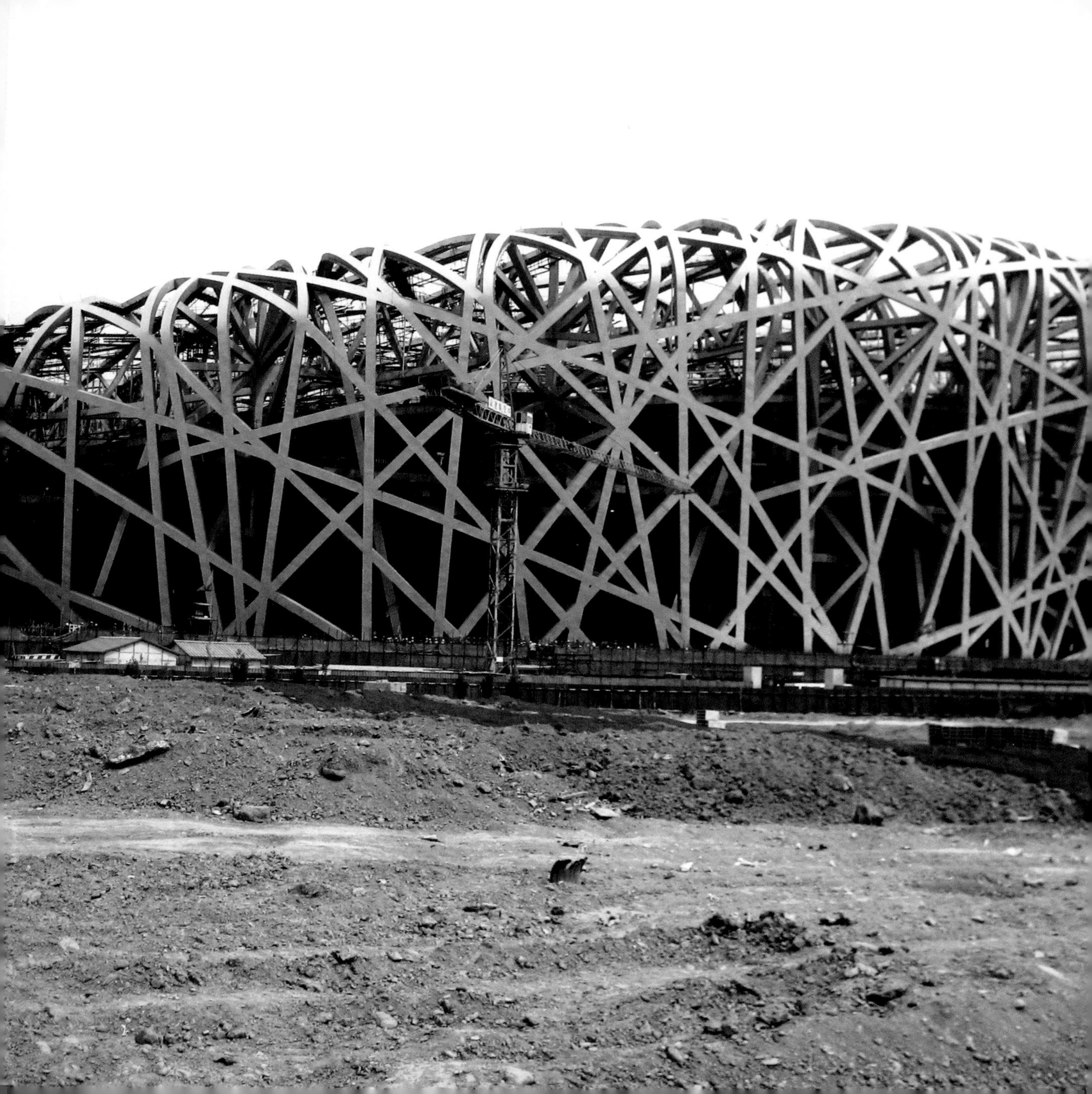

petit à petit, pékin fait son nid

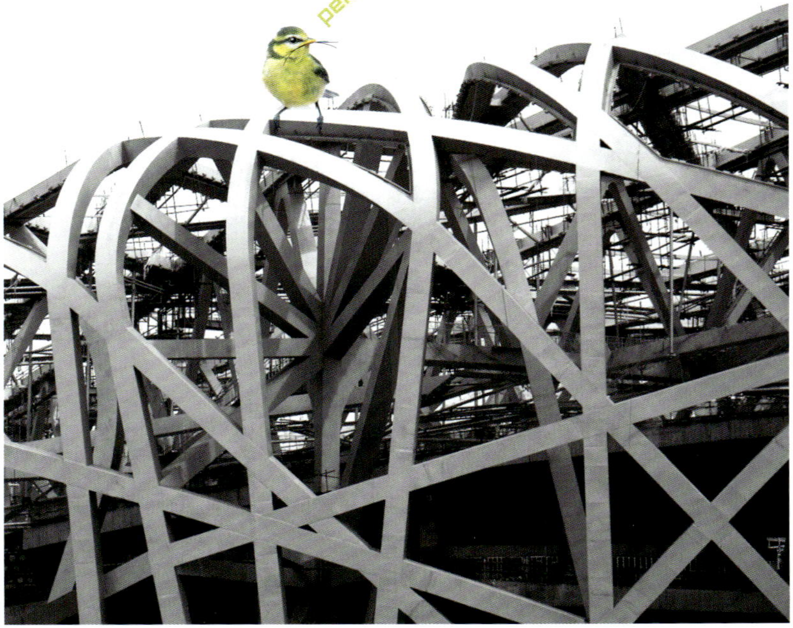

PÉKIN, CHINE

CONSTRUCTION DU STADE OLYMPIQUE BIRD'S NEST

La firme d'architectes suisse Herzog et Demeuron a conçu un stade en forme de nid d'oiseau pour les Jeux olympiques de Pékin. Lors de mon passage, en 2007, on complétait les travaux.

« **21 MAI 2007**

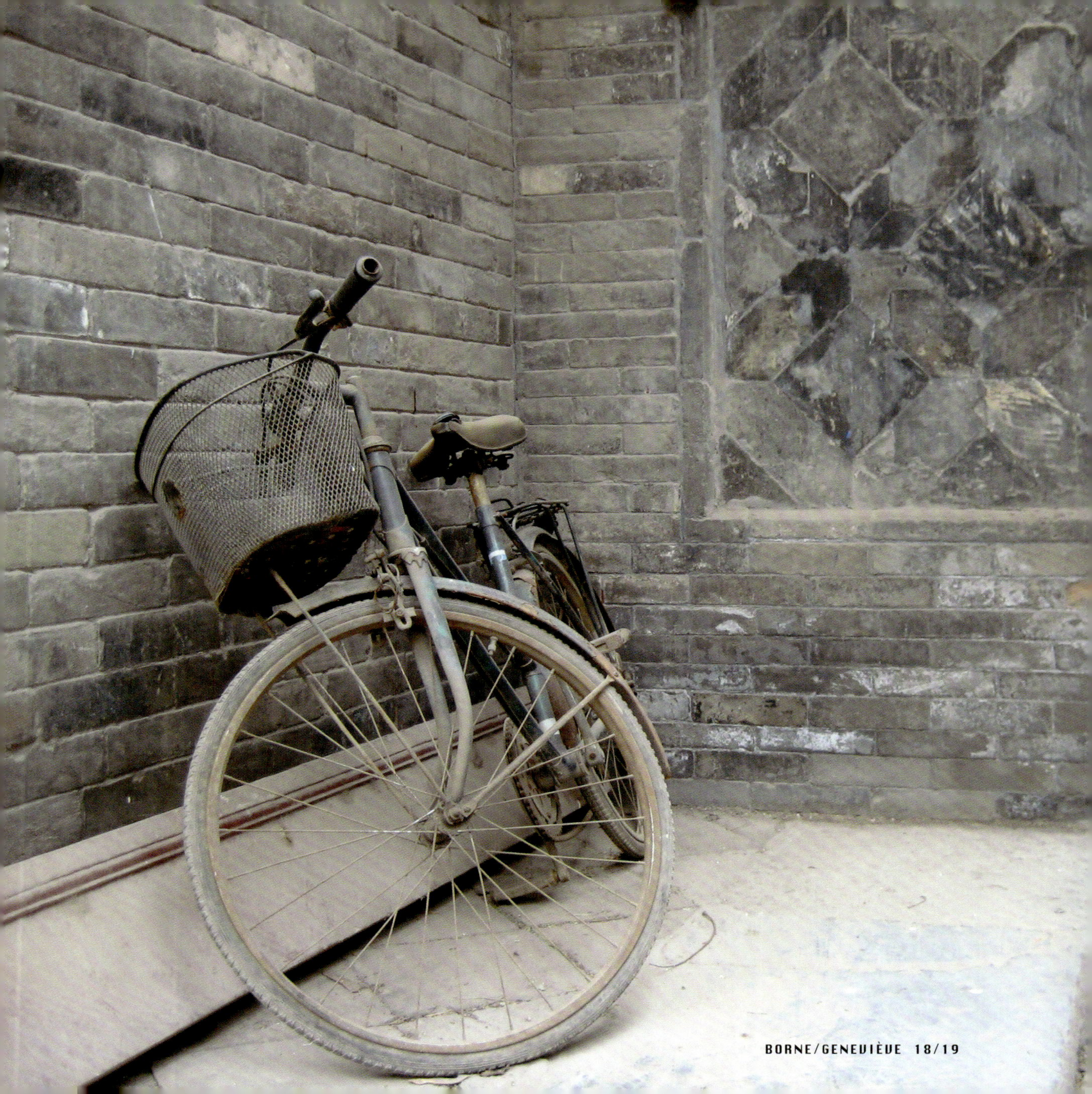

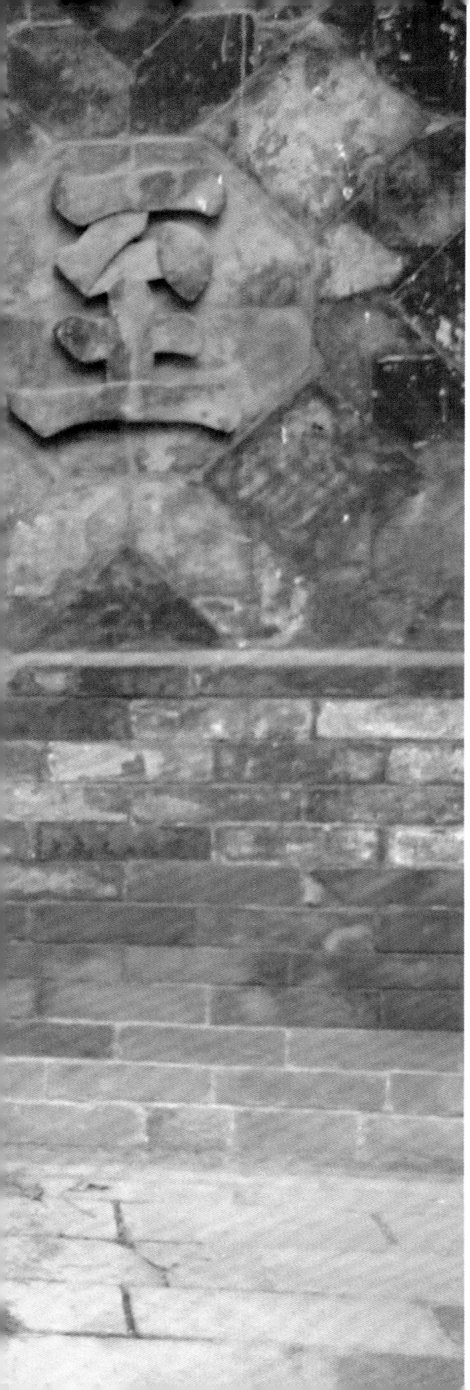

la bicyclette grise

XIAN, CHINE
BICYCLETTE ABANDONNÉE
« 25 MAI 2007

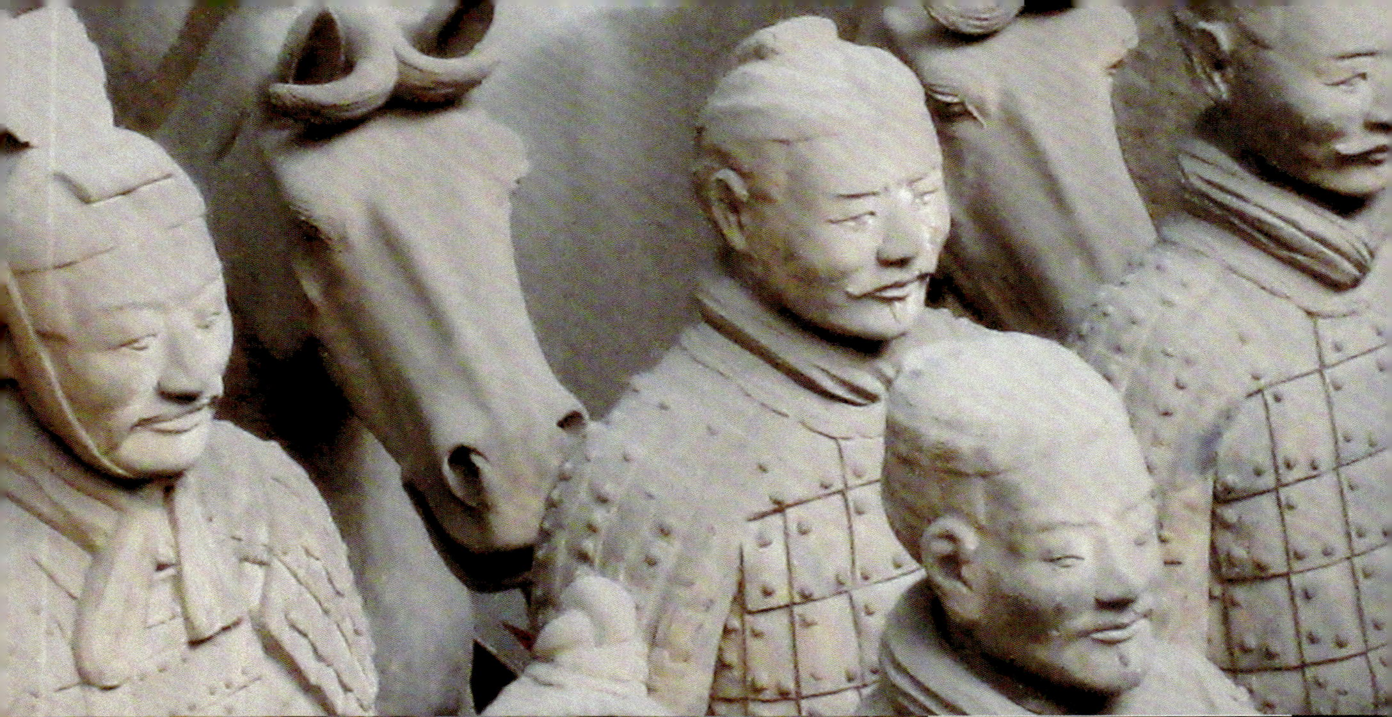

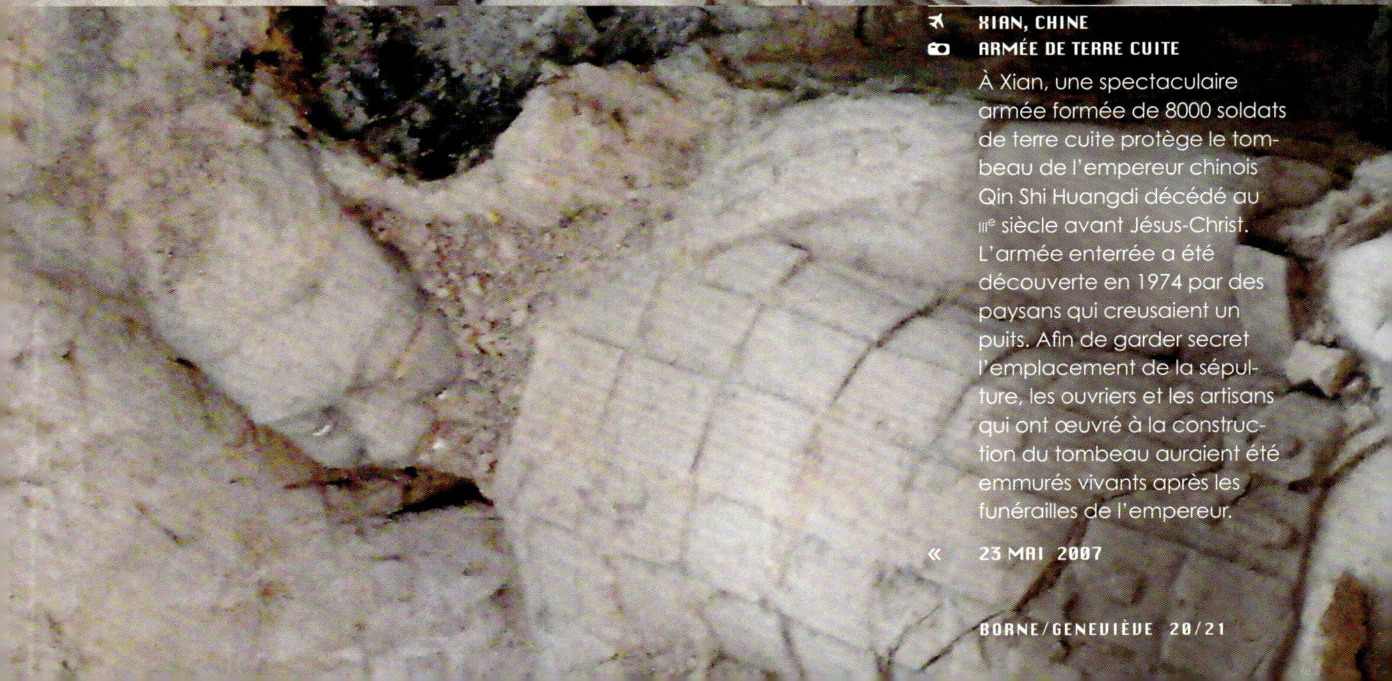

XIAN, CHINE

ARMÉE DE TERRE CUITE

À Xian, une spectaculaire armée formée de 8000 soldats de terre cuite protège le tombeau de l'empereur chinois Qin Shi Huangdi décédé au IIIe siècle avant Jésus-Christ. L'armée enterrée a été découverte en 1974 par des paysans qui creusaient un puits. Afin de garder secret l'emplacement de la sépulture, les ouvriers et les artisans qui ont œuvré à la construction du tombeau auraient été emmurés vivants après les funérailles de l'empereur.

« 23 MAI 2007

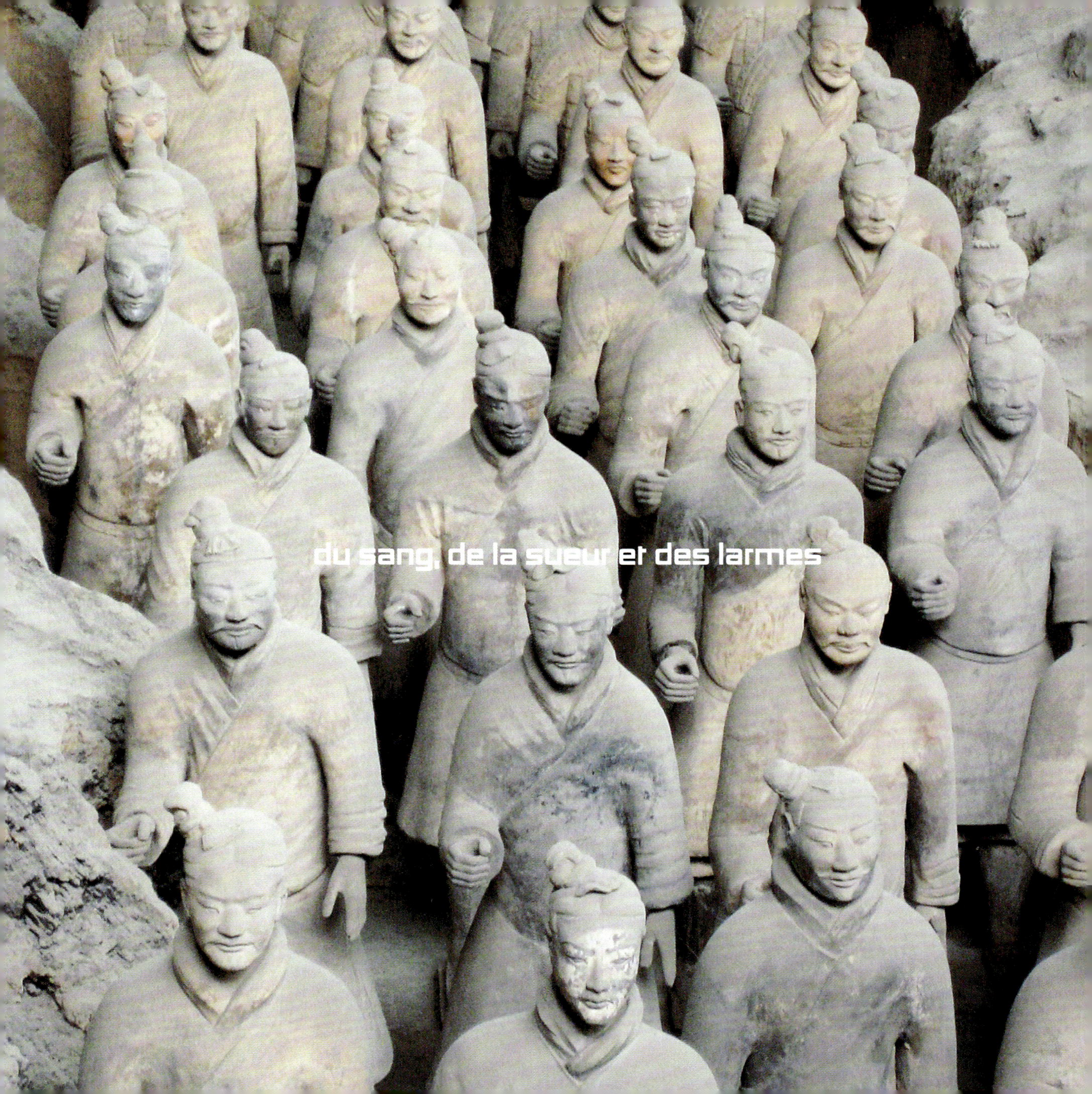
du sang, de la sueur et des larmes

le gardien de mao

PÉKIN, CHINE

CITÉ INTERDITE

Le portrait géant de Mao accroché à l'entrée de la Cité interdite est parfois la cible de vandales. Un jeune gardien surveille attentivement les alentours.

« 17 MAI 2007

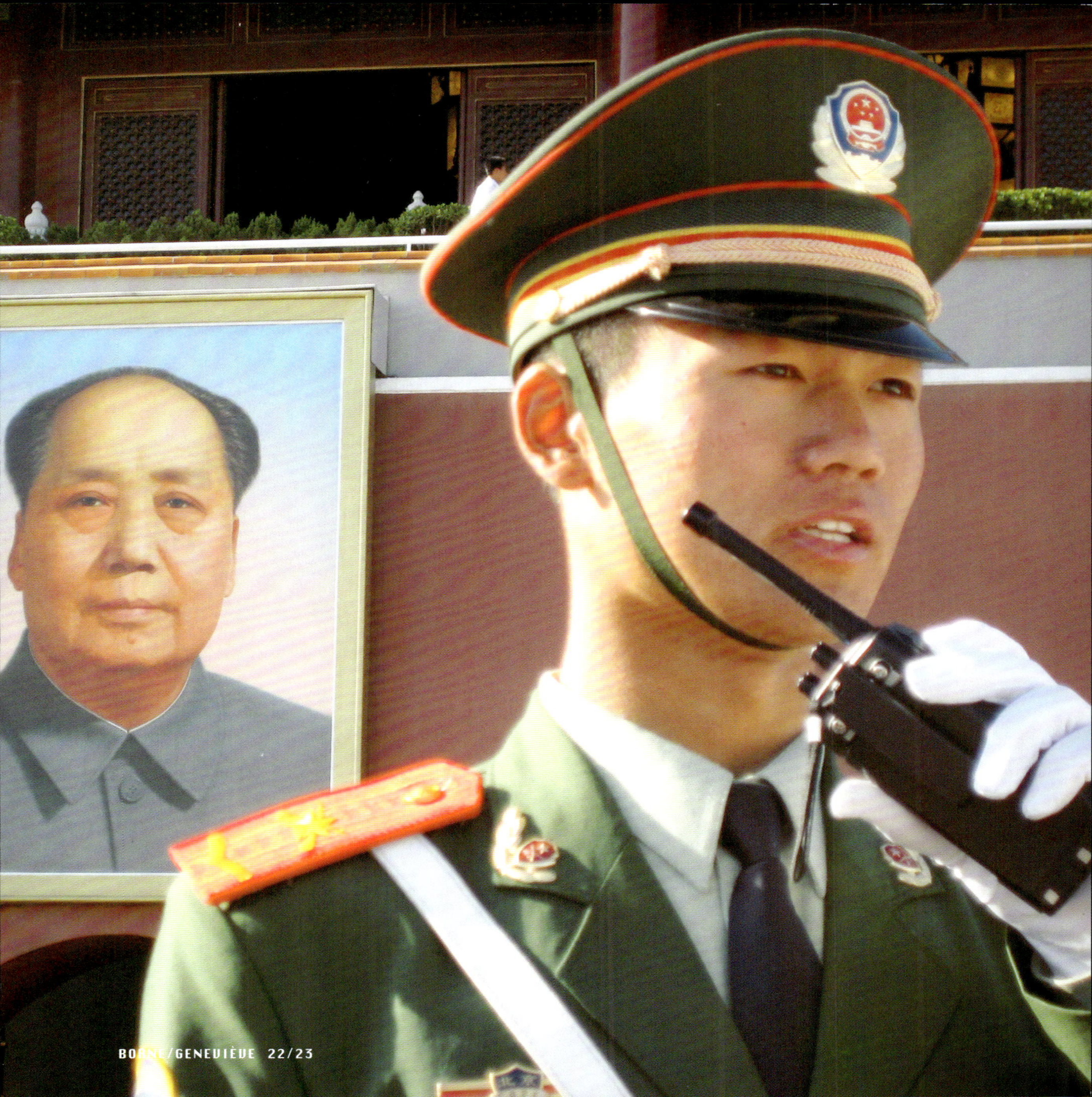

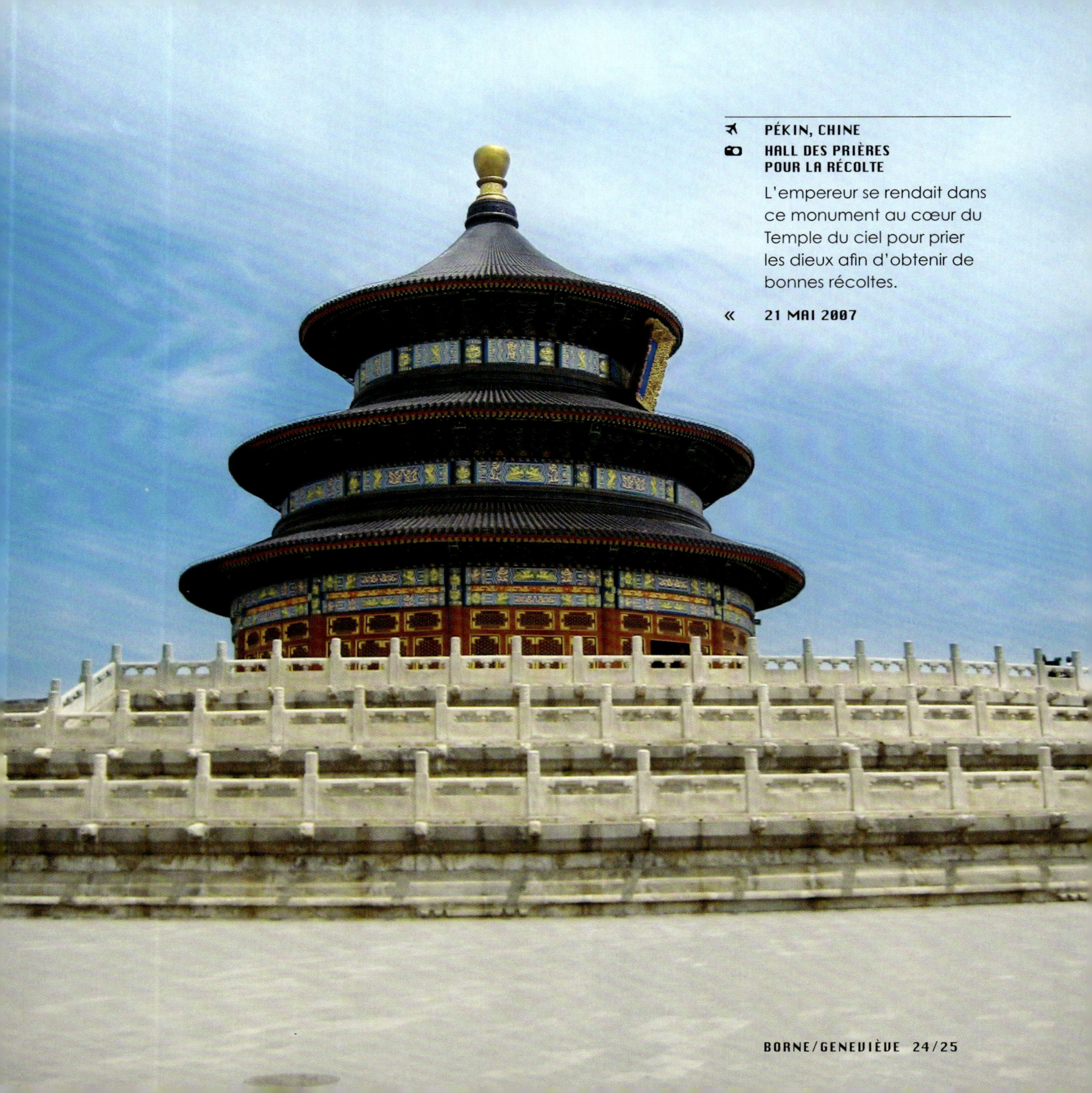

PÉKIN, CHINE

HALL DES PRIÈRES
POUR LA RÉCOLTE

L'empereur se rendait dans ce monument au cœur du Temple du ciel pour prier les dieux afin d'obtenir de bonnes récoltes.

« 21 MAI 2007

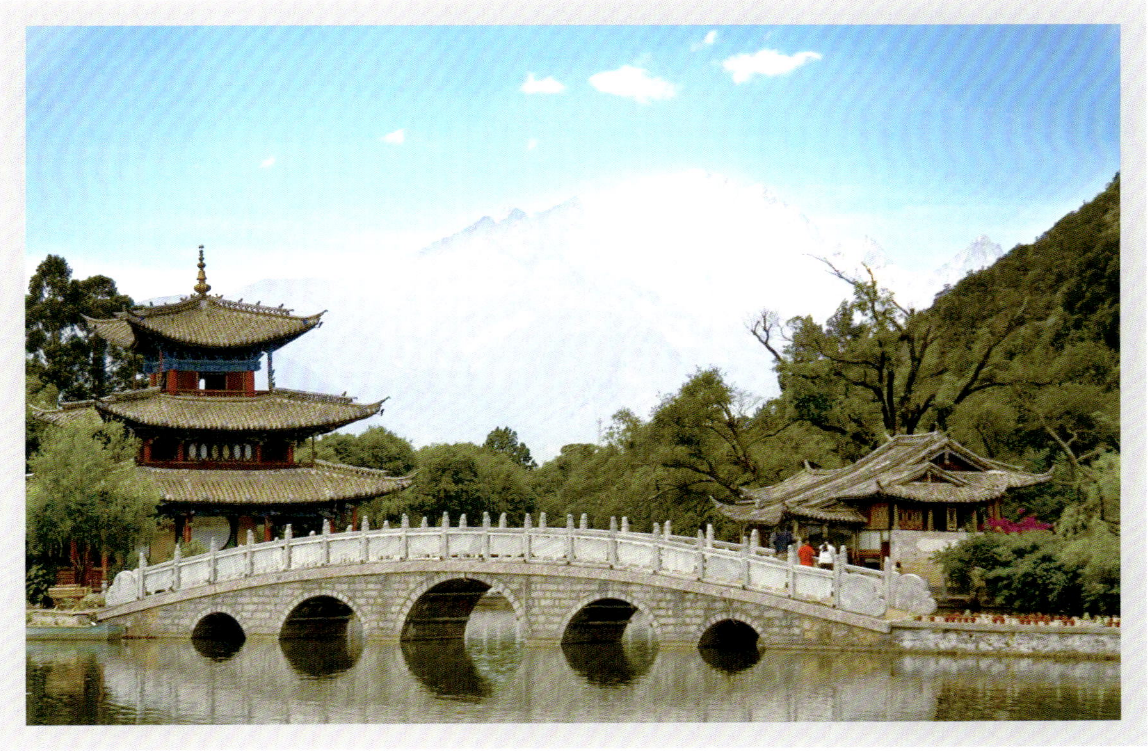

LIJIANG, CHINE

LE PARC DU BASSIN DU DRAGON NOIR ET LE MONT YULONG

Je suis restée bouche bée devant ce paysage chinois enchanteur, ayant l'impression de contempler l'œuvre d'un grand peintre !

« 2 JUIN 2007

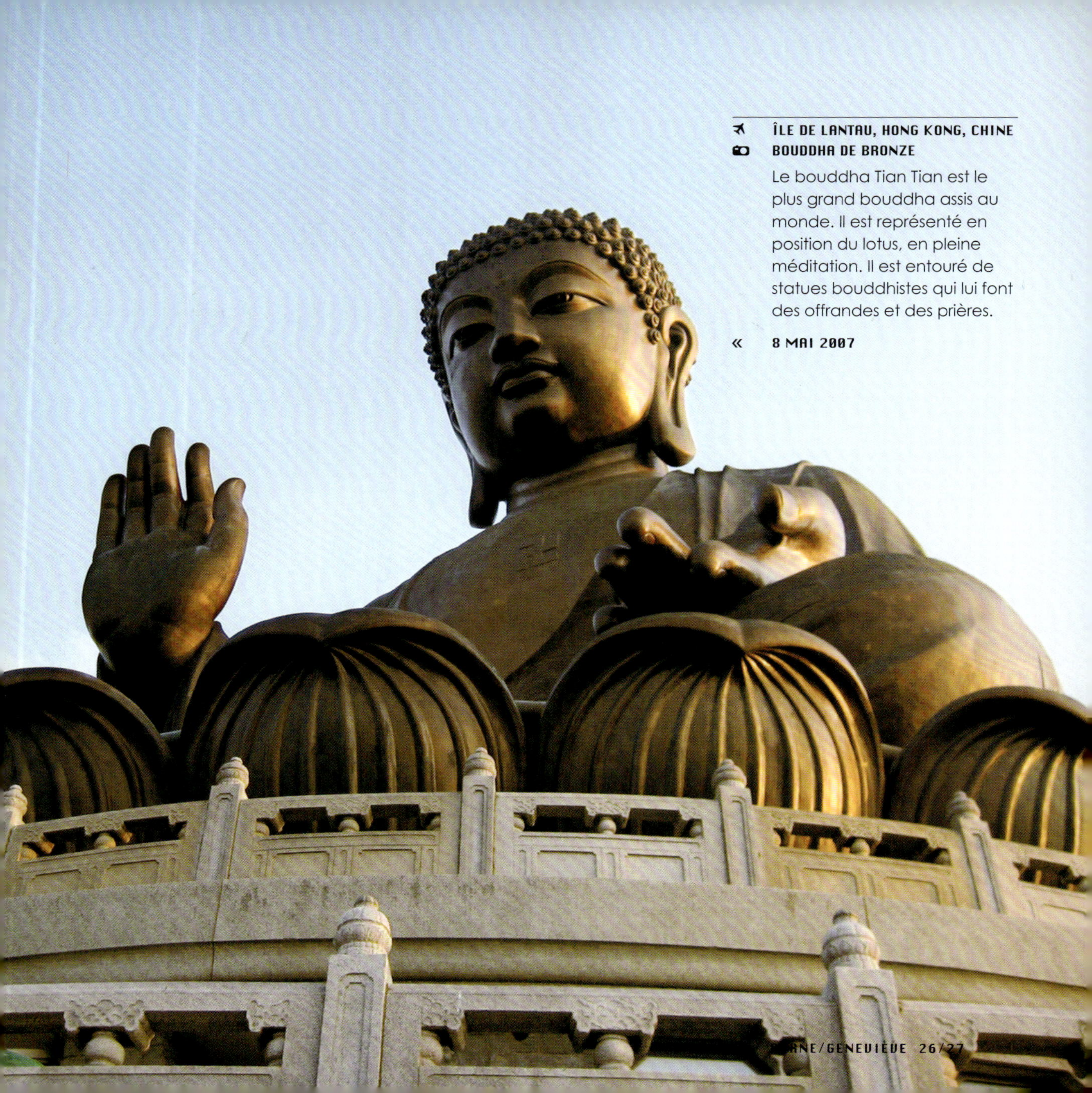

ÎLE DE LANTAU, HONG KONG, CHINE

BOUDDHA DE BRONZE

Le bouddha Tian Tian est le plus grand bouddha assis au monde. Il est représenté en position du lotus, en pleine méditation. Il est entouré de statues bouddhistes qui lui font des offrandes et des prières.

« 8 MAI 2007

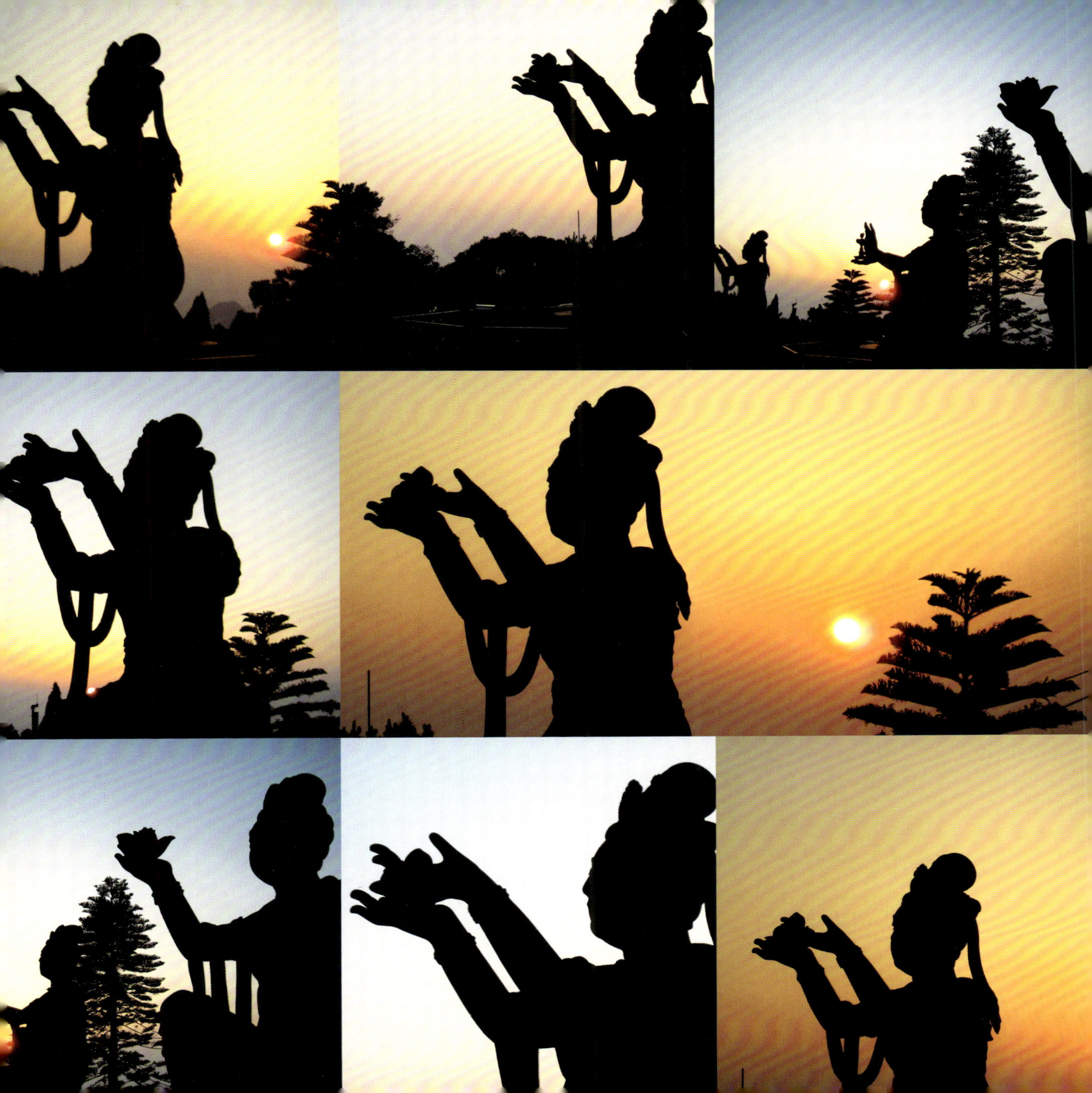

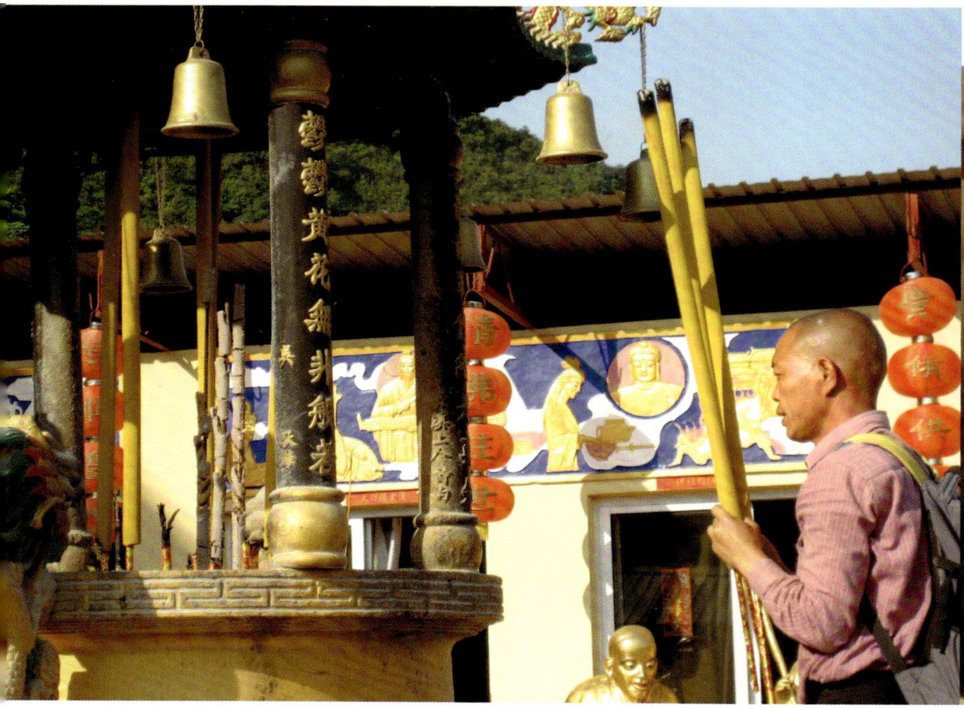
鬱鬱黃花無非般若

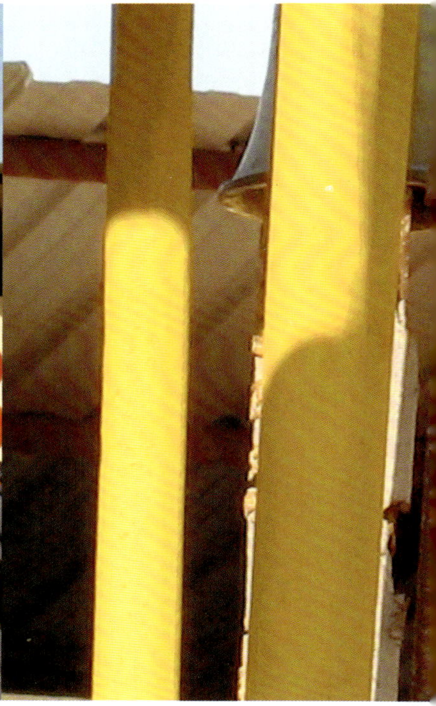

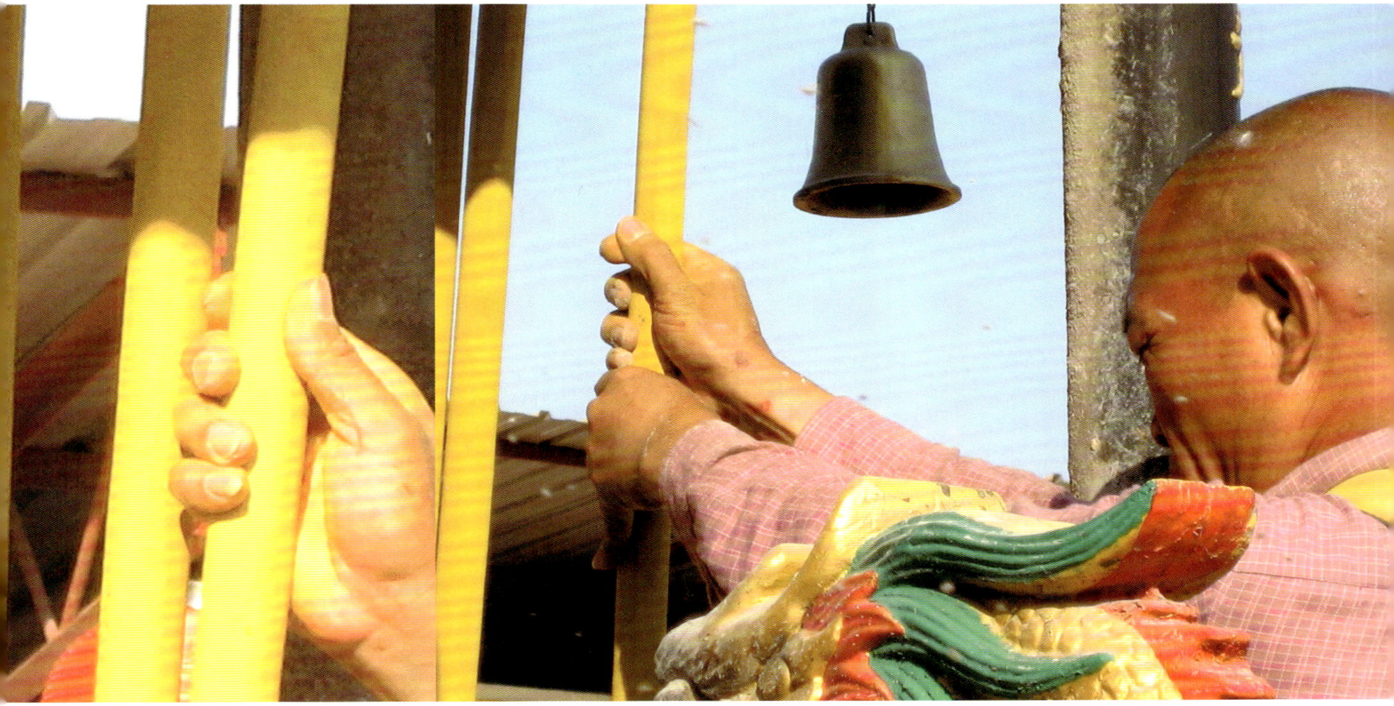

HONG KONG, CHINE

LE PÈLERIN DU MONASTÈRE DES 10 000 BOUDDHAS

Ce pèlerin s'est présenté au monastère des 10000 bouddhas de Hong Kong avec d'immenses bâtons d'encens qu'il plantait un à un avec beaucoup d'intensité après avoir prononcé une prière.

« 7 MAI 2007

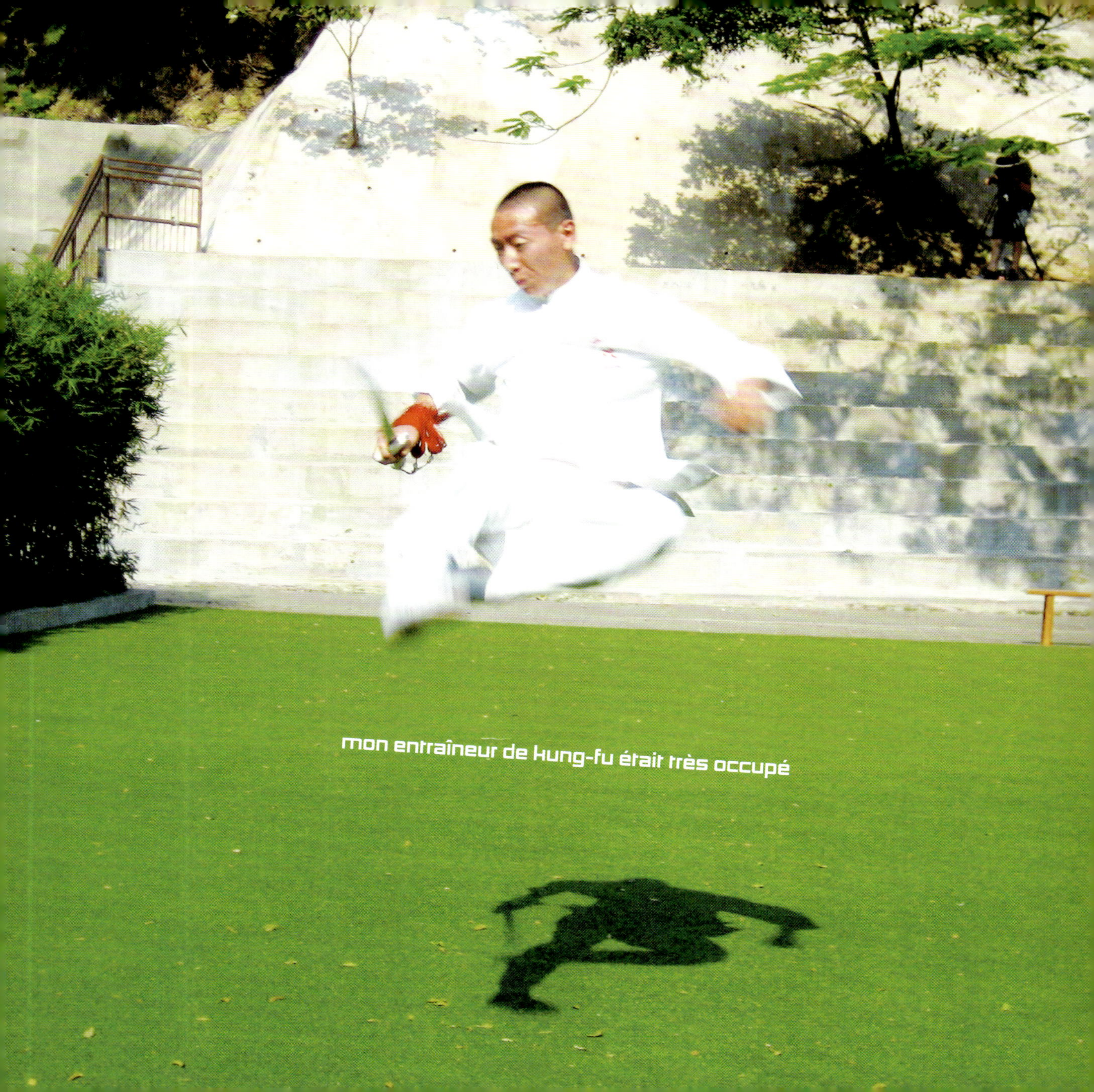

mon entraîneur de kung-fu était très occupé

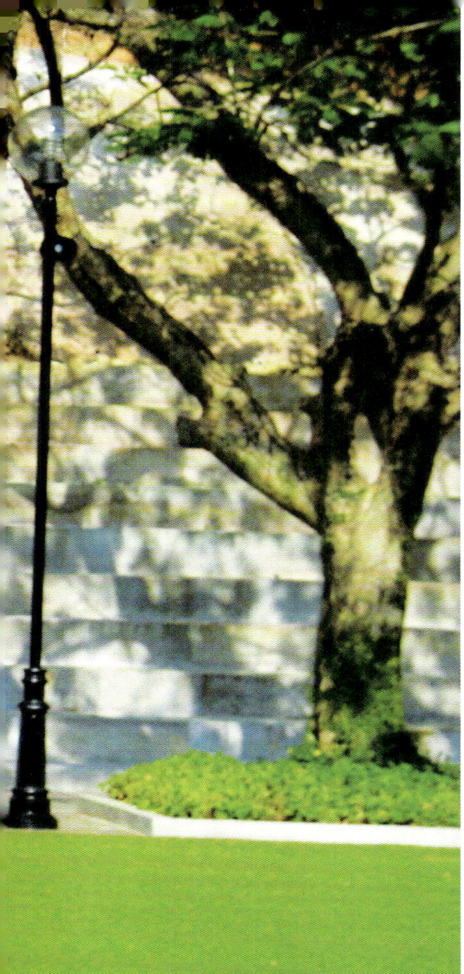

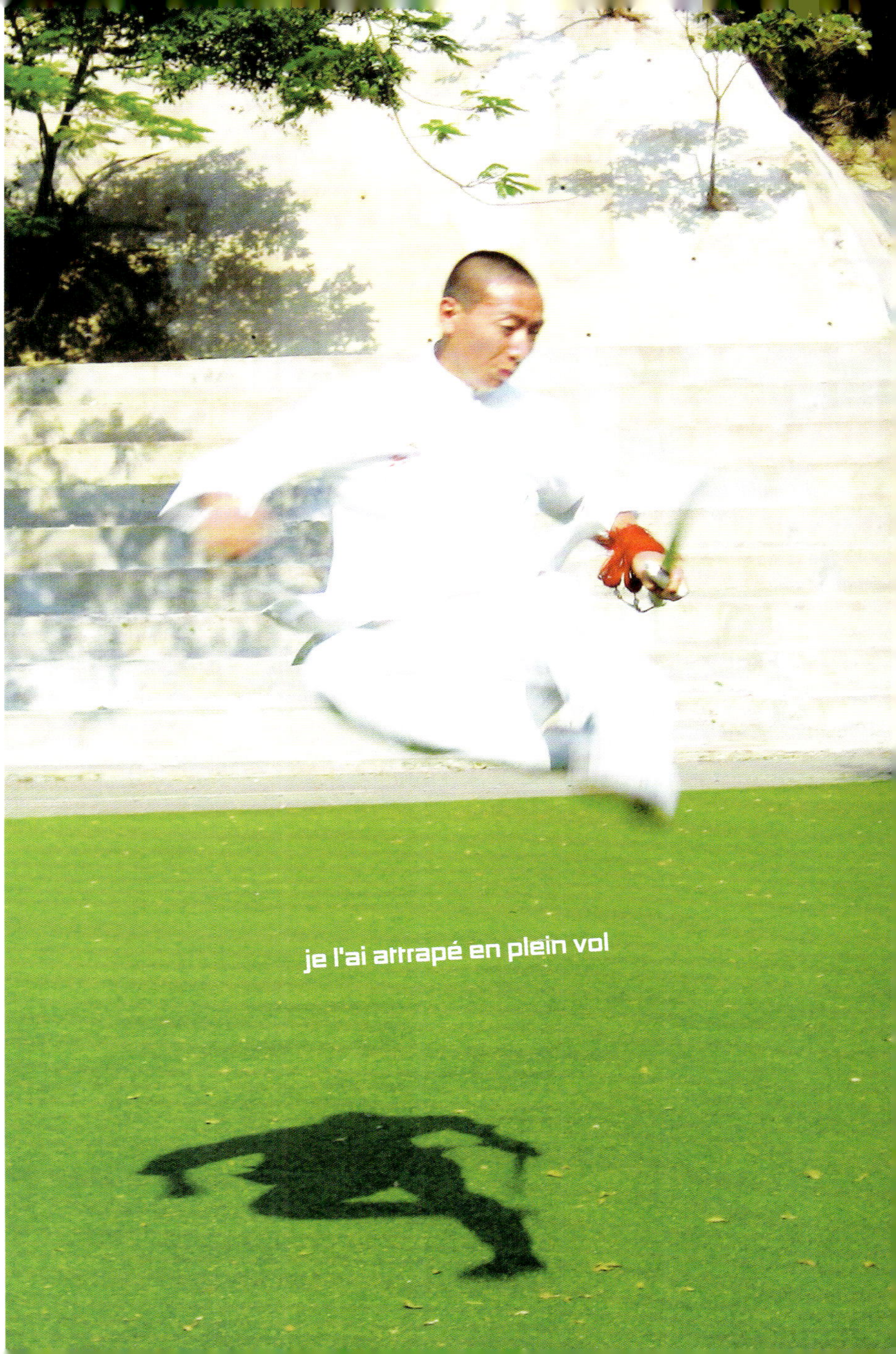

je l'ai attrapé en plein vol

HONG KONG, CHINE

L'ENTRAÎNEUR DE KUNG-FU ET SON OMBRE

À Hong Kong, j'ai eu la chance de suivre un cours de kung-fu. Mon entraîneur virevoltait autour de moi avec son épée, c'était très impressionnant!

« 8 MAI 2007

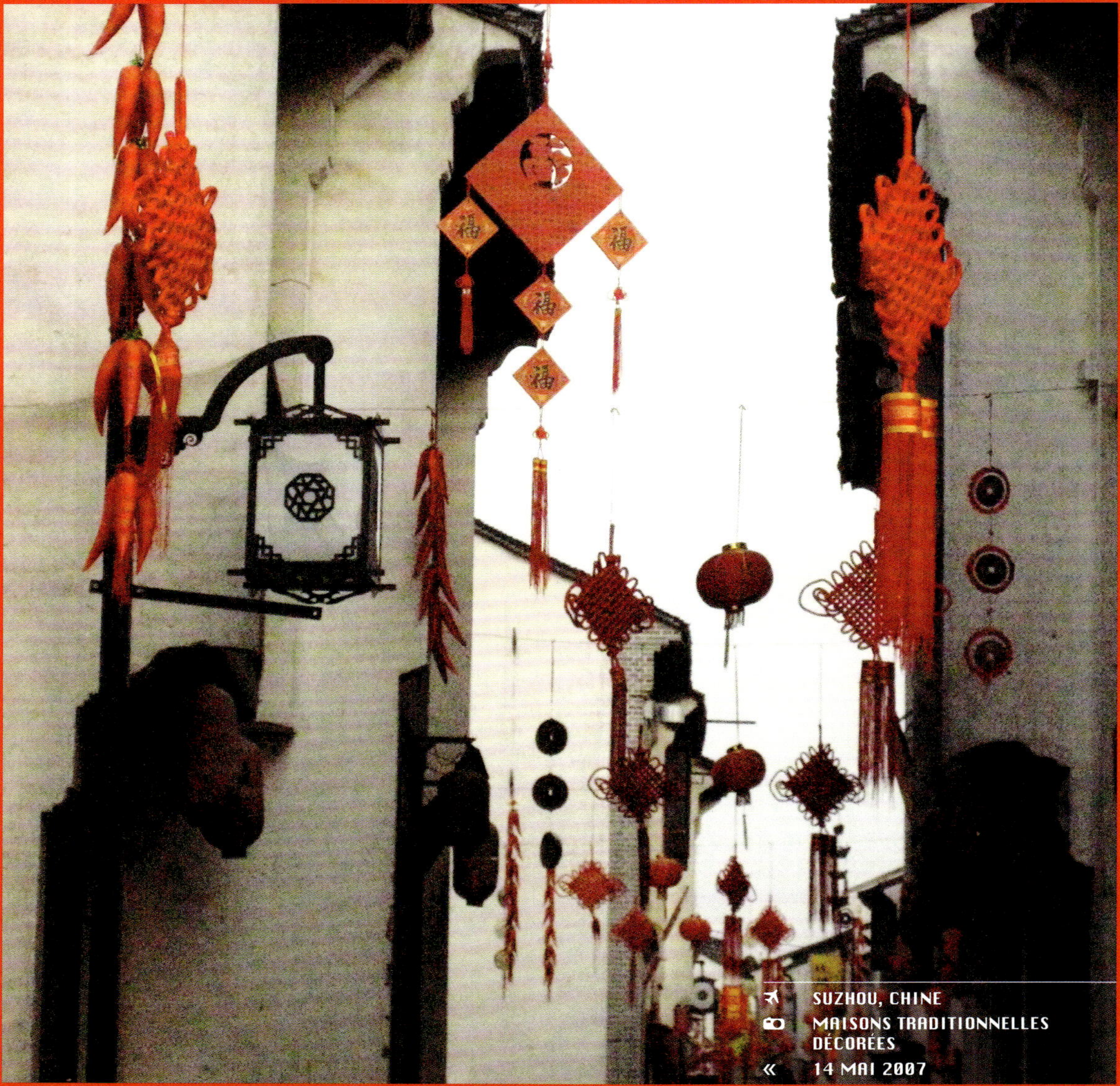

SUZHOU, CHINE
MAISONS TRADITIONNELLES DÉCORÉES
« 14 MAI 2007

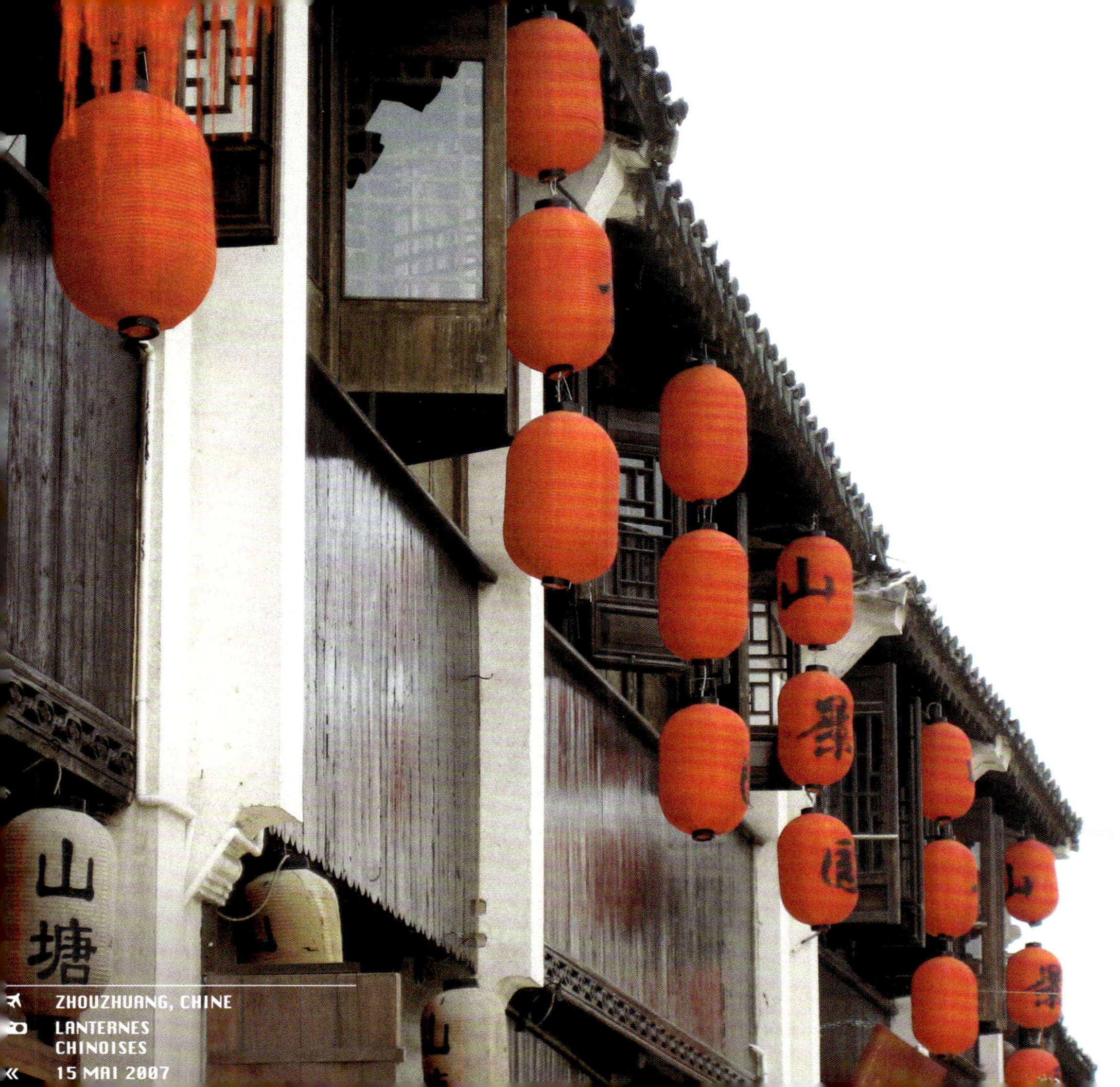

ZHOUZHUANG, CHINE
LANTERNES CHINOISES
15 MAI 2007

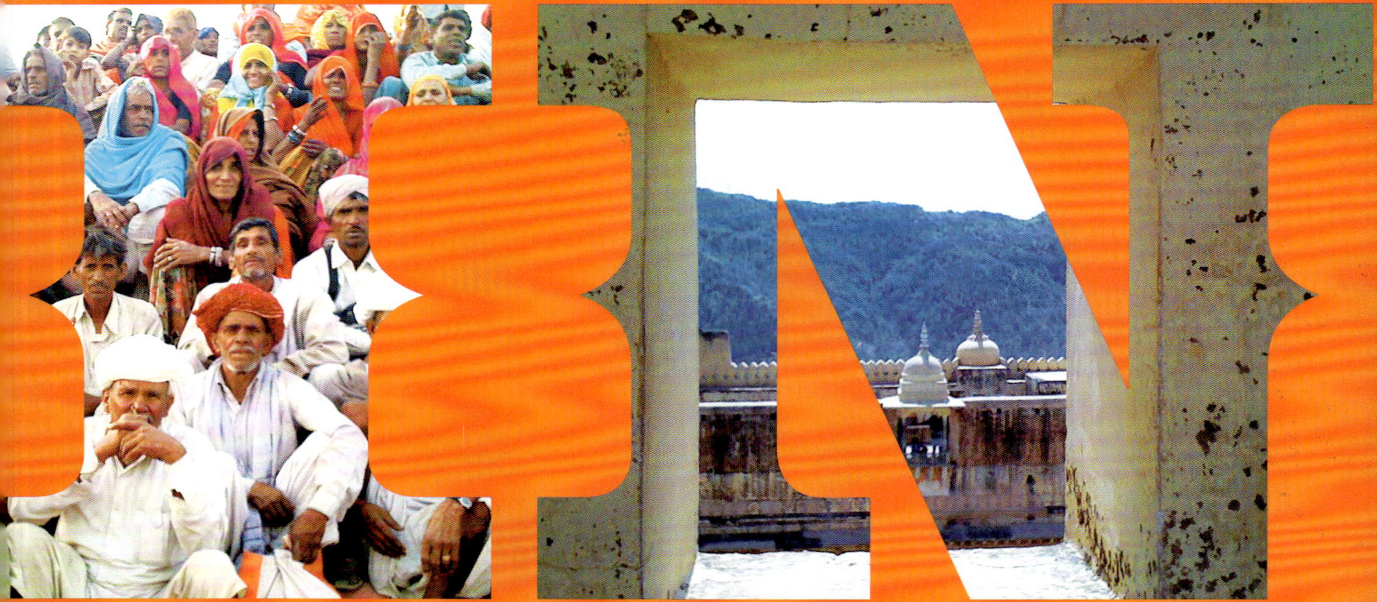

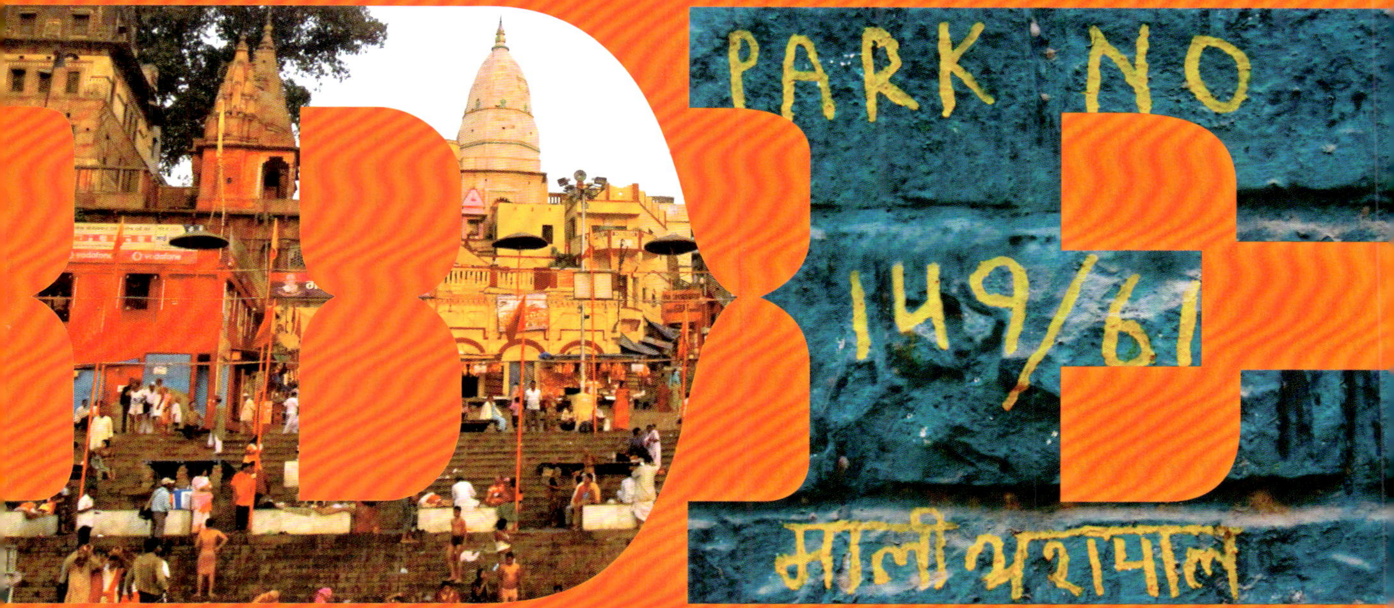

Je suis revenue de l'Inde le 25 avril 2010. Mais en suis-je vraiment revenue ? Ce pays m'habite totalement depuis que je suis rentrée chez moi. C'est que tout, là-bas, se manifeste à des exposants très puissants et crée un grand impact. La religion hindouiste est omniprésente et transpire des fentes des murs et des trottoirs. Les hindous croient en la réincarnation et passent leur vie à s'élever spirituellement afin d'améliorer leur karma. Ils souhaitent mourir dans la ville sainte de Varanasi et être incinérés au bord du Gange. Si leurs cendres sont jetées par la suite dans le fleuve sacré, leurs chances d'atteindre la libération de l'âme sont multipliées. Mes propres croyances m'ont semblé bien banales à côté de leur grande dévotion. L'Inde, c'est aussi un pays où différents espaces-temps se côtoient. J'ai à la fois fait un voyage dans le futur et été témoin de l'Antiquité. Je crois que je n'en reviendrai jamais tout à fait…

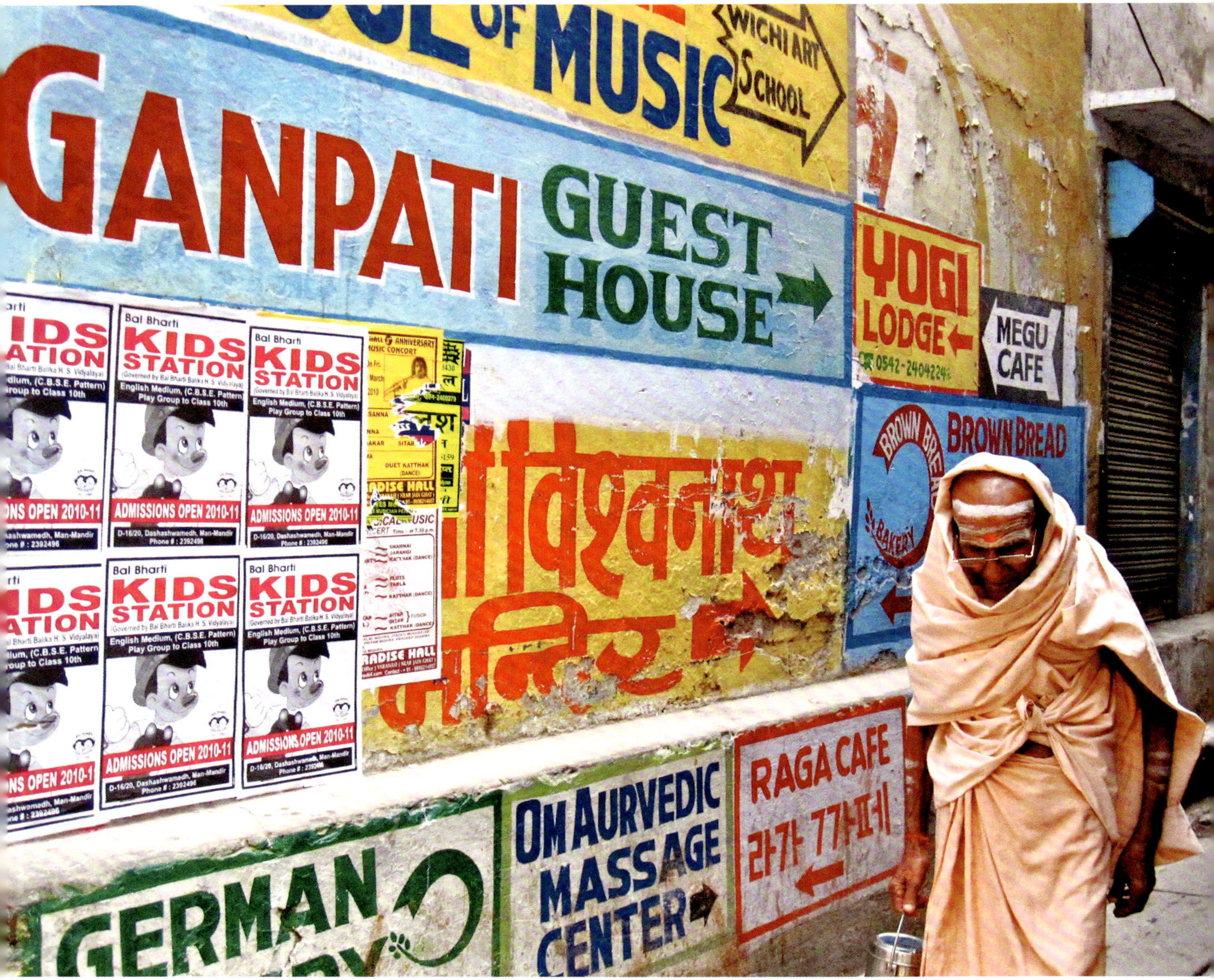

OF MUSIC
SCHOOL
GANPATI GUEST HOUSE
YOGI LODGE
MEGU CAFE
BROWN BREAD
BAKERY
Bal Bharti
KIDS STATION
(Governed by Bal Bharti Balika H. S. Vidyalaya)
English Medium, (C.B.S.E. Pattern)
Play Group to Class 10th
ADMISSIONS OPEN 2010-11
D-16/20, Dashashwamedh, Man-Mandir
Phone # : 2392496
विश्वनाथ
RAGA CAFE
OM AURVEDIC MASSAGE CENTER
GERMAN

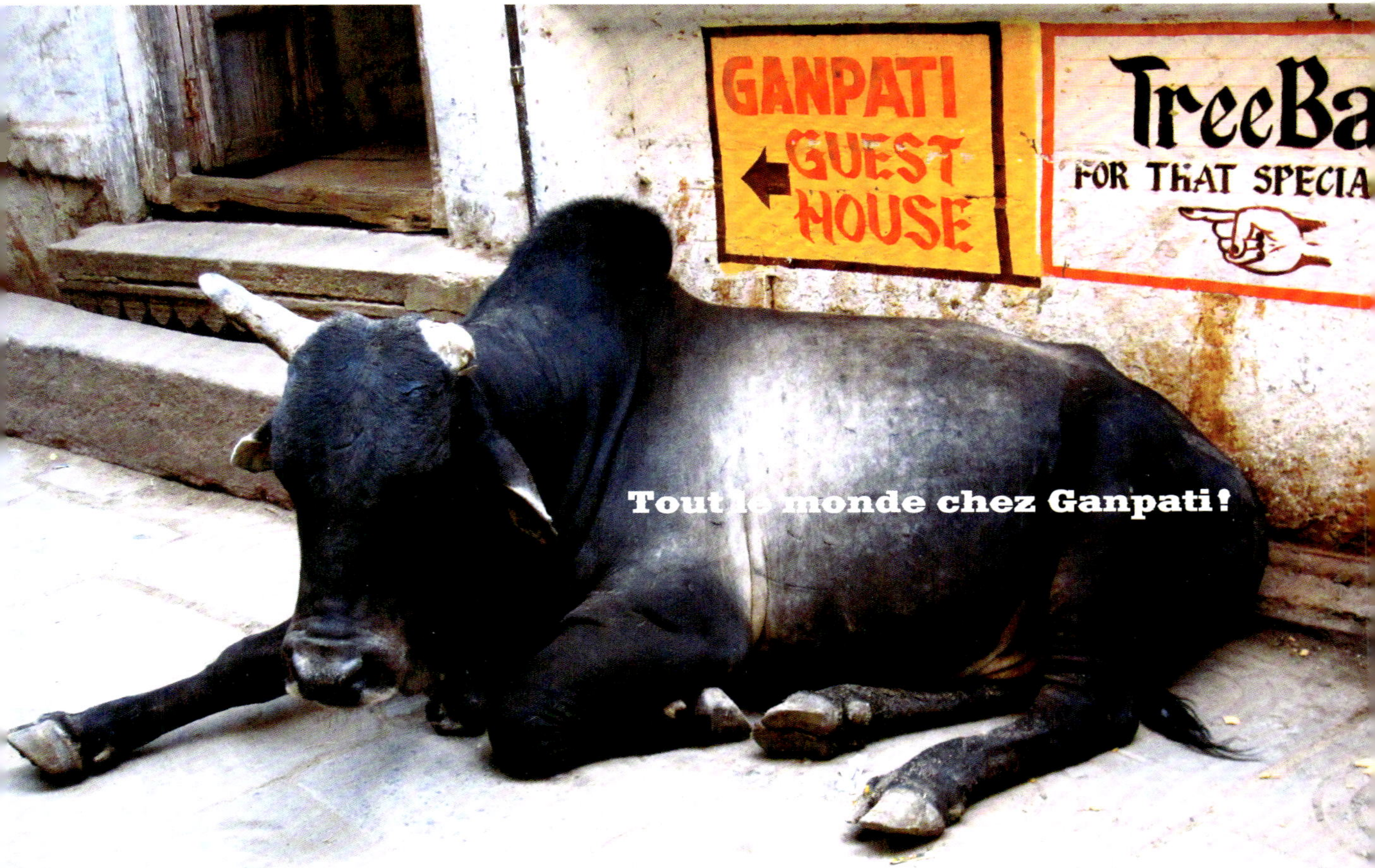

VARANASI, INDE

PÈLERIN ET VACHE SACRÉE

Les vaches en Inde sont sacrées et omniprésentes dans les rues. Celle-ci avait un petit côté majestueux.

« **2 AVRIL 2010**

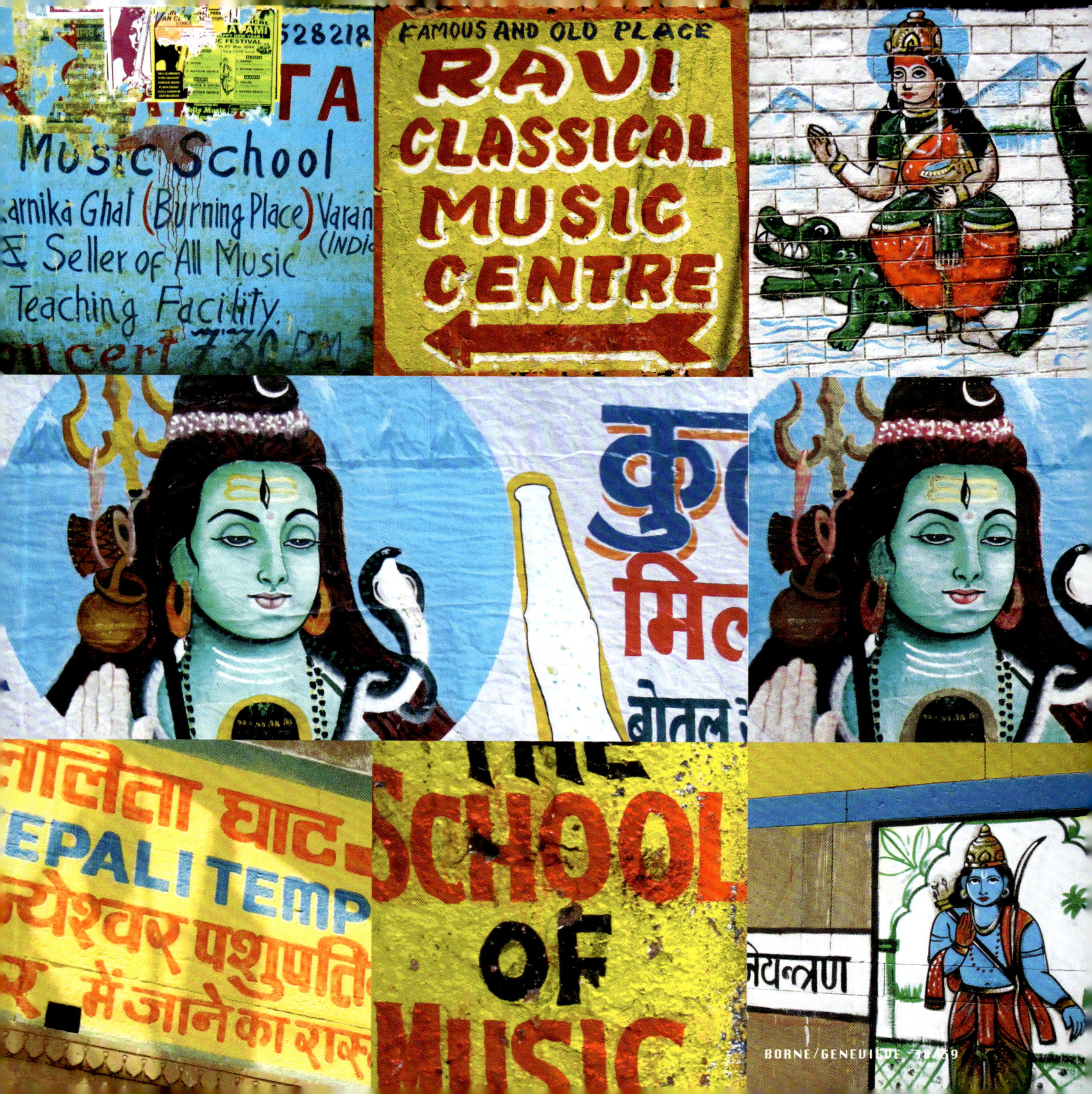

BORNE/GENEVIEVE 38/39

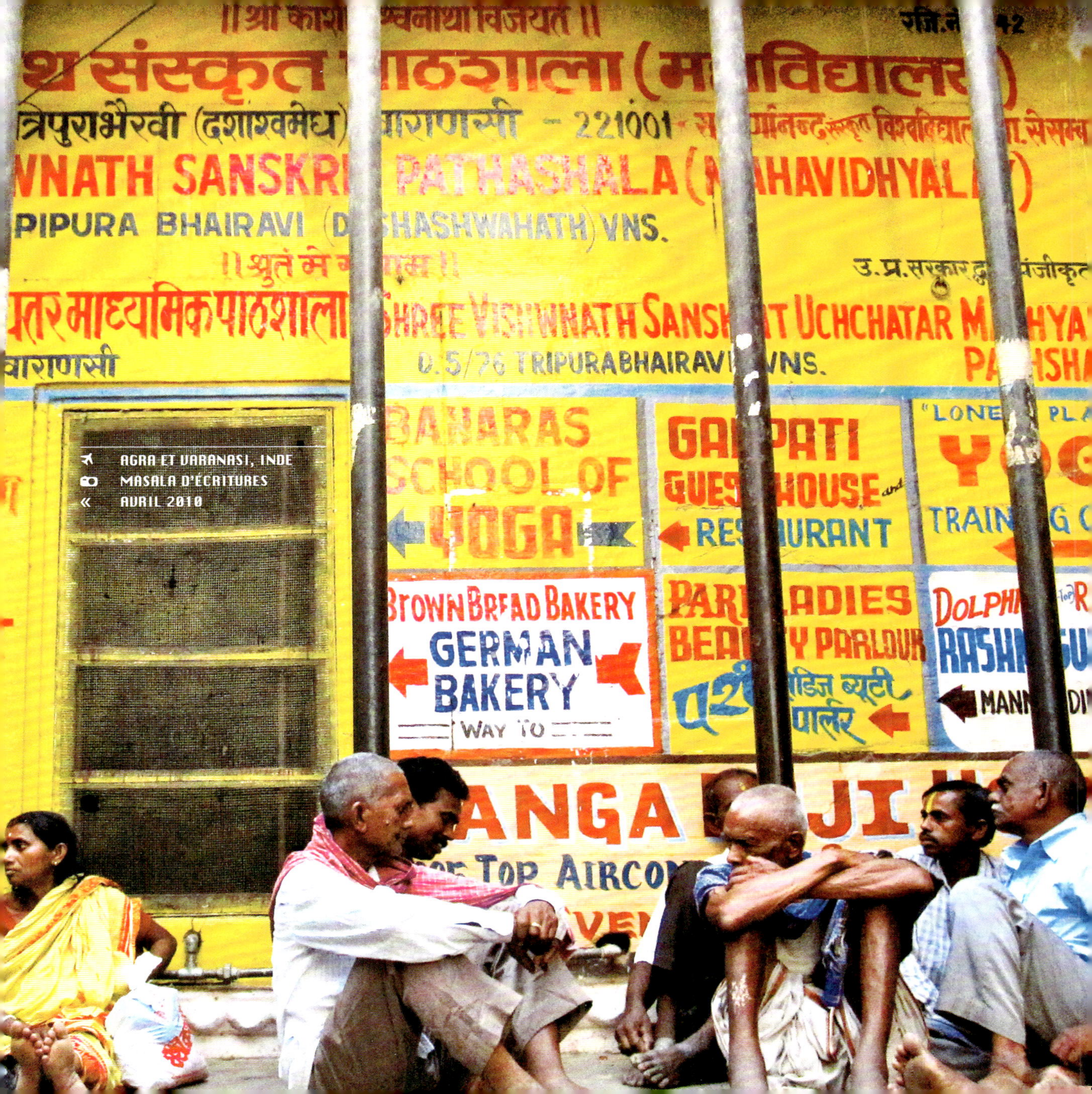

AGRA ET VARANASI, INDE
MASALA D'ÉCRITURES
AVRIL 2010

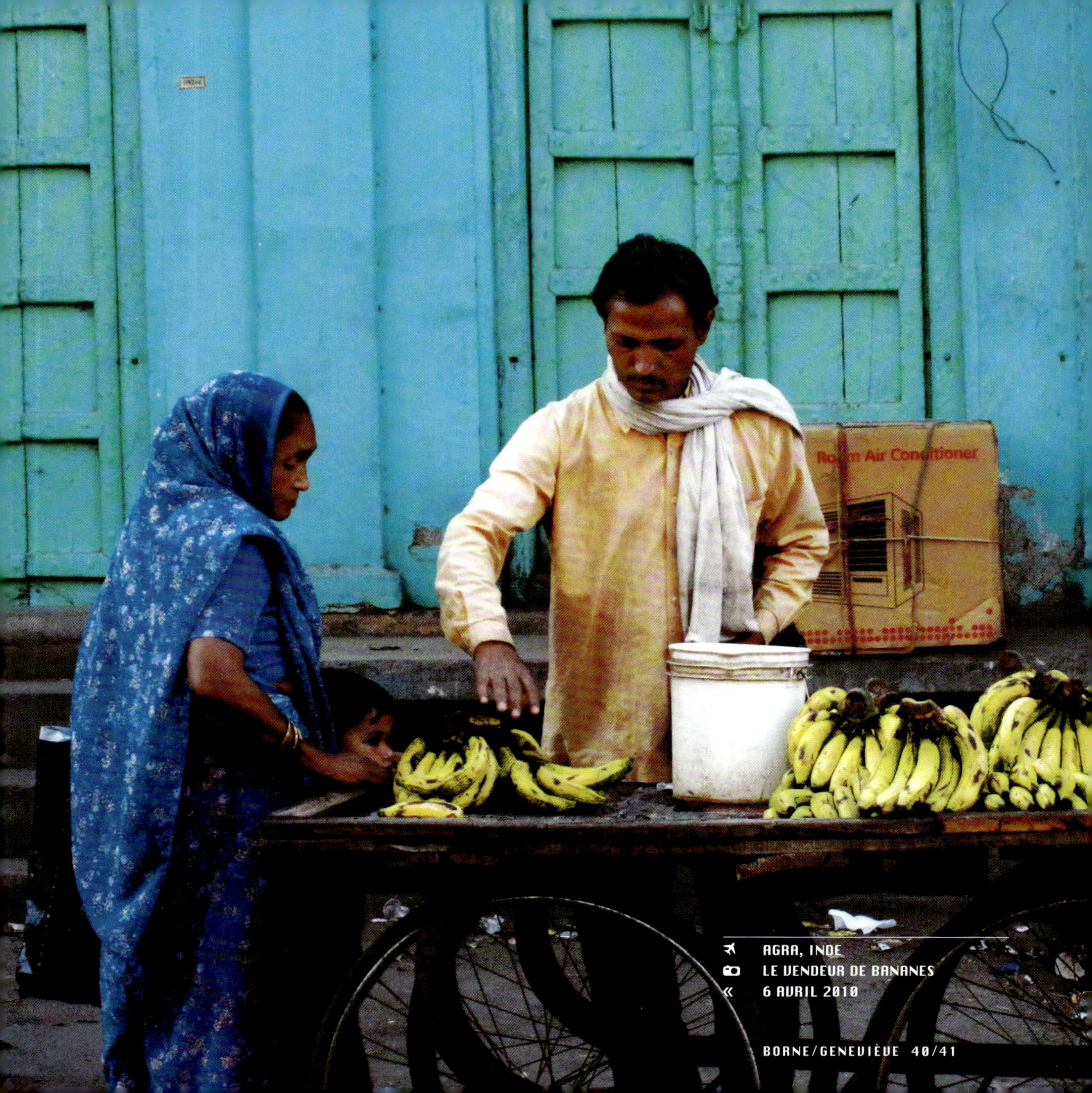

AGRA, INDE
LE VENDEUR DE BANANES
6 AVRIL 2010

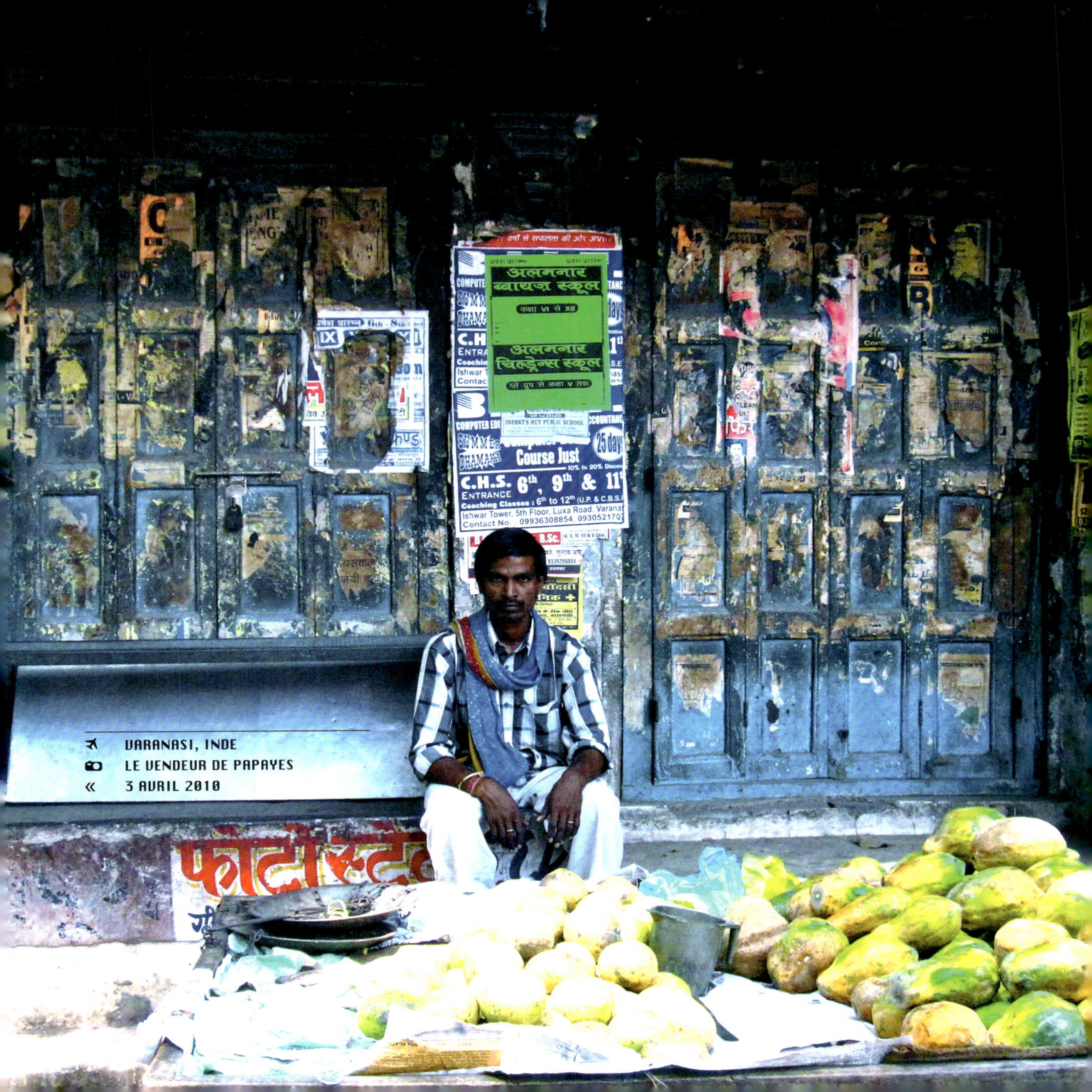

VARANASI, INDE
LE VENDEUR DE PAPAYES
3 AVRIL 2010

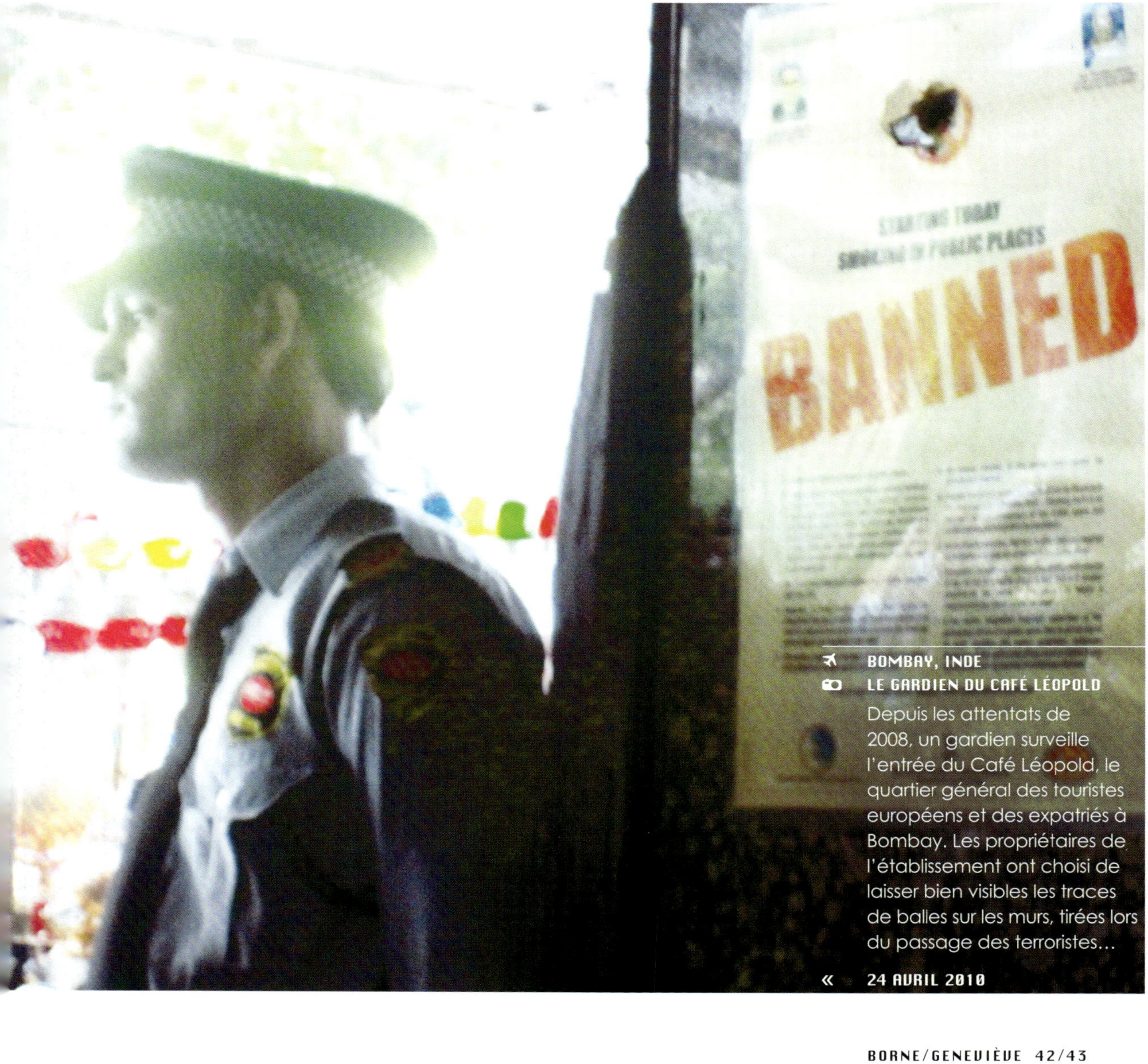

BOMBAY, INDE

LE GARDIEN DU CAFÉ LÉOPOLD

Depuis les attentats de 2008, un gardien surveille l'entrée du Café Léopold, le quartier général des touristes européens et des expatriés à Bombay. Les propriétaires de l'établissement ont choisi de laisser bien visibles les traces de balles sur les murs, tirées lors du passage des terroristes…

« **24 AVRIL 2010**

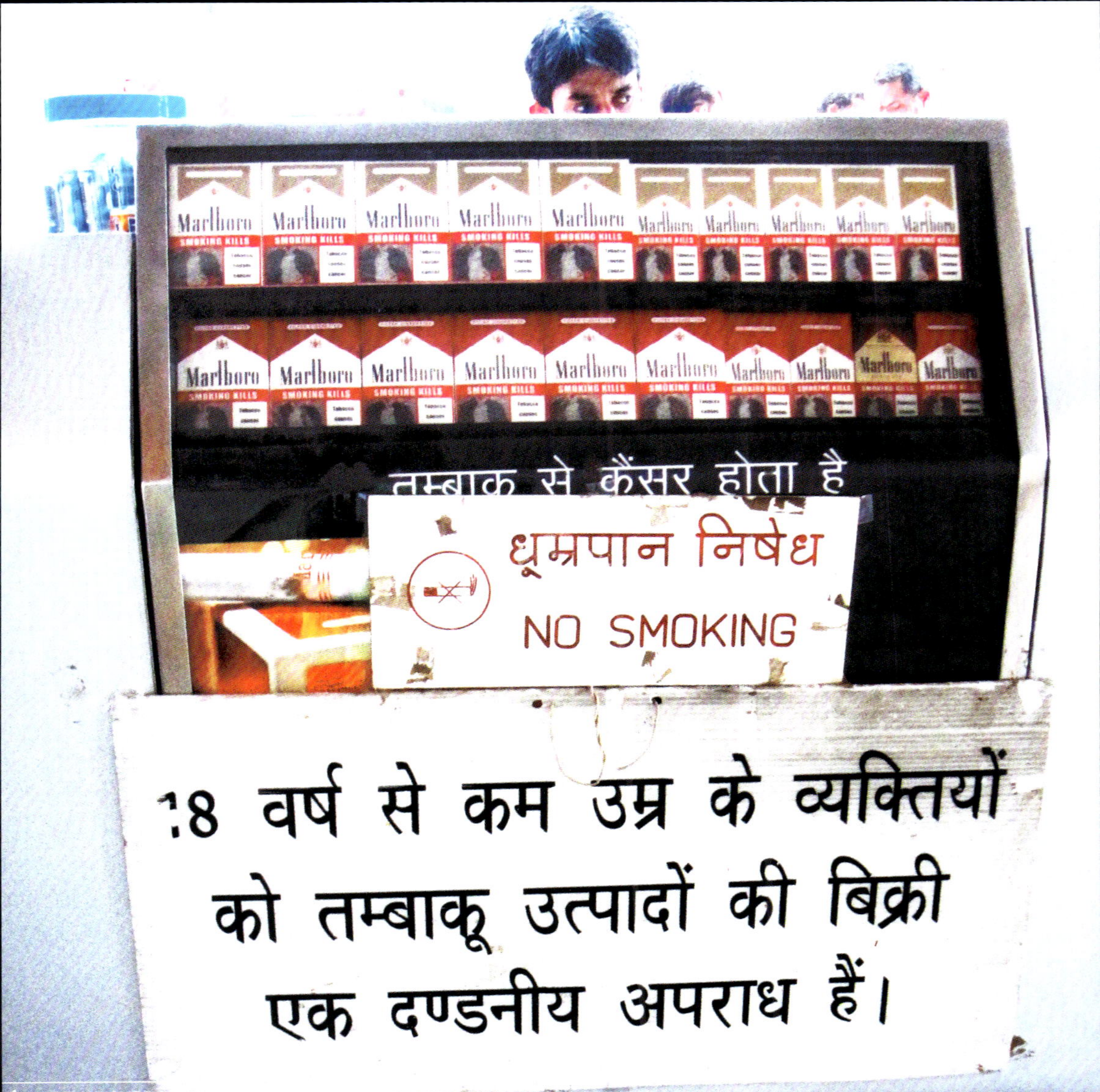

DELHI, INDE
LA MACHINE A CIGARETTES
«Smoking or no smoking ?»

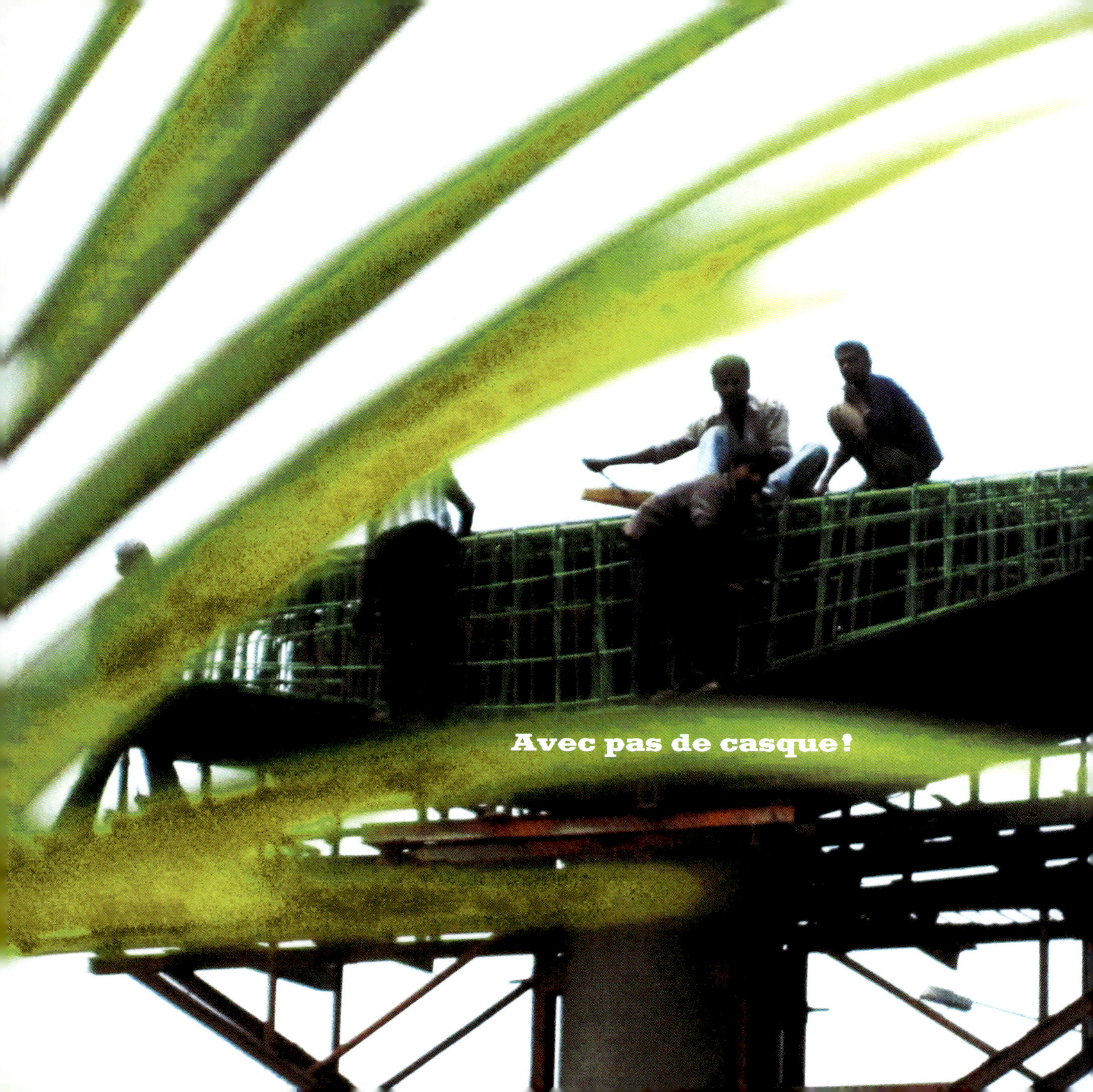
Avec pas de casque!

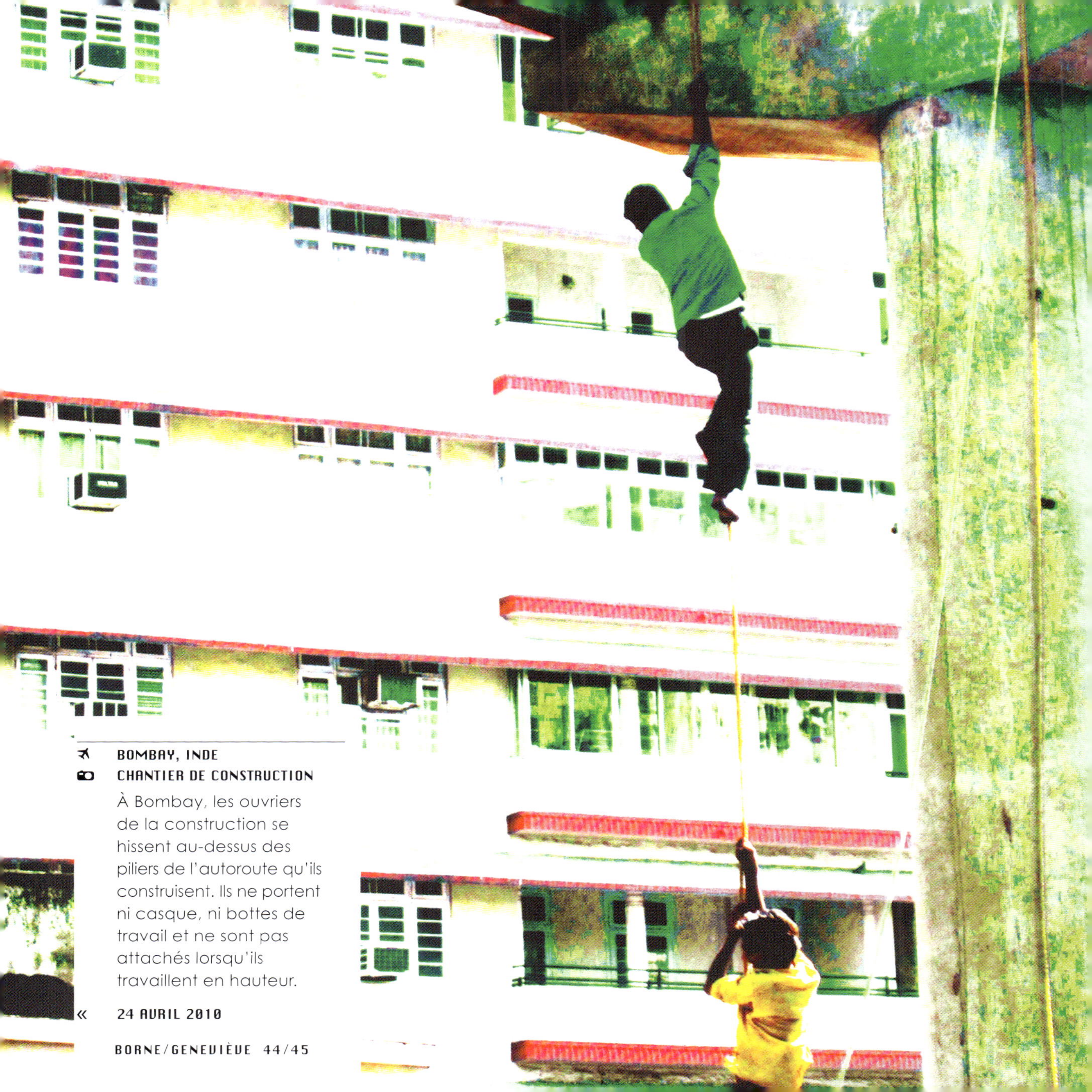

BOMBAY, INDE

CHANTIER DE CONSTRUCTION

À Bombay, les ouvriers de la construction se hissent au-dessus des piliers de l'autoroute qu'ils construisent. Ils ne portent ni casque, ni bottes de travail et ne sont pas attachés lorsqu'ils travaillent en hauteur.

« **24 AVRIL 2010**

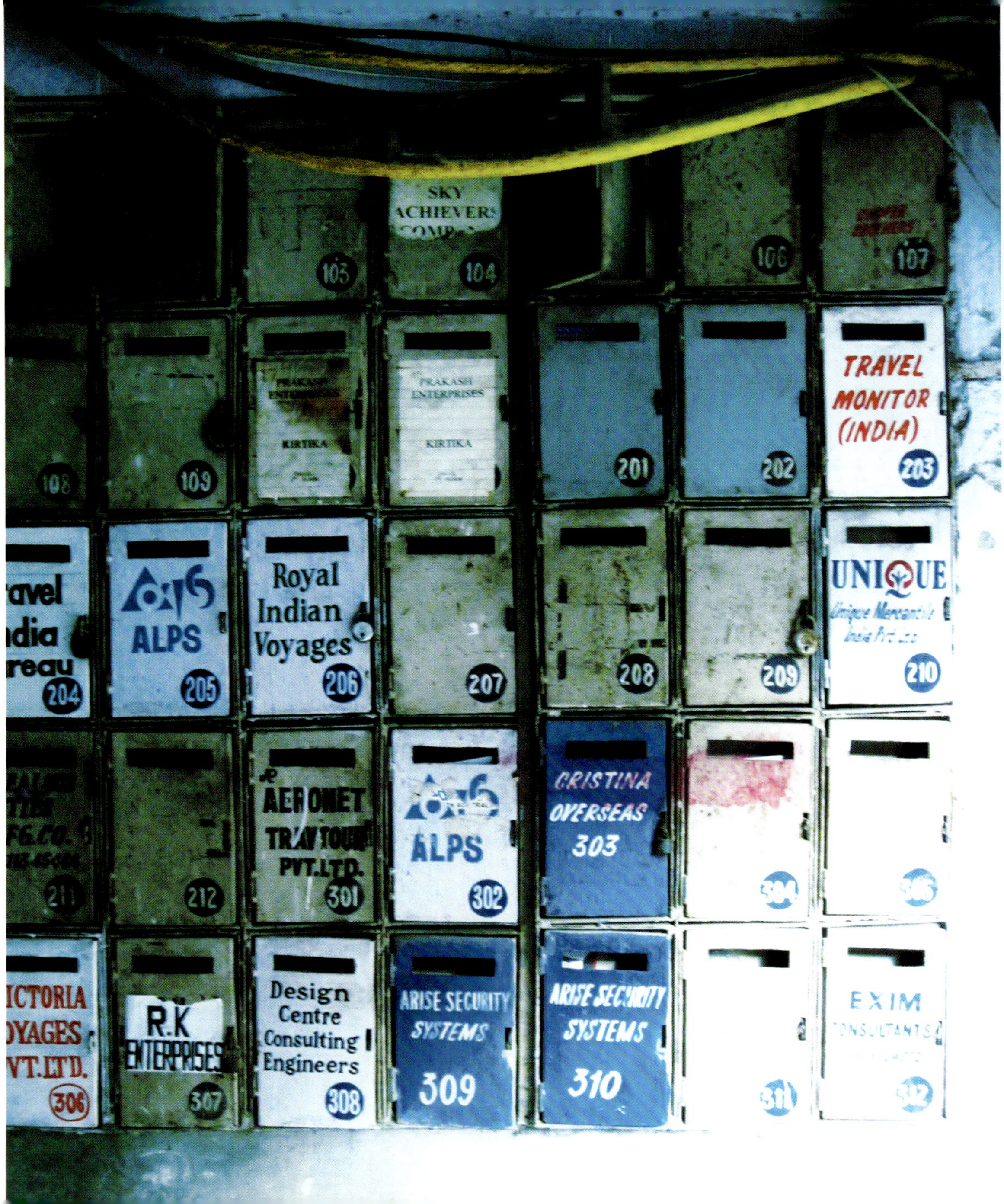
SKY
ACHIEVERS
103
104
106
107
PRAKASH ENTERPRISES
KIRTIKA
PRAKASH ENTERPRISES
KIRTIKA
108
109
201
202
TRAVEL MONITOR (INDIA)
203
204
ALPS
205
Royal Indian Voyages
206
207
208
209
UNIQUE
Unique Mercantile India Pvt Ltd
210
211
212
AERONET
TRAV TOUR
PVT.LTD.
301
ALPS
302
CRISTINA
OVERSEAS
303
306
R.K
ENTERPRISES
307
Design
Centre
Consulting
Engineers
308
ARISE SECURITY
SYSTEMS
309
ARISE SECURITY
SYSTEMS
310
EXIM
CONSULTANTS
312

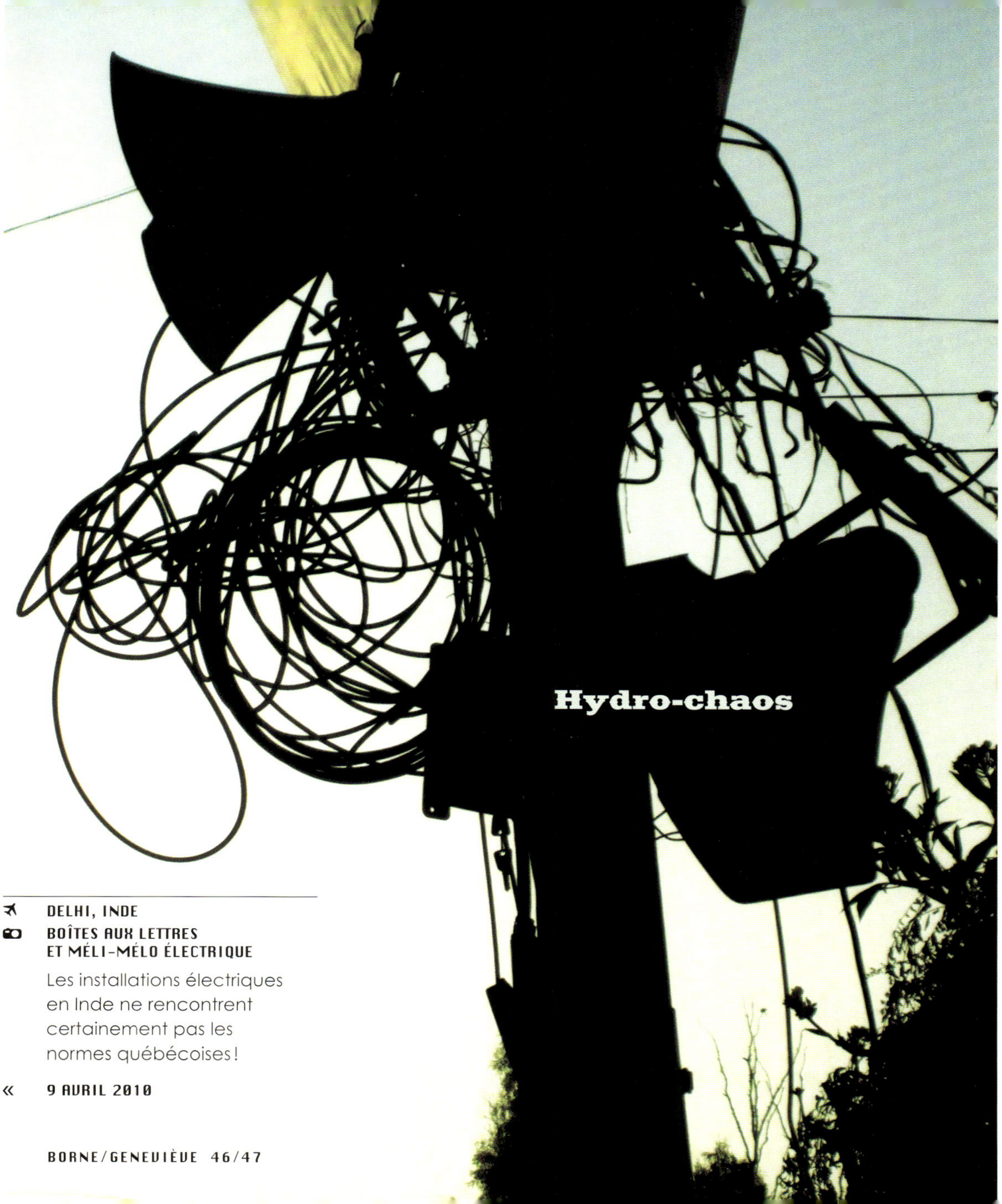

Hydro-chaos

DELHI, INDE

BOÎTES AUX LETTRES
ET MÉLI-MÉLO ÉLECTRIQUE

Les installations électriques en Inde ne rencontrent certainement pas les normes québécoises !

« 9 AVRIL 2010

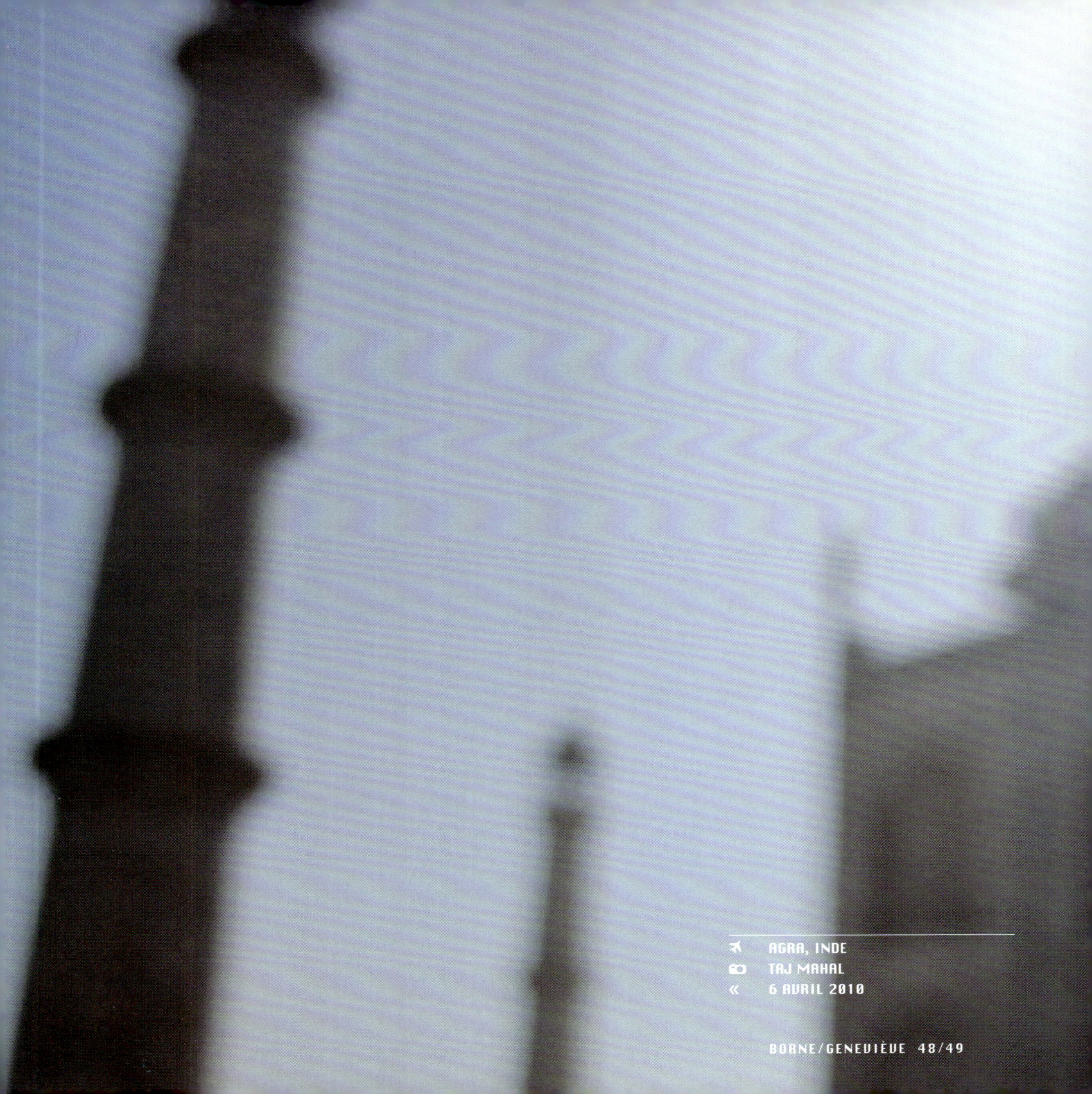

AGRA, INDE
TAJ MAHAL
6 AVRIL 2010

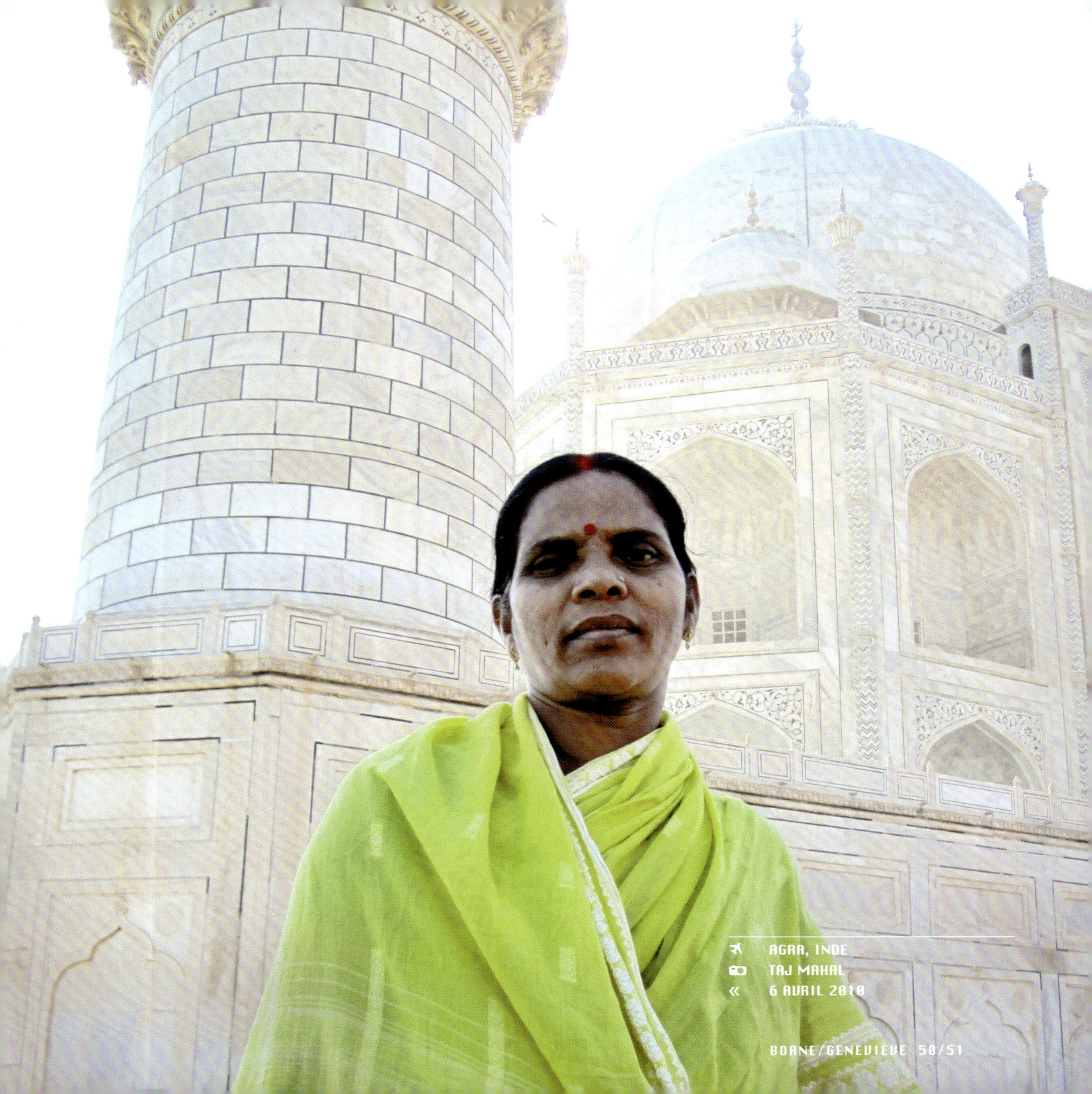

AGRA, INDE
TAJ MAHAL
6 AVRIL 2010

Autour du Taj Mahal

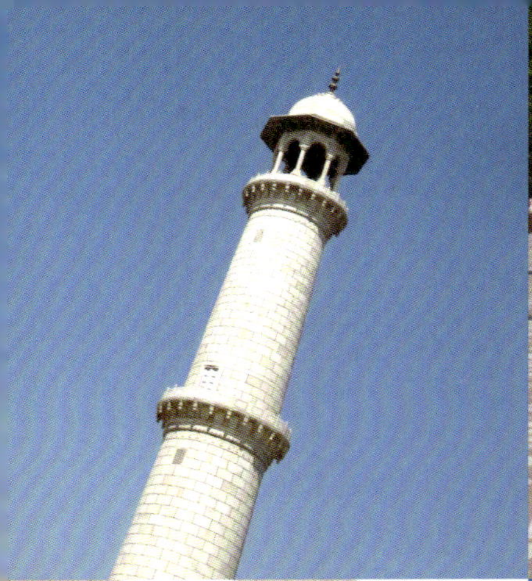

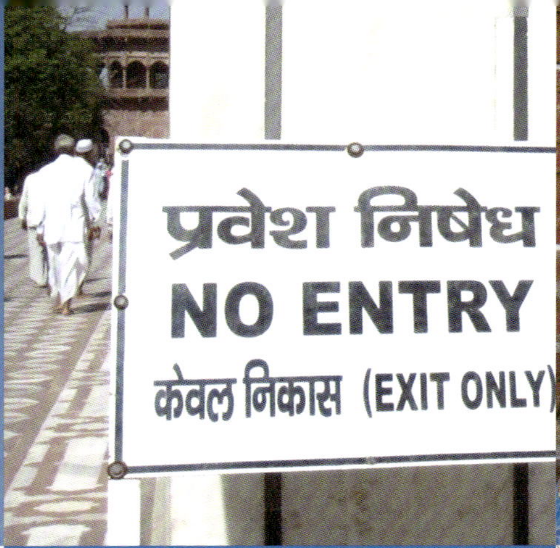

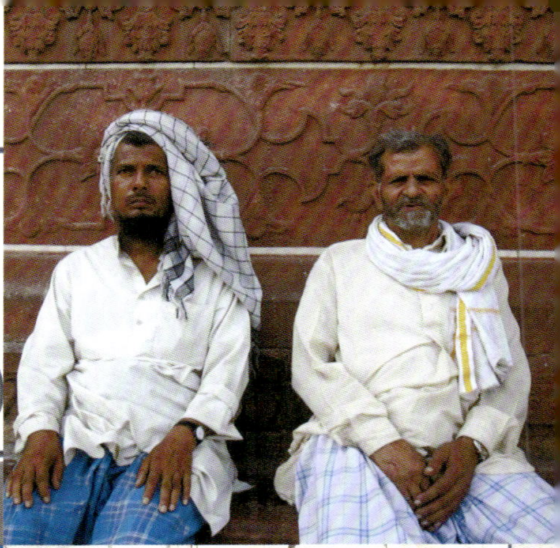

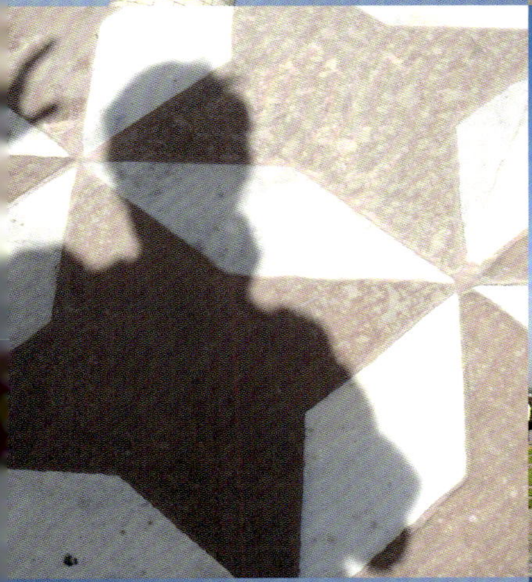

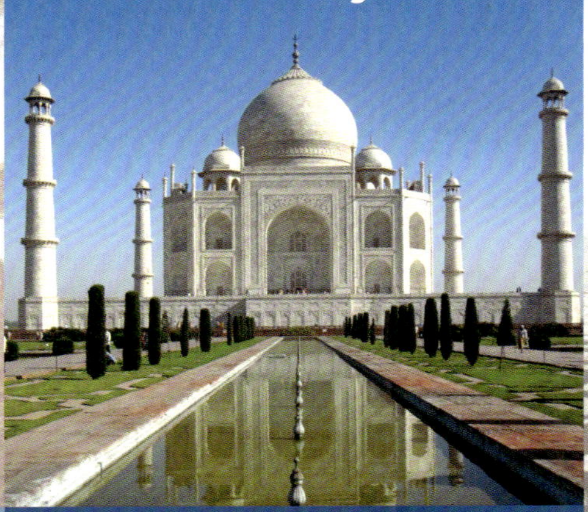

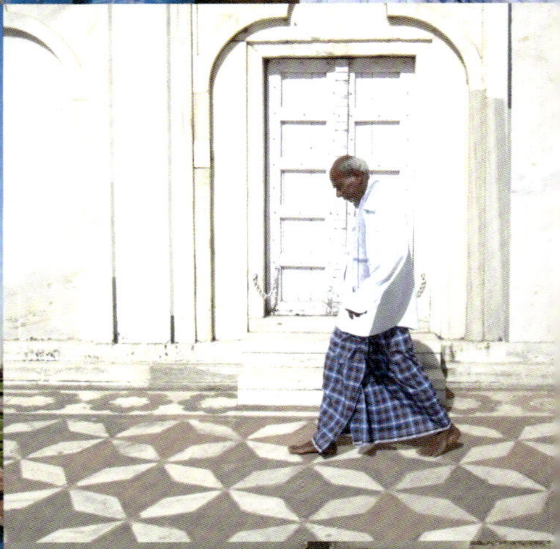

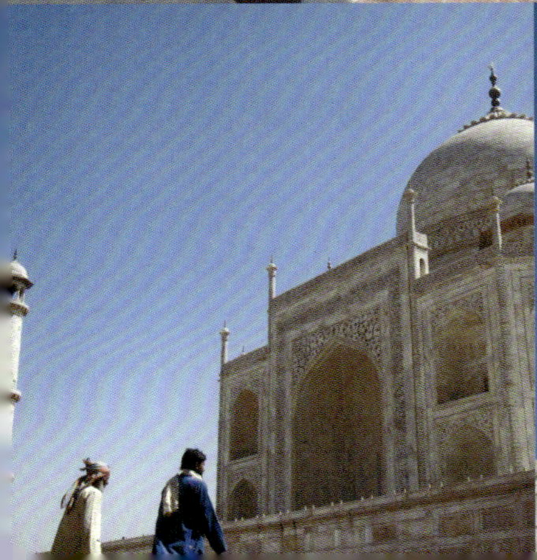

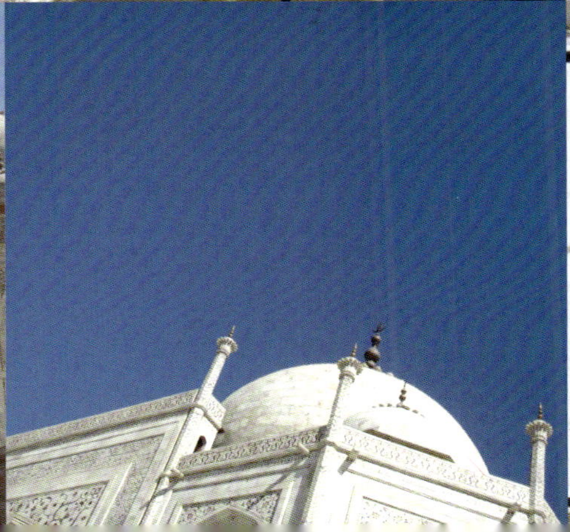

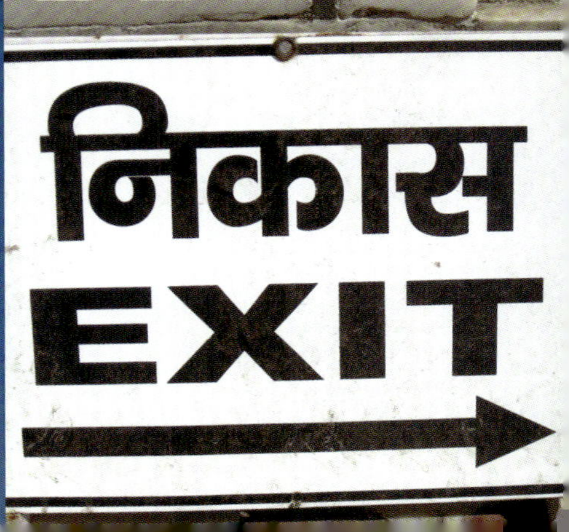

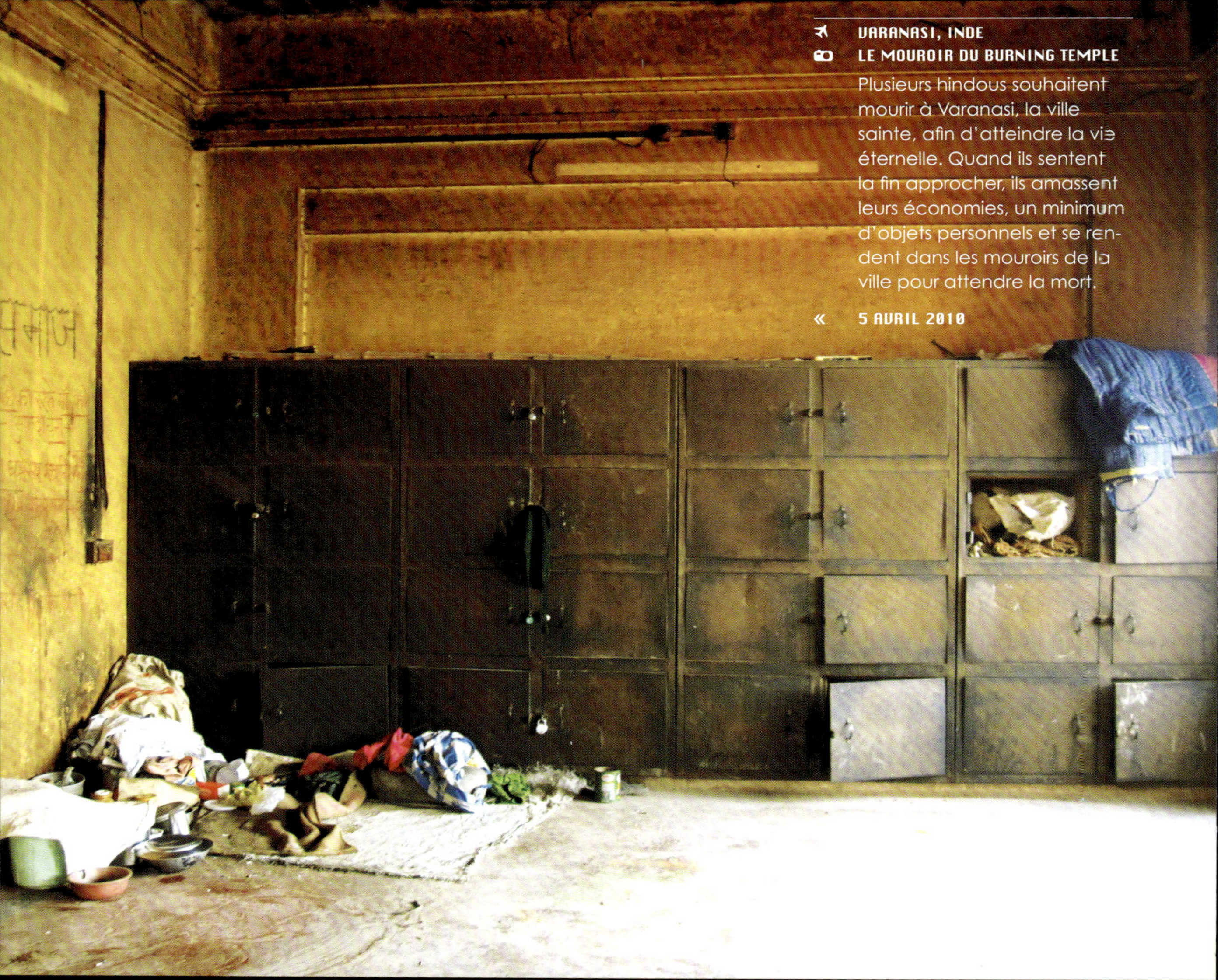

VARANASI, INDE

LE MOUROIR DU BURNING TEMPLE

Plusieurs hindous souhaitent mourir à Varanasi, la ville sainte, afin d'atteindre la vie éternelle. Quand ils sentent la fin approcher, ils amassent leurs économies, un minimum d'objets personnels et se rendent dans les mouroirs de la ville pour attendre la mort.

« **5 AVRIL 2010**

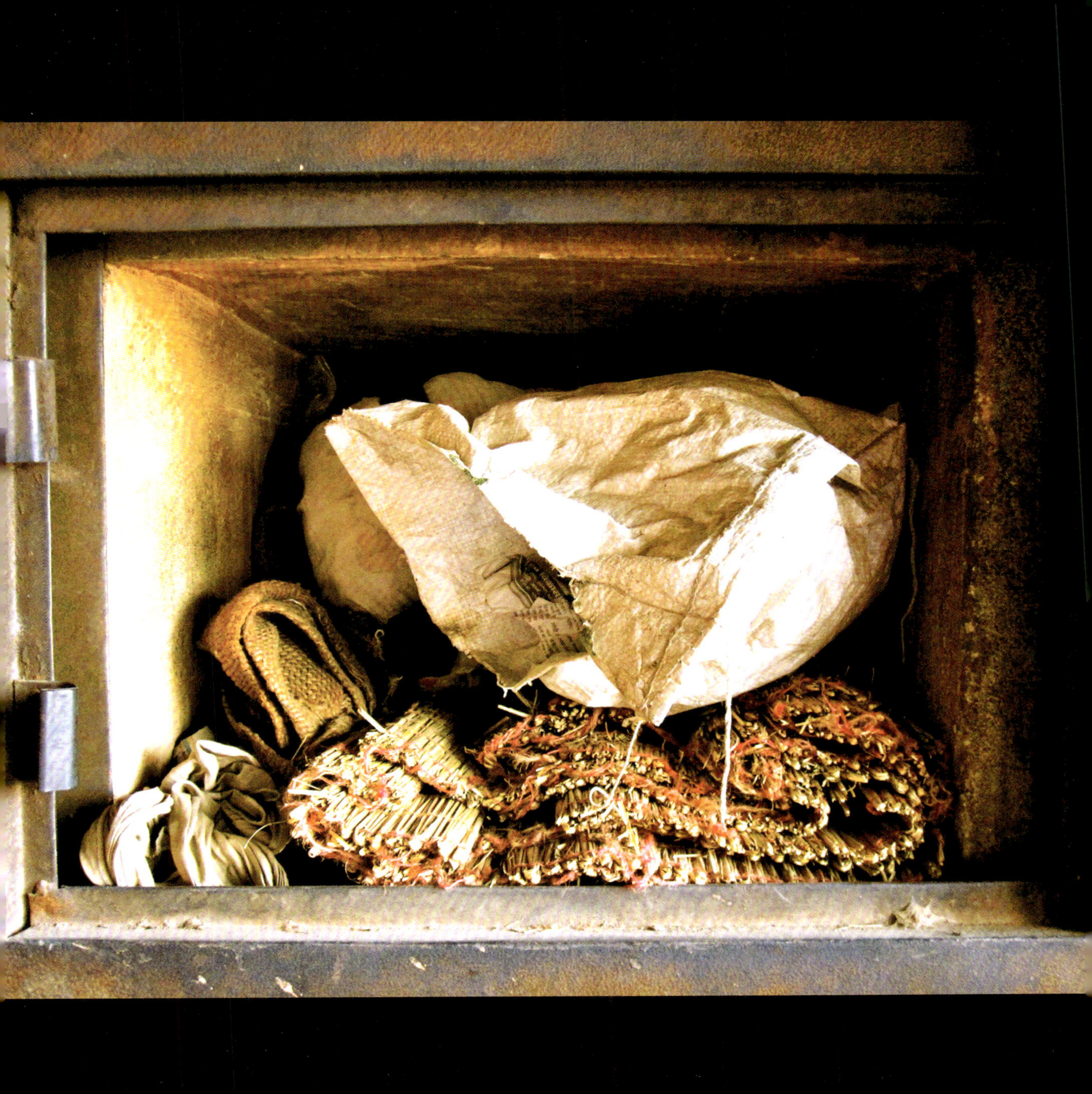

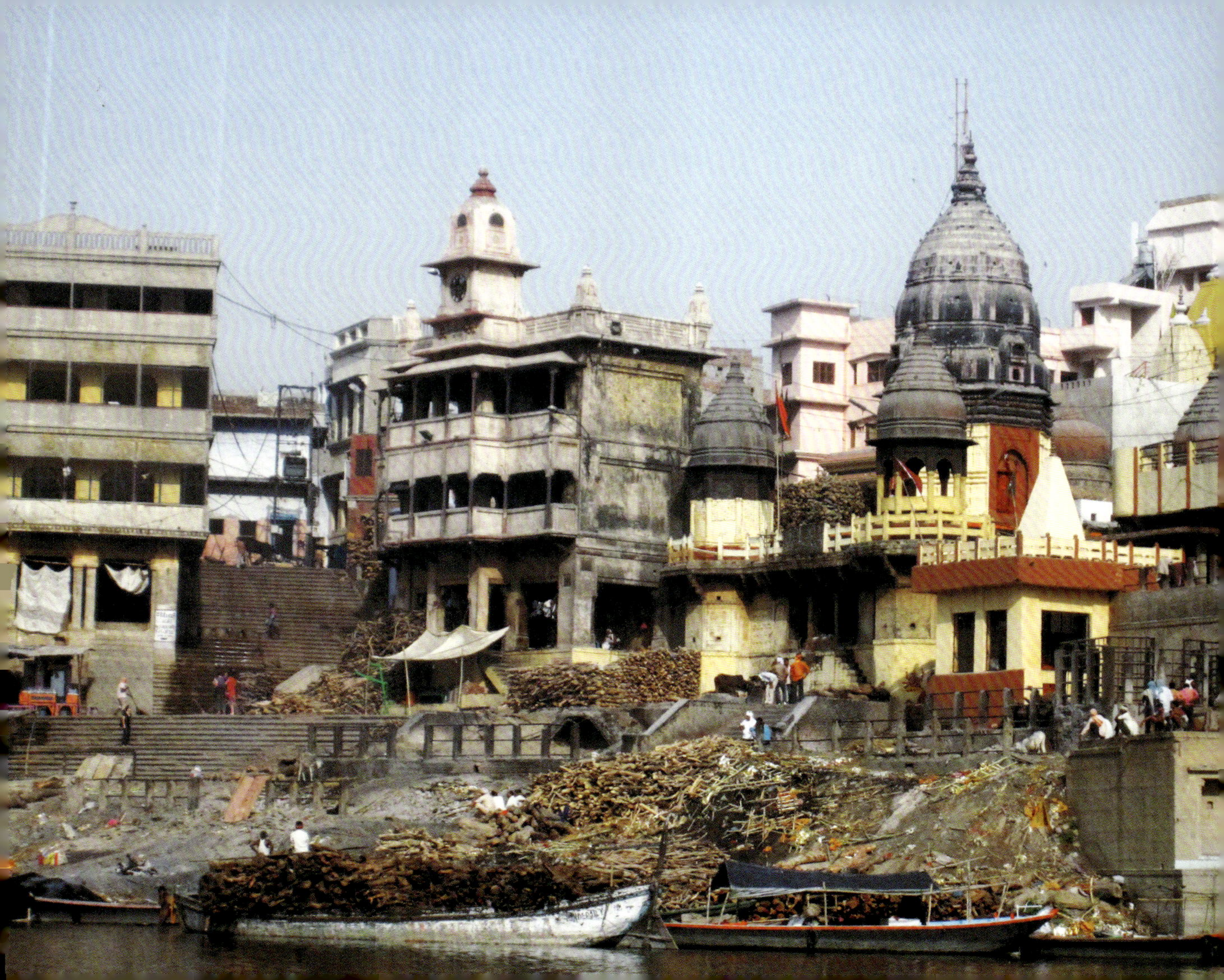

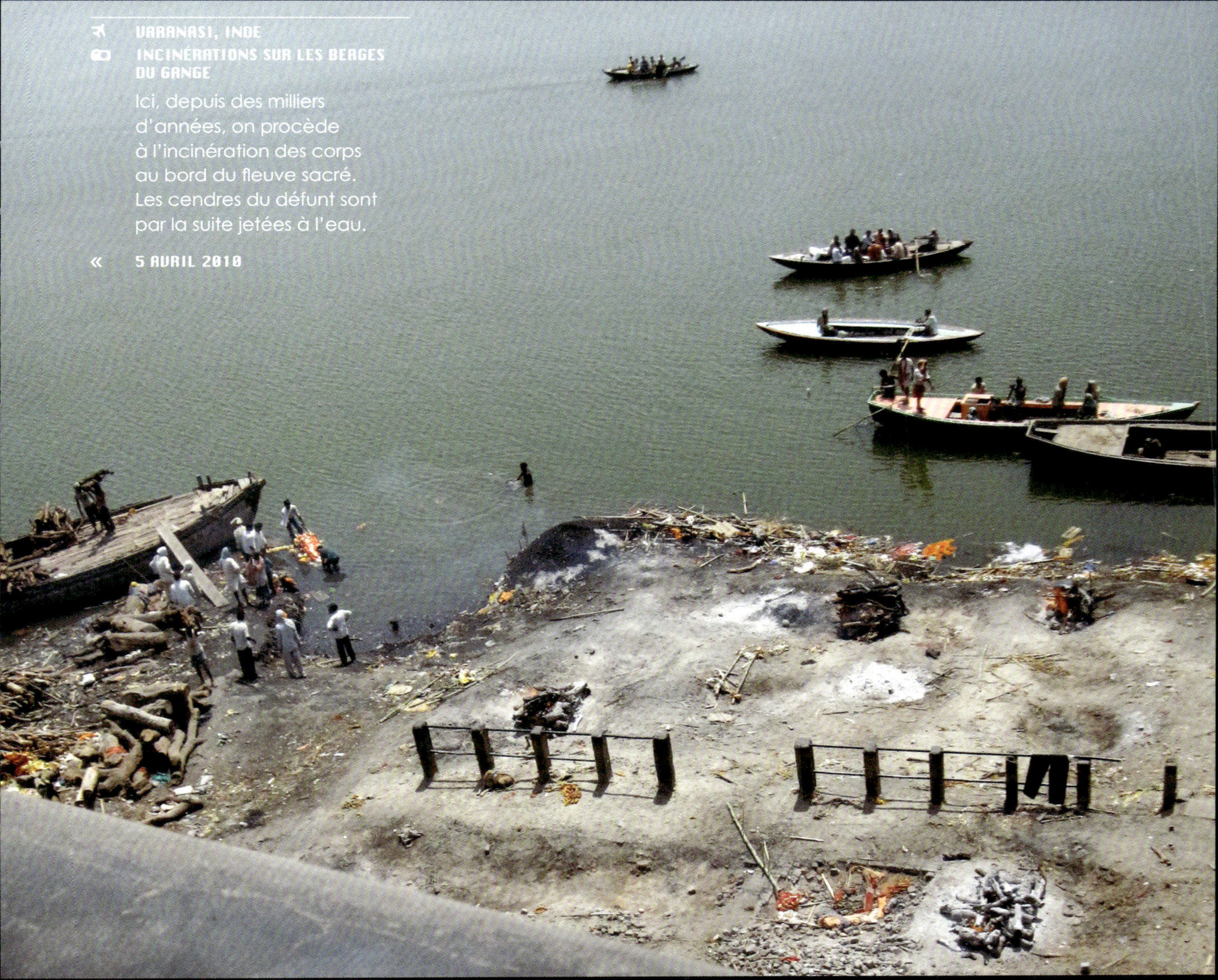

VARANASI, INDE

INCINÉRATIONS SUR LES BERGES DU GANGE

Ici, depuis des milliers d'années, on procède à l'incinération des corps au bord du fleuve sacré. Les cendres du défunt sont par la suite jetées à l'eau.

« **5 AVRIL 2010**

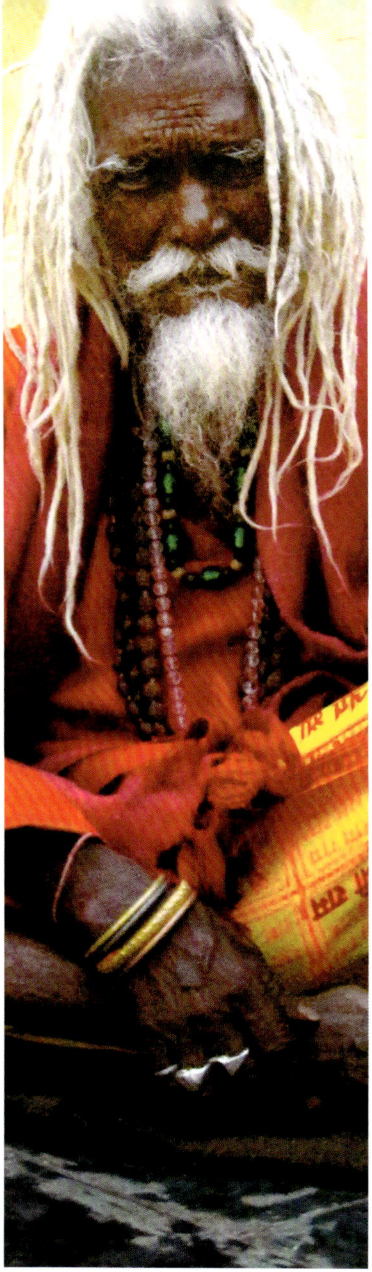

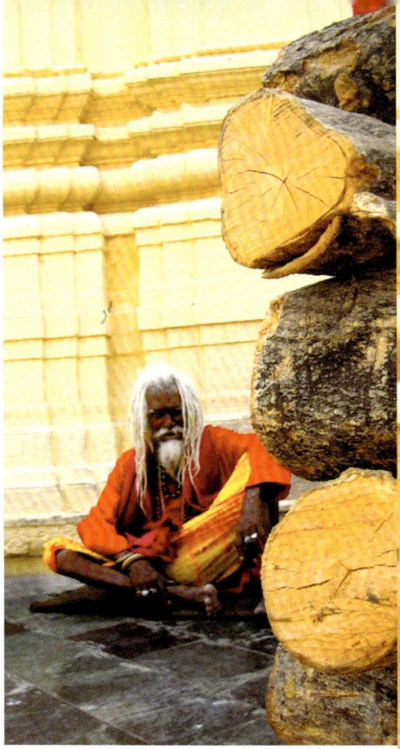

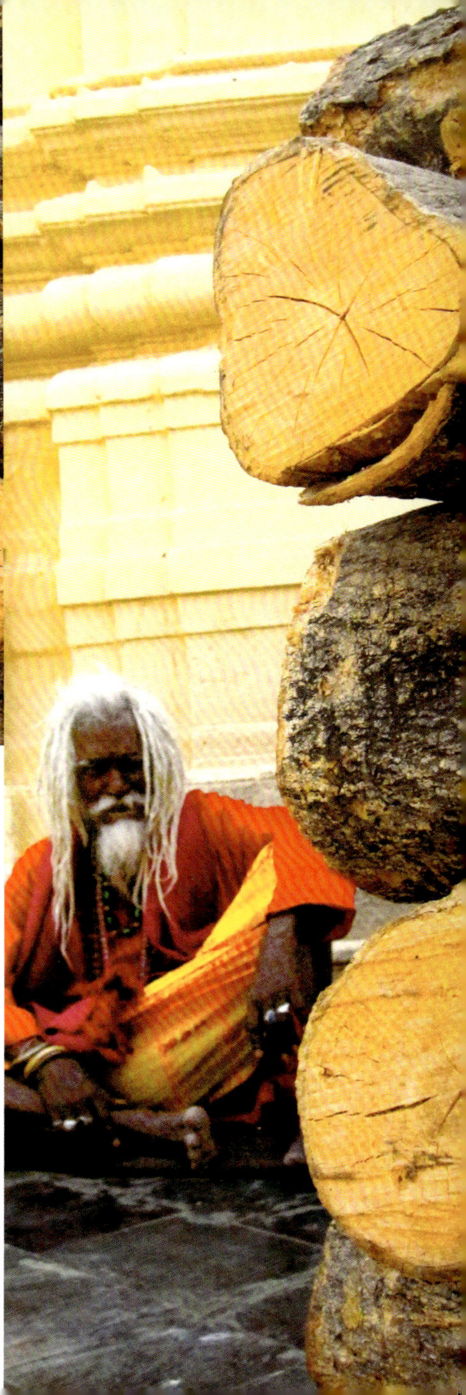

VARANASI, INDE

SADDHU DU BURNING TEMPLE

Les saddhus sont des hommes saints qui consacrent leur vie à l'élévation spirituelle. Ils renoncent aux biens matériels, à l'alcool, au mariage et survivent en mendiant. Celui-ci était d'une beauté spectaculaire. Je l'ai découvert derrière le Burning Temple, là où ont lieu les incinérations. Il était assis à côté d'une pile de bois de santal que l'on utilise pour les crémations.

« 5 AVRIL 2010

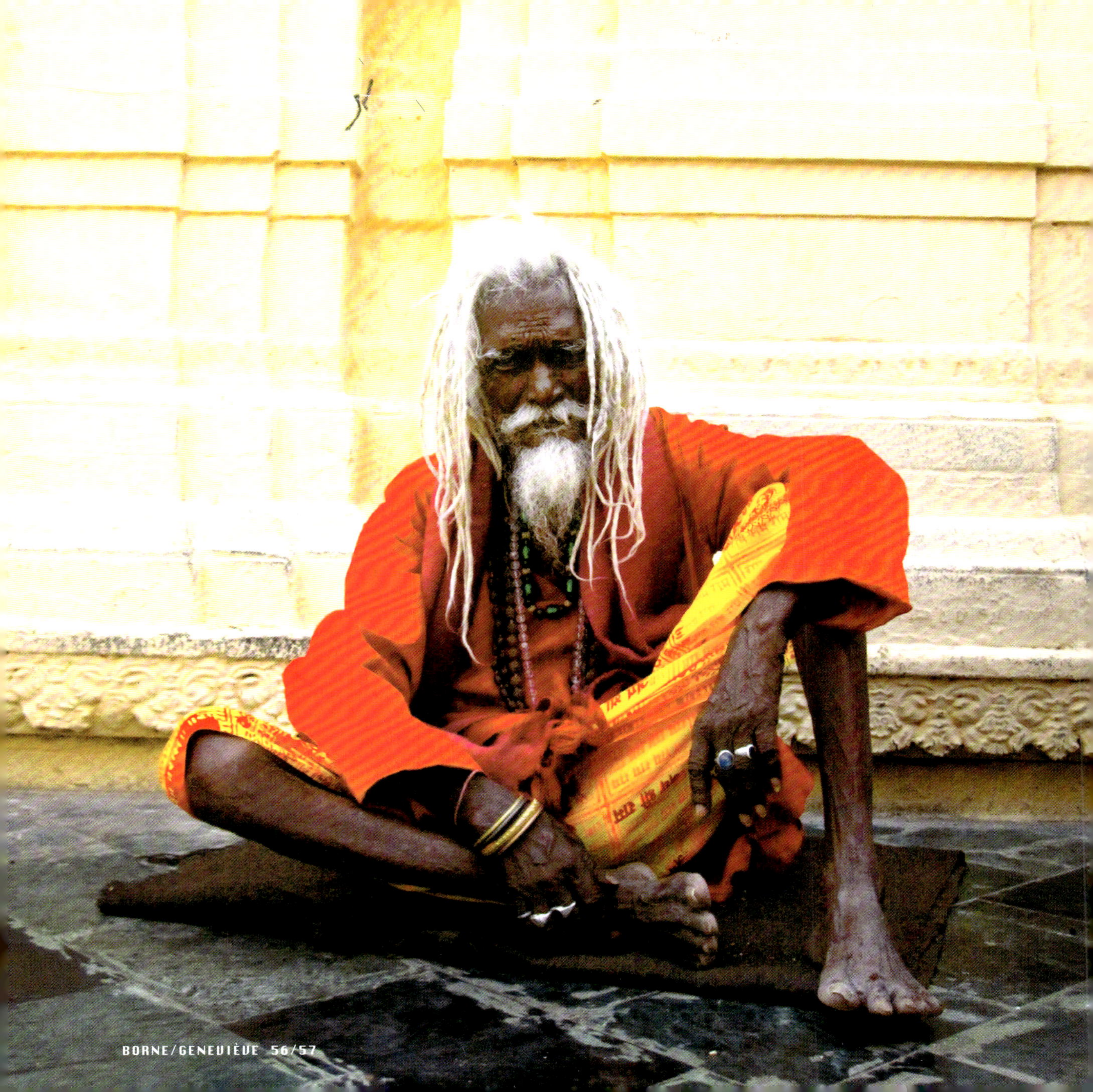

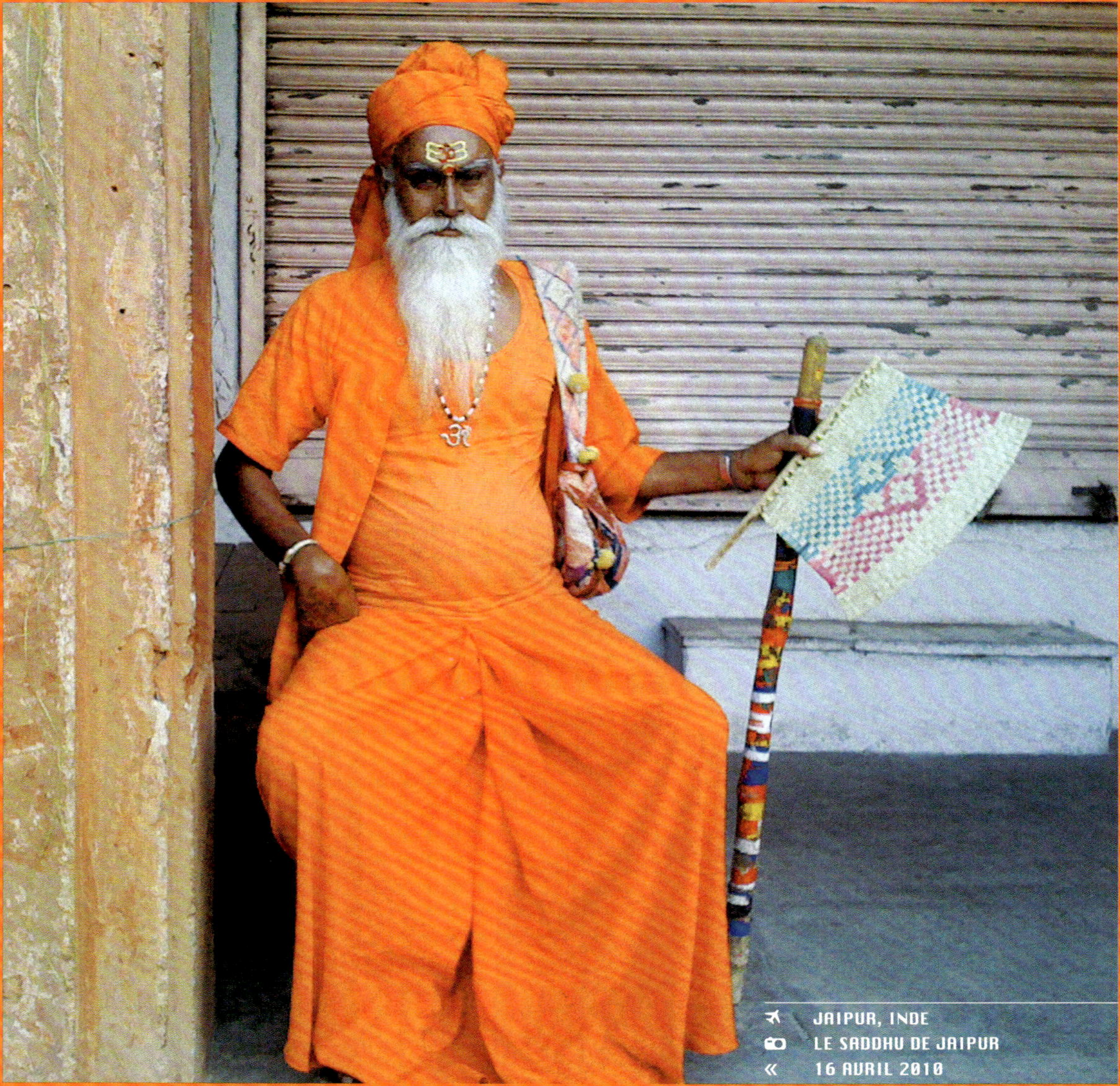

JAIPUR, INDE
LE SADDHU DE JAIPUR
16 AVRIL 2010

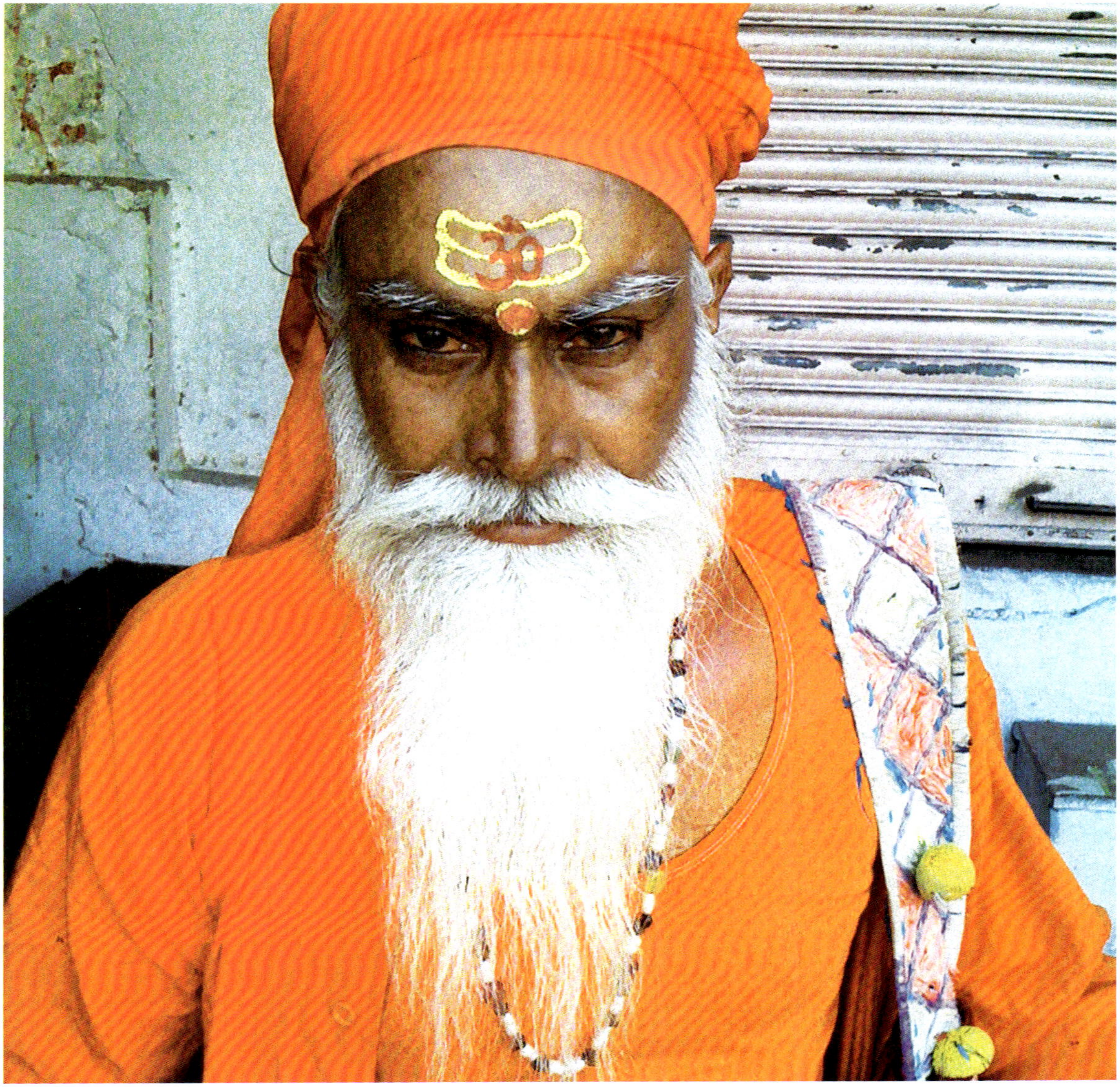

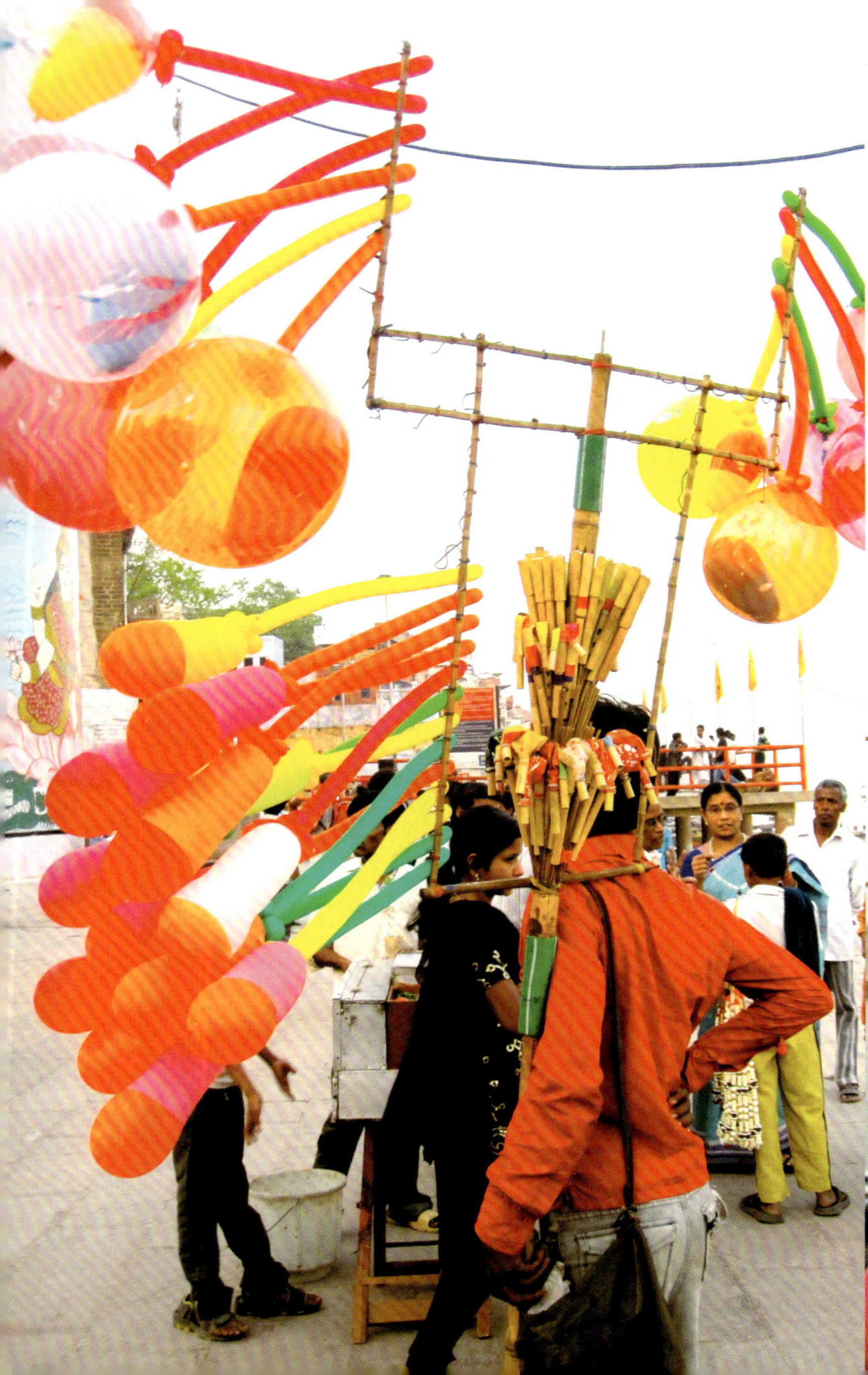

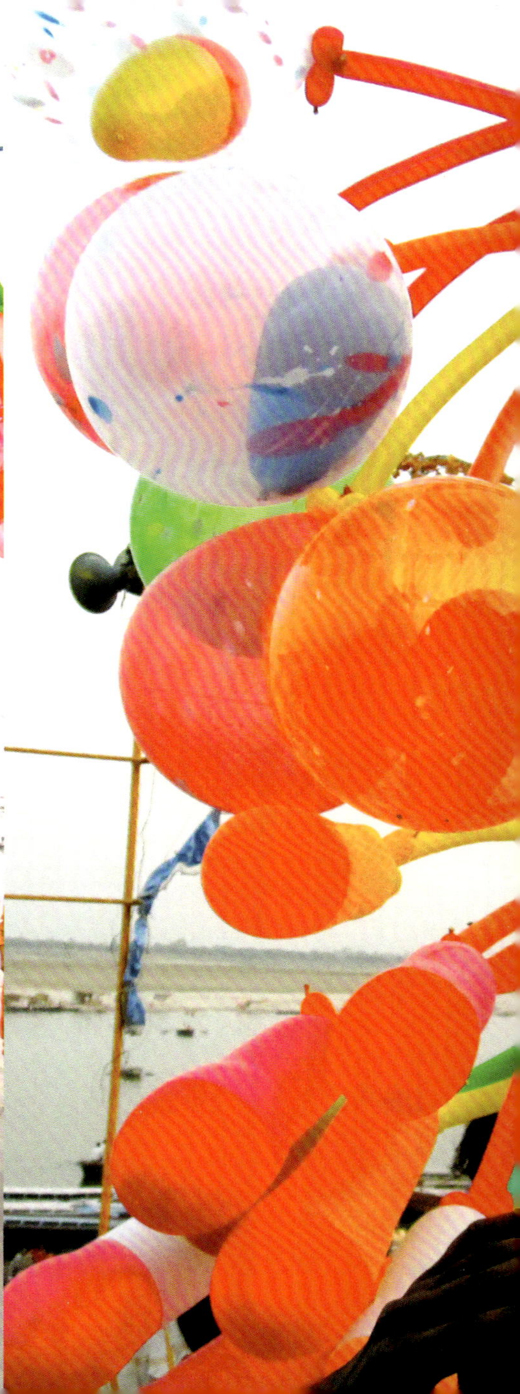

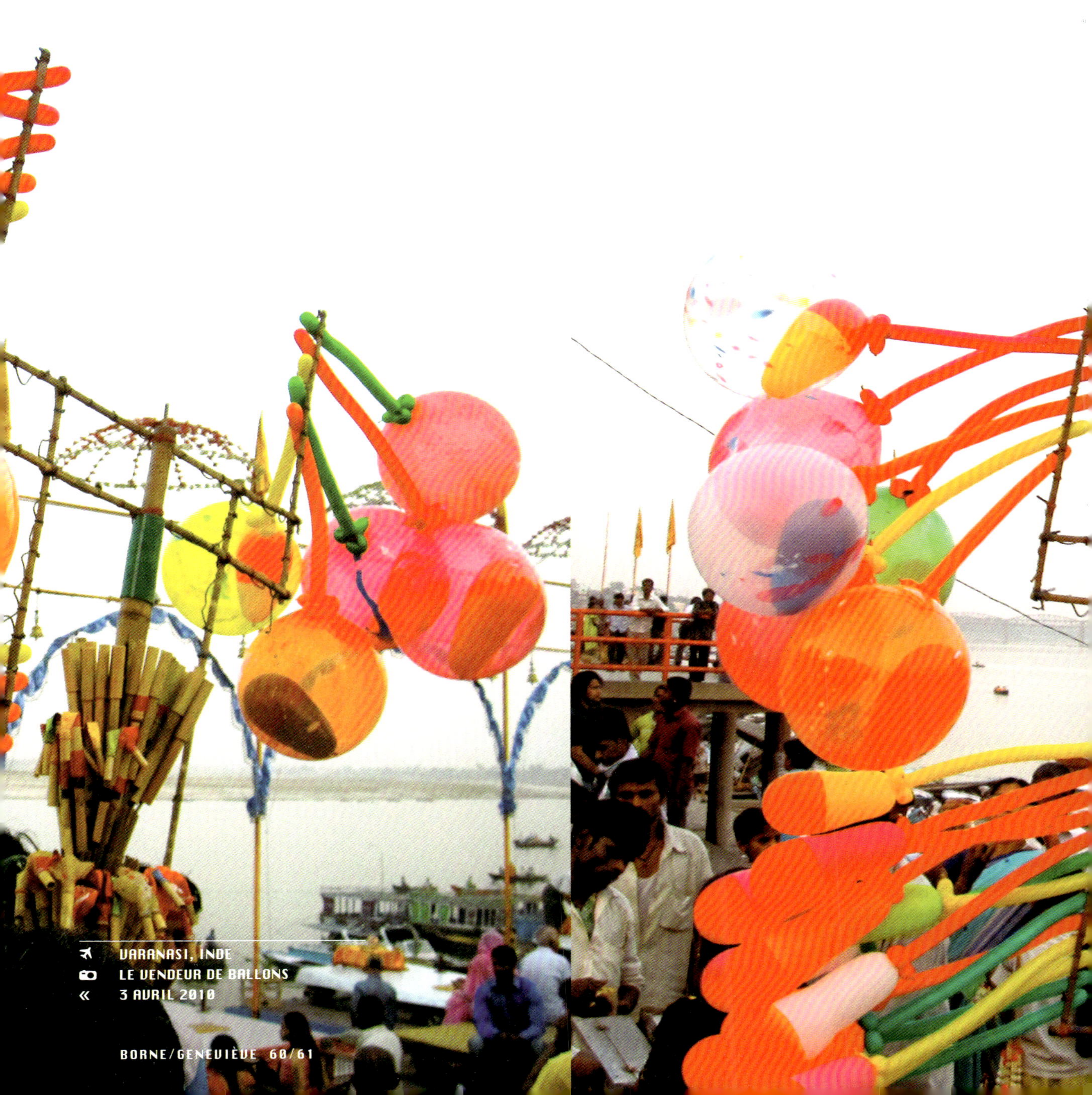

VARANASI, INDE
LE VENDEUR DE BALLONS
3 AVRIL 2010

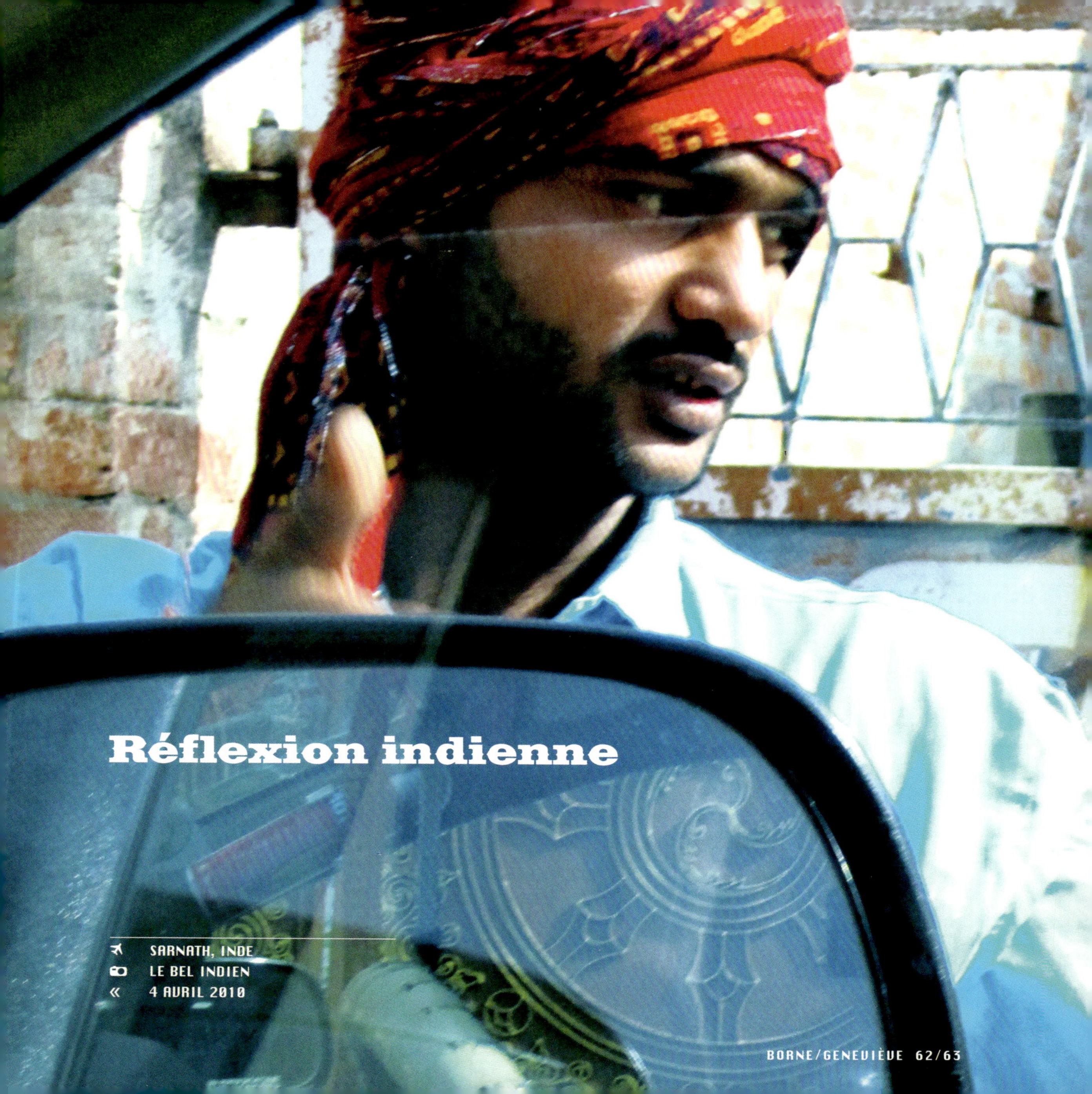

Réflexion indienne

SARNATH, INDE
LE BEL INDIEN
4 AVRIL 2010

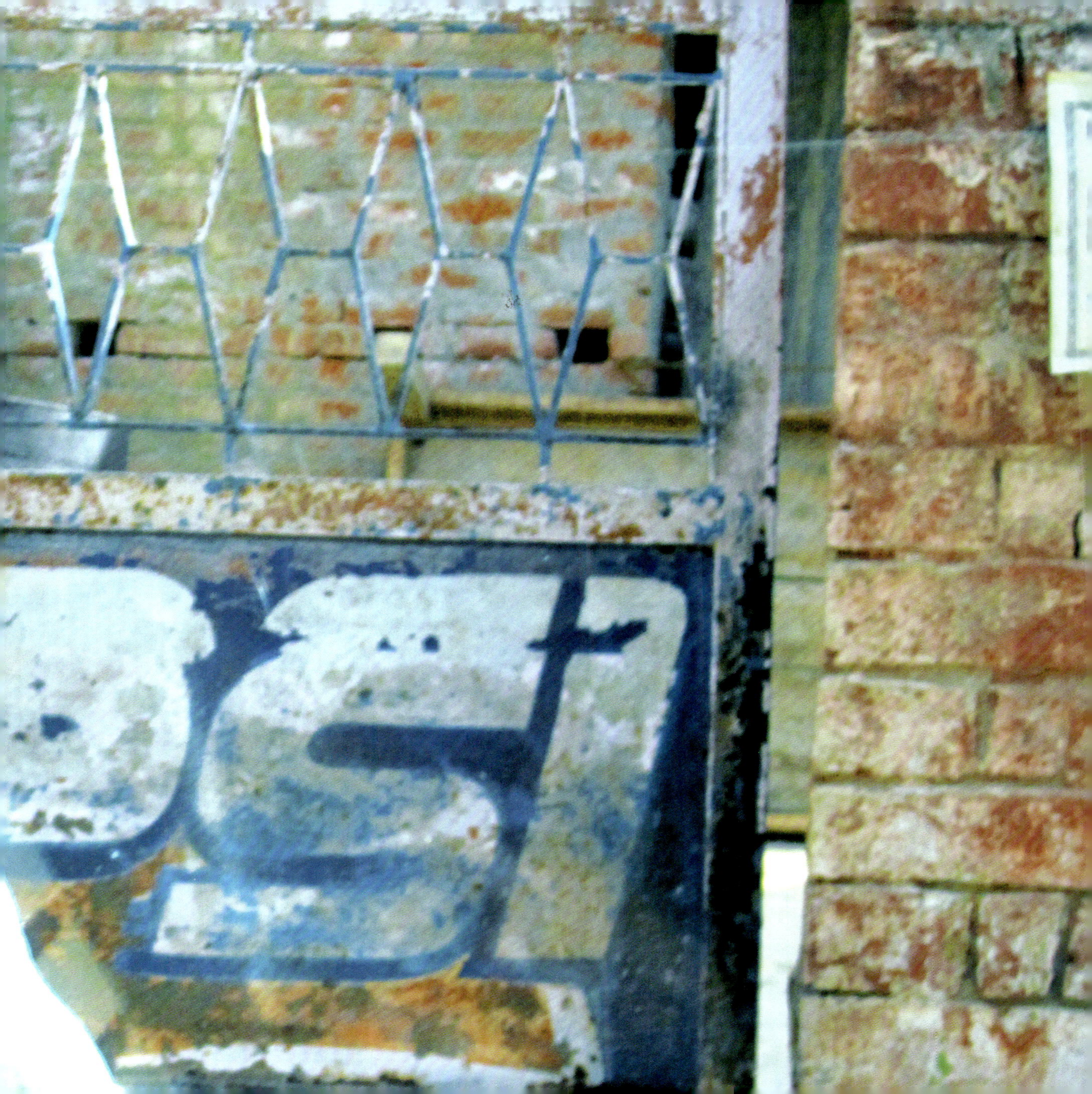

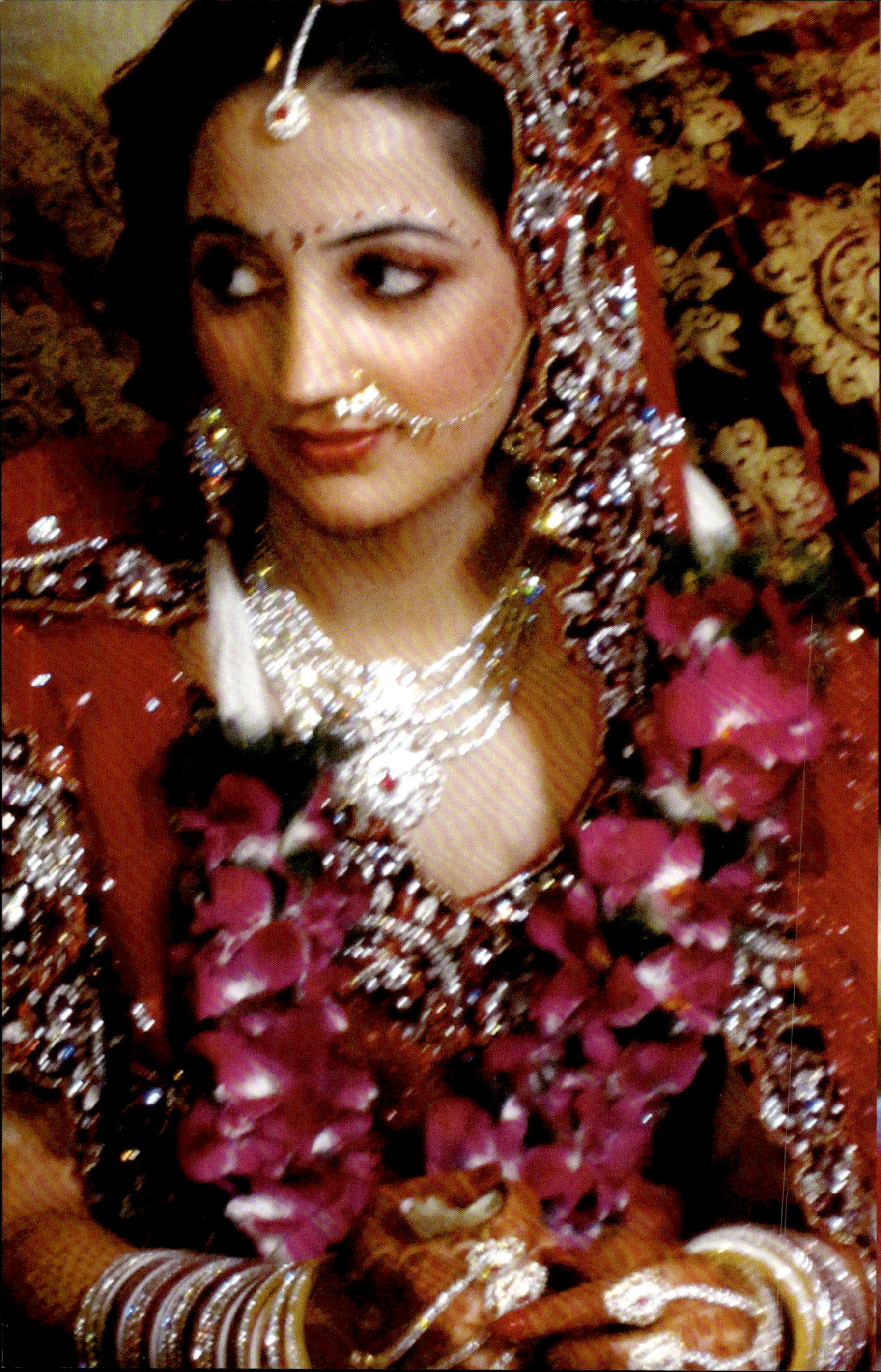

DELHI, INDE

LA MARIÉE DE DELHI

À Delhi, j'ai eu la chance d'assister à un mariage indien traditionnel où j'ai pu admirer le costume de la mariée, qui est d'une grande beauté ! Sa tenue est multicolore et recouverte de pierreries. Les mains et les pieds de la jeune femme sont recouverts de dessins complexes faits de henné. Elle est parée de bijoux fabuleux et affiche une allure de reine !

« **11 AVRIL 2010**

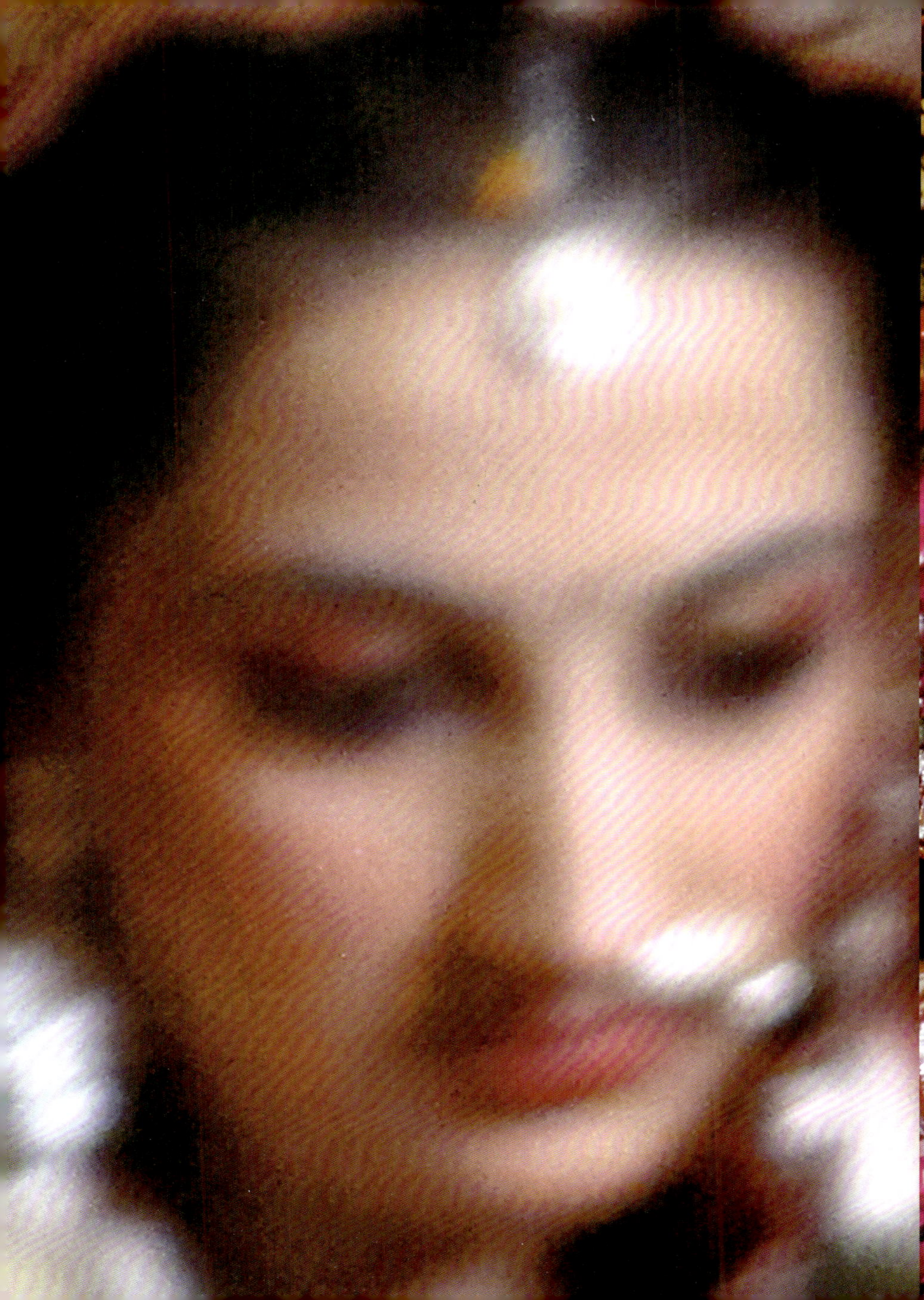
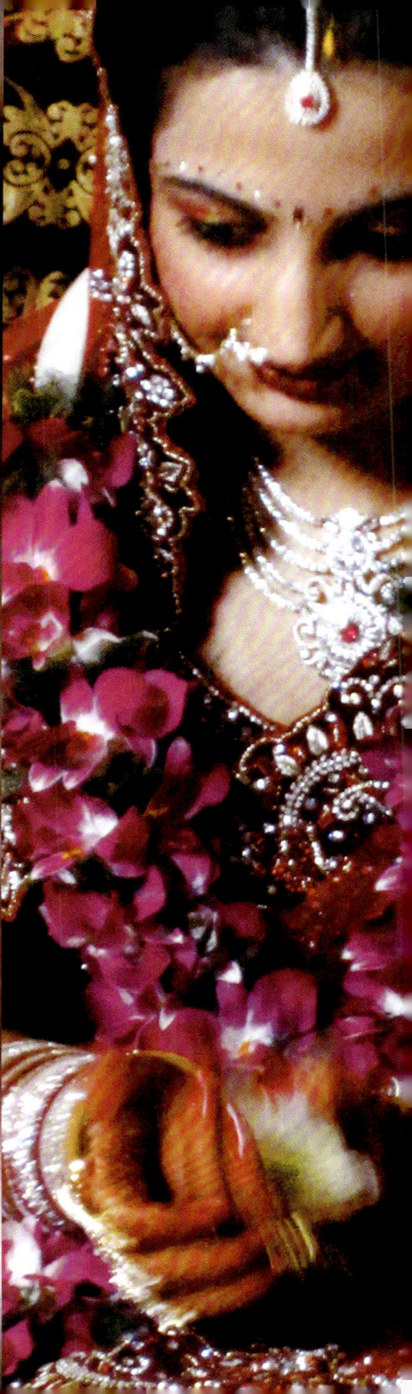

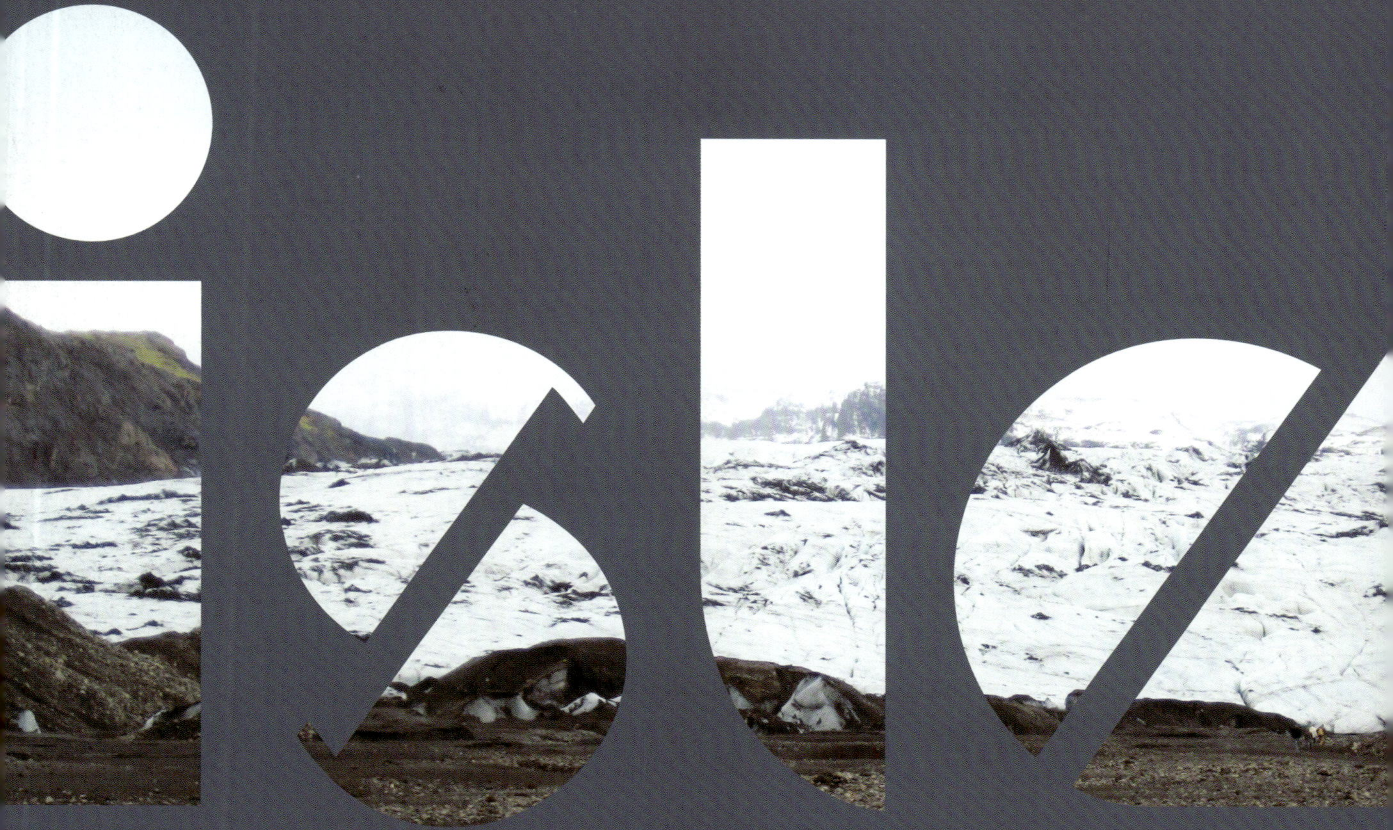

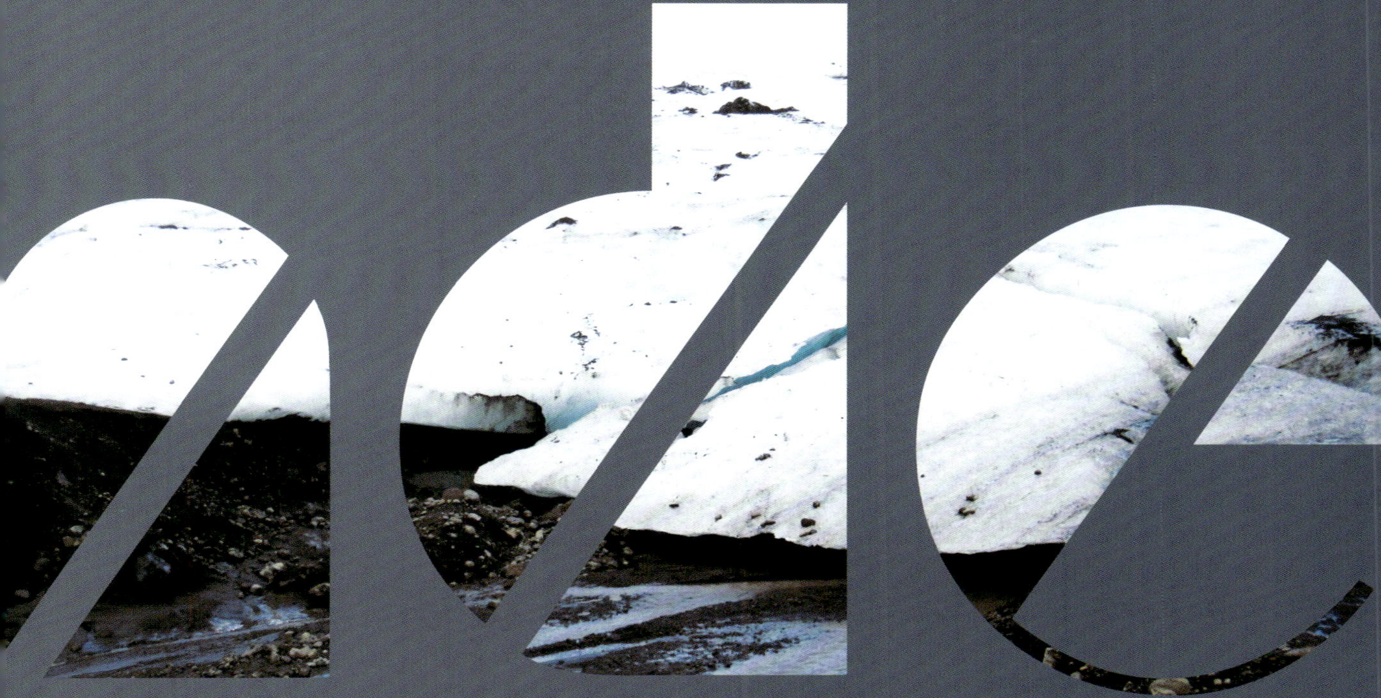

Je ne connaissais de l'Islande que la musique de Björk et celle de l'excellent groupe Sigur Rós. Leurs ambiances musicales reflètent le mystère, la singularité et l'immensité des paysages que j'ai pu découvrir sur place. Partout, des chutes, des falaises, des geysers, des glaciers, des volcans et ce vent qui fouette le visage. Face aux éléments qui se déchaînaient, je me suis sentie plus vivante que jamais !

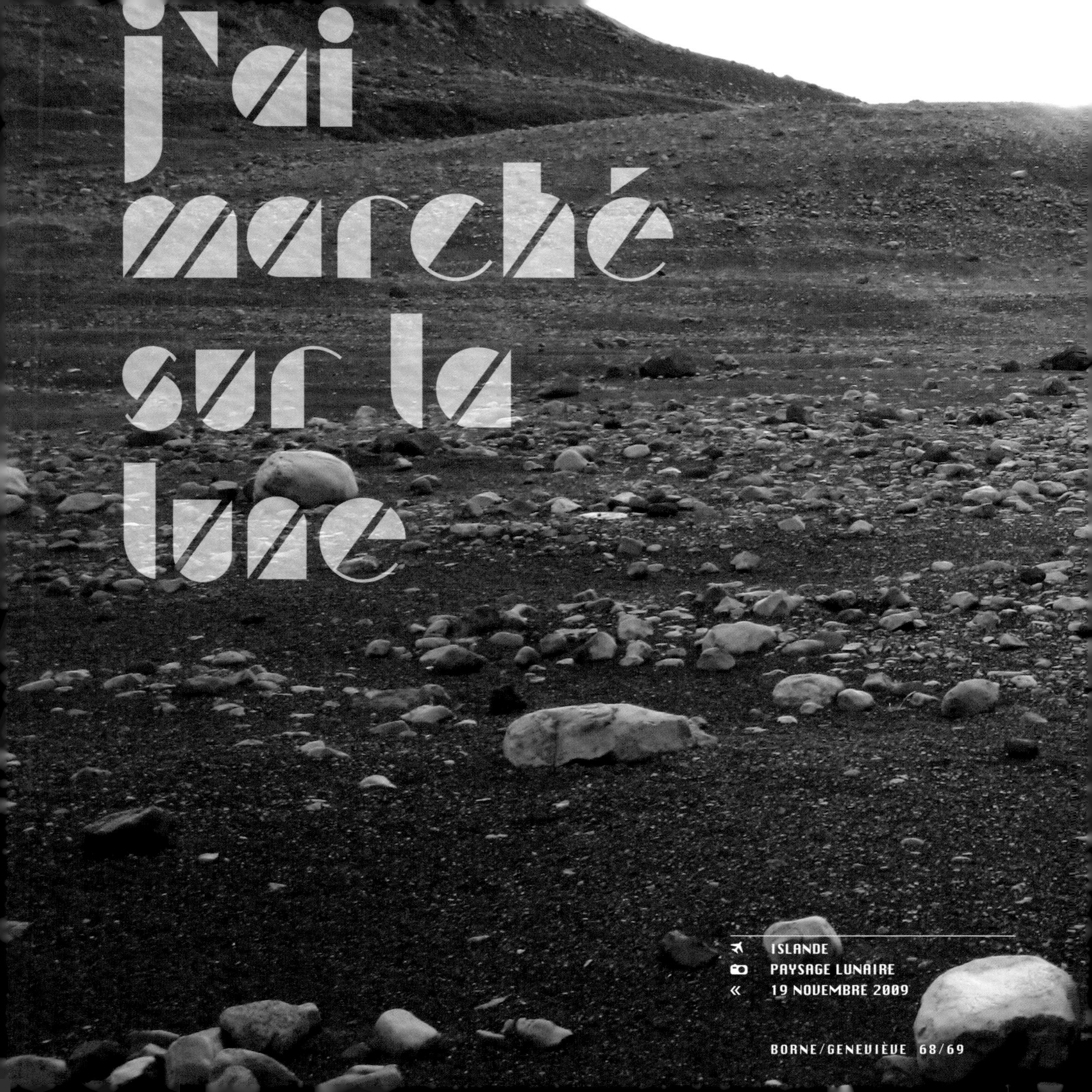
j'ai marché sur la lune
ISLANDE
PAYSAGE LUNAIRE
19 NOVEMBRE 2009

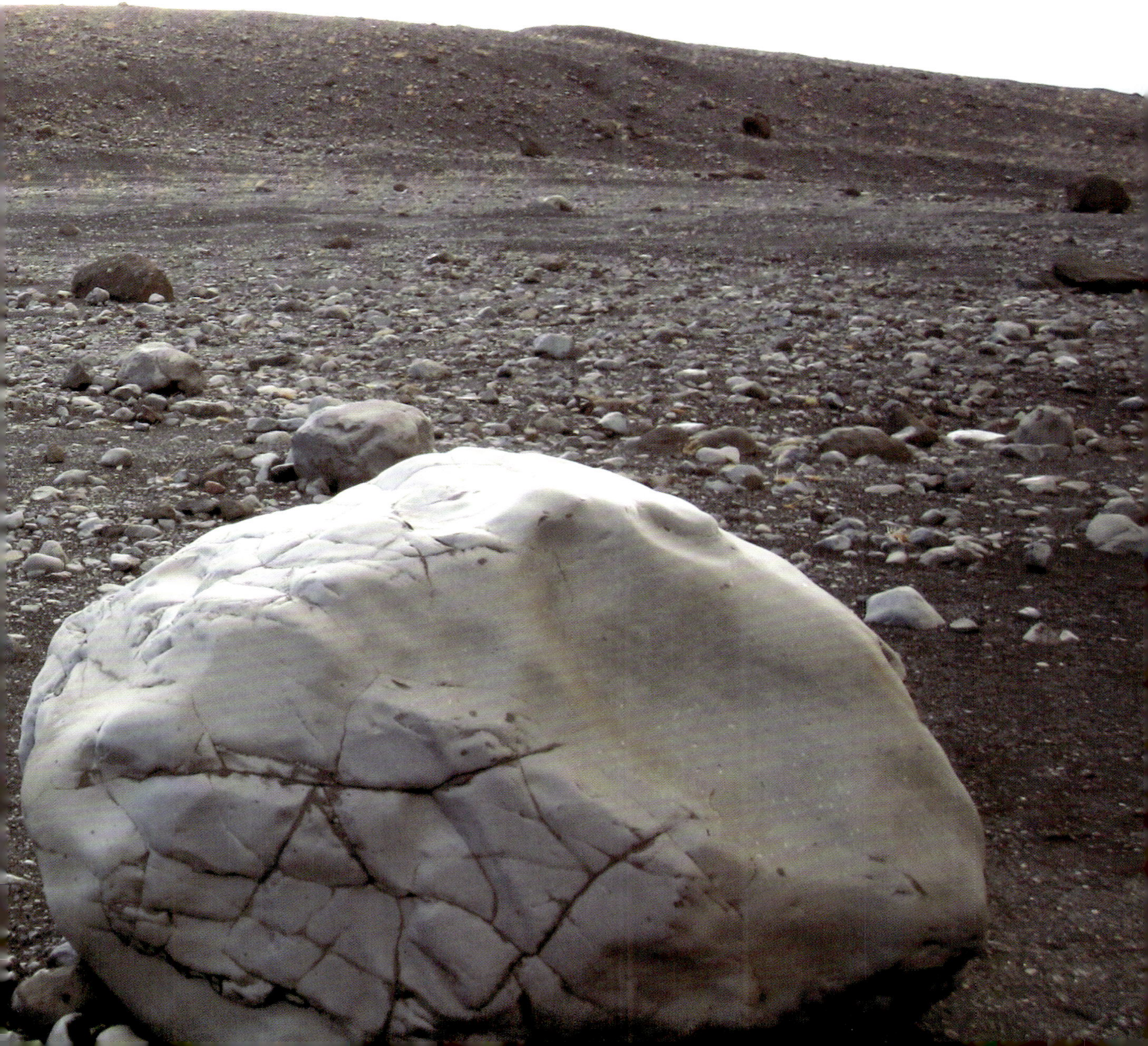

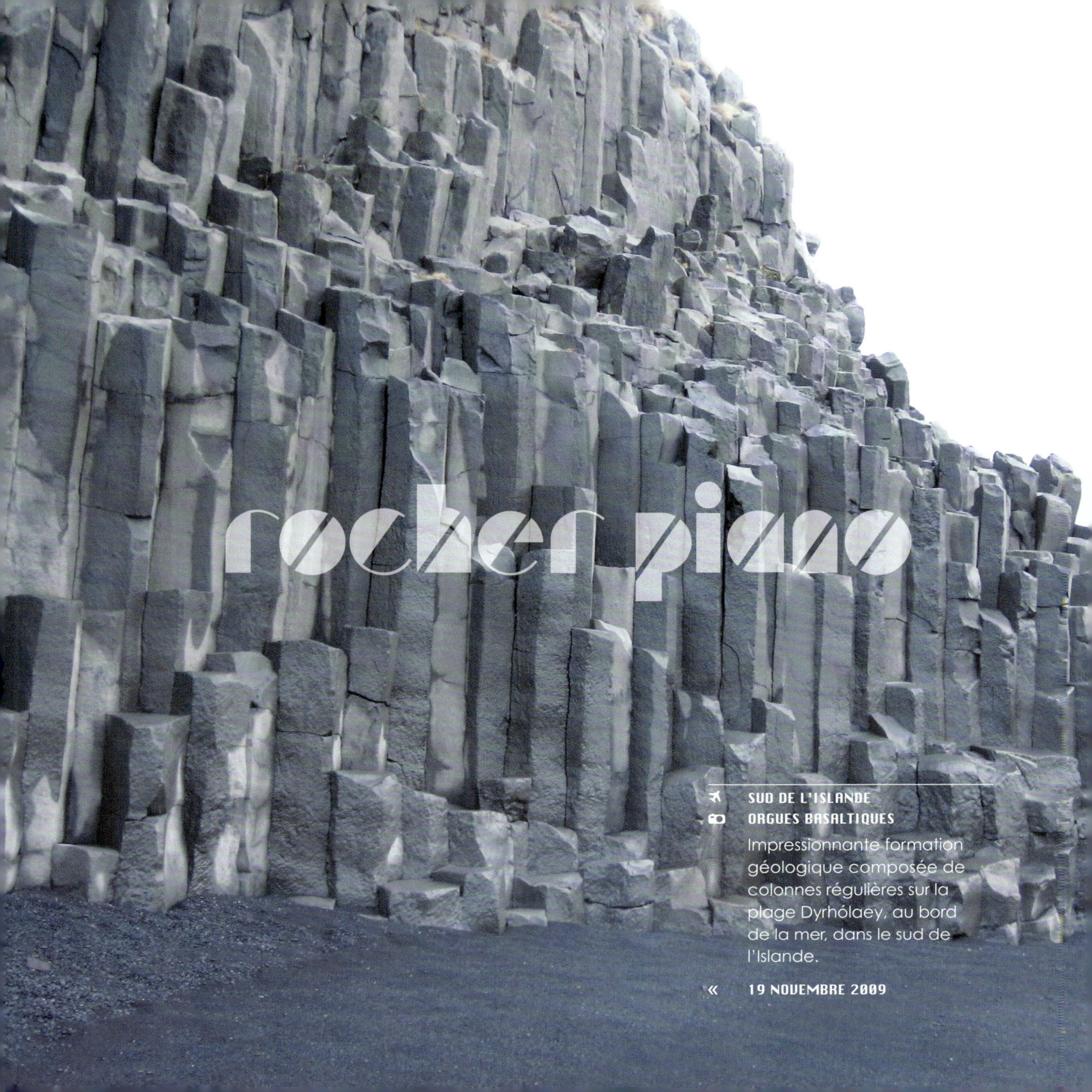

rocher piano

SUD DE L'ISLANDE
ORGUES BASALTIQUES

Impressionnante formation géologique composée de colonnes régulières sur la plage Dyrhólaey, au bord de la mer, dans le sud de l'Islande.

« **19 NOVEMBRE 2009**

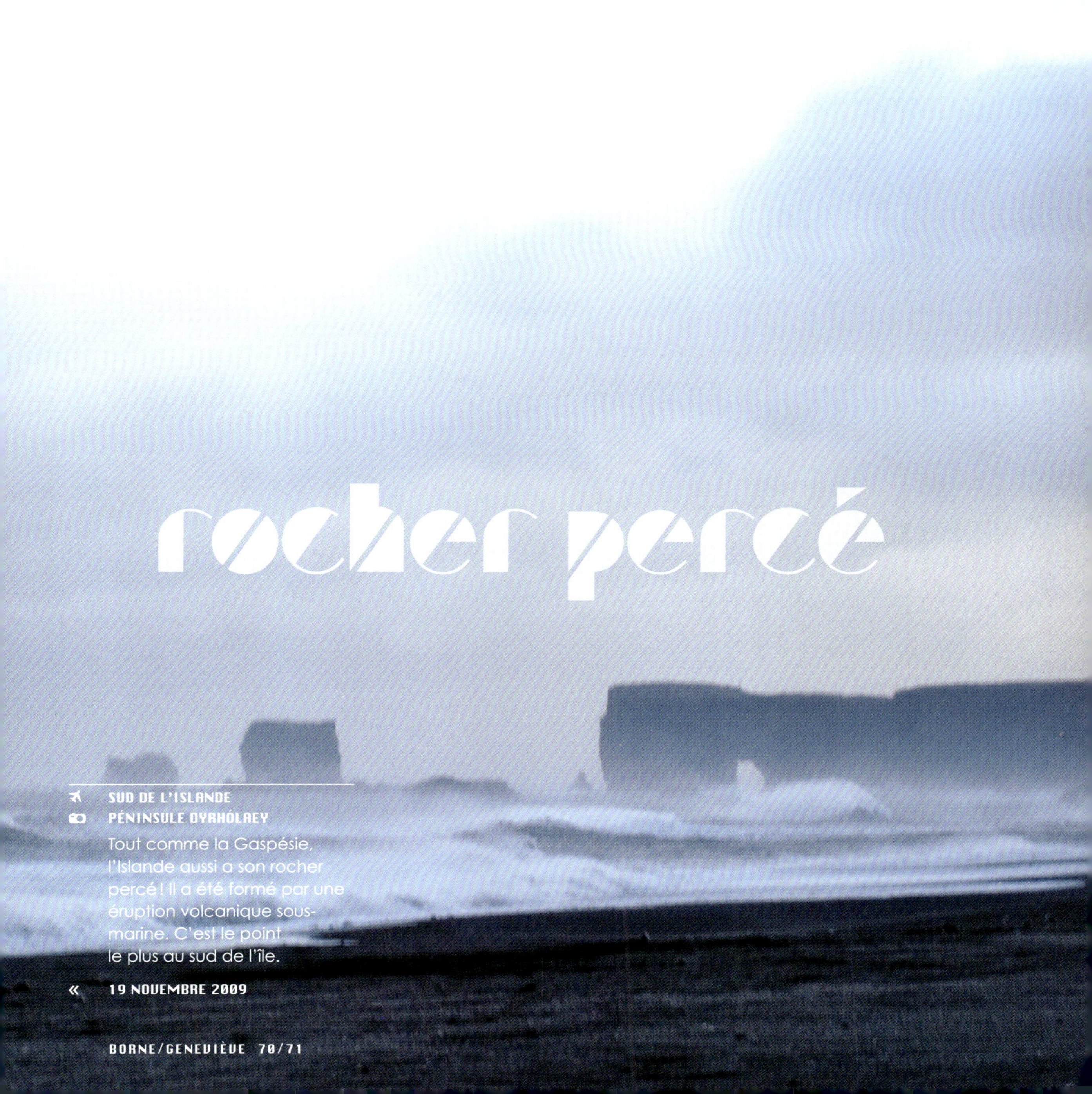

rocher percé

SUD DE L'ISLANDE
PÉNINSULE DYRHÓLAEY

Tout comme la Gaspésie, l'Islande aussi a son rocher percé ! Il a été formé par une éruption volcanique sous-marine. C'est le point le plus au sud de l'île.

19 NOVEMBRE 2009

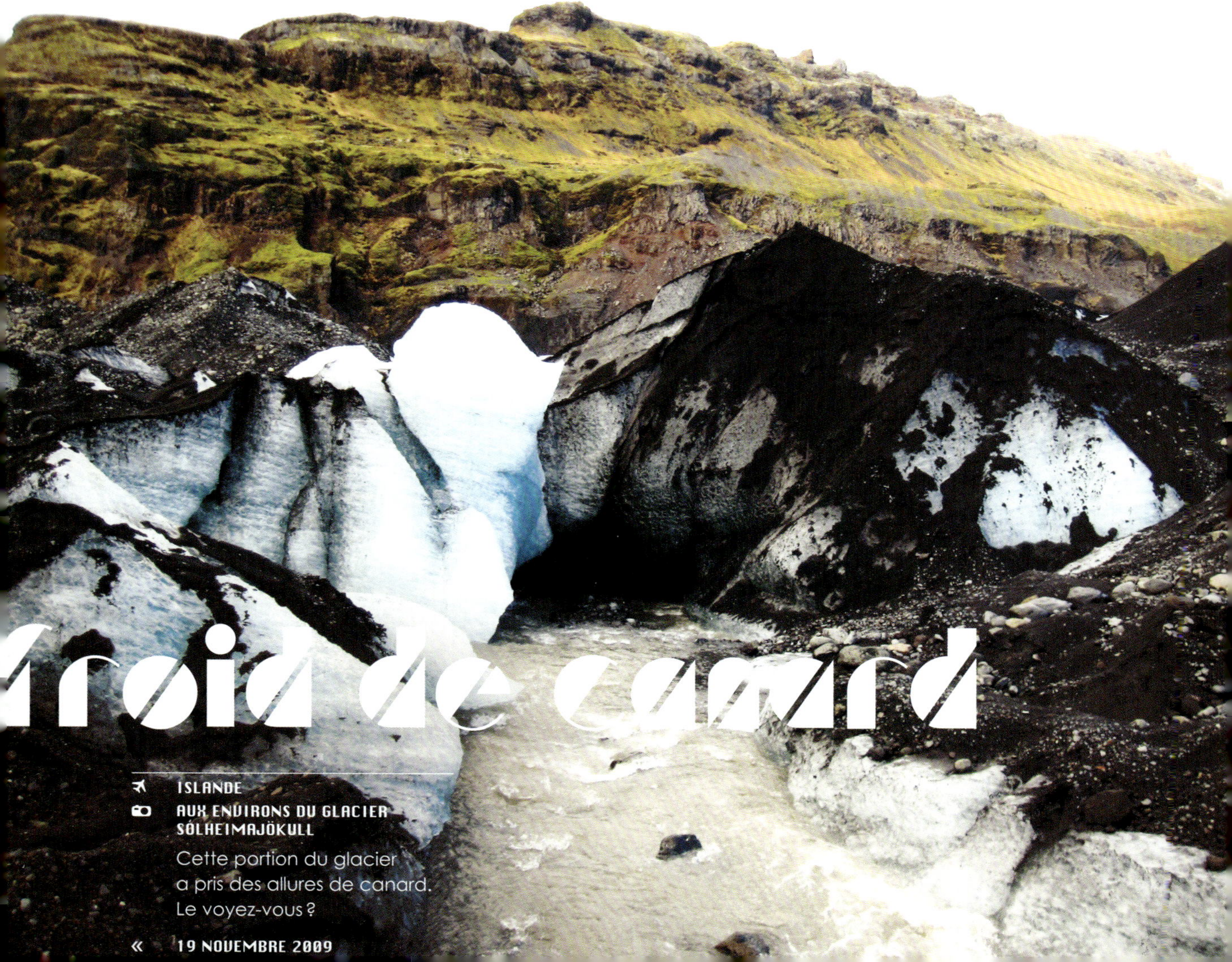

Froid de canard

ISLANDE

AUX ENVIRONS DU GLACIER SÓLHEIMAJÖKULL

Cette portion du glacier a pris des allures de canard. Le voyez-vous ?

« 19 NOVEMBRE 2009

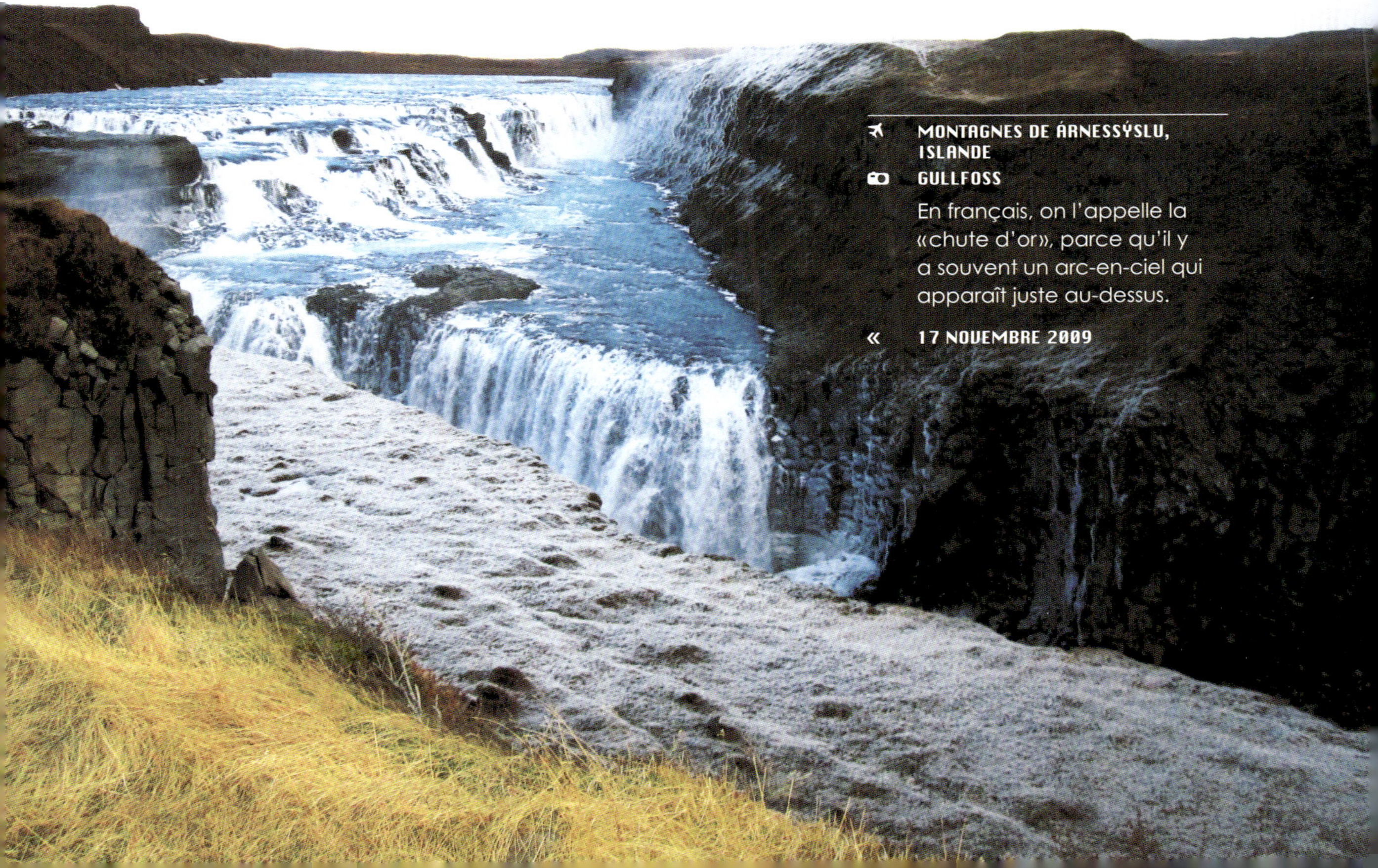

MONTAGNES DE ÁRNESSÝSLU, ISLANDE

GULLFOSS

En français, on l'appelle la «chute d'or», parce qu'il y a souvent un arc-en-ciel qui apparaît juste au-dessus.

17 NOVEMBRE 2009

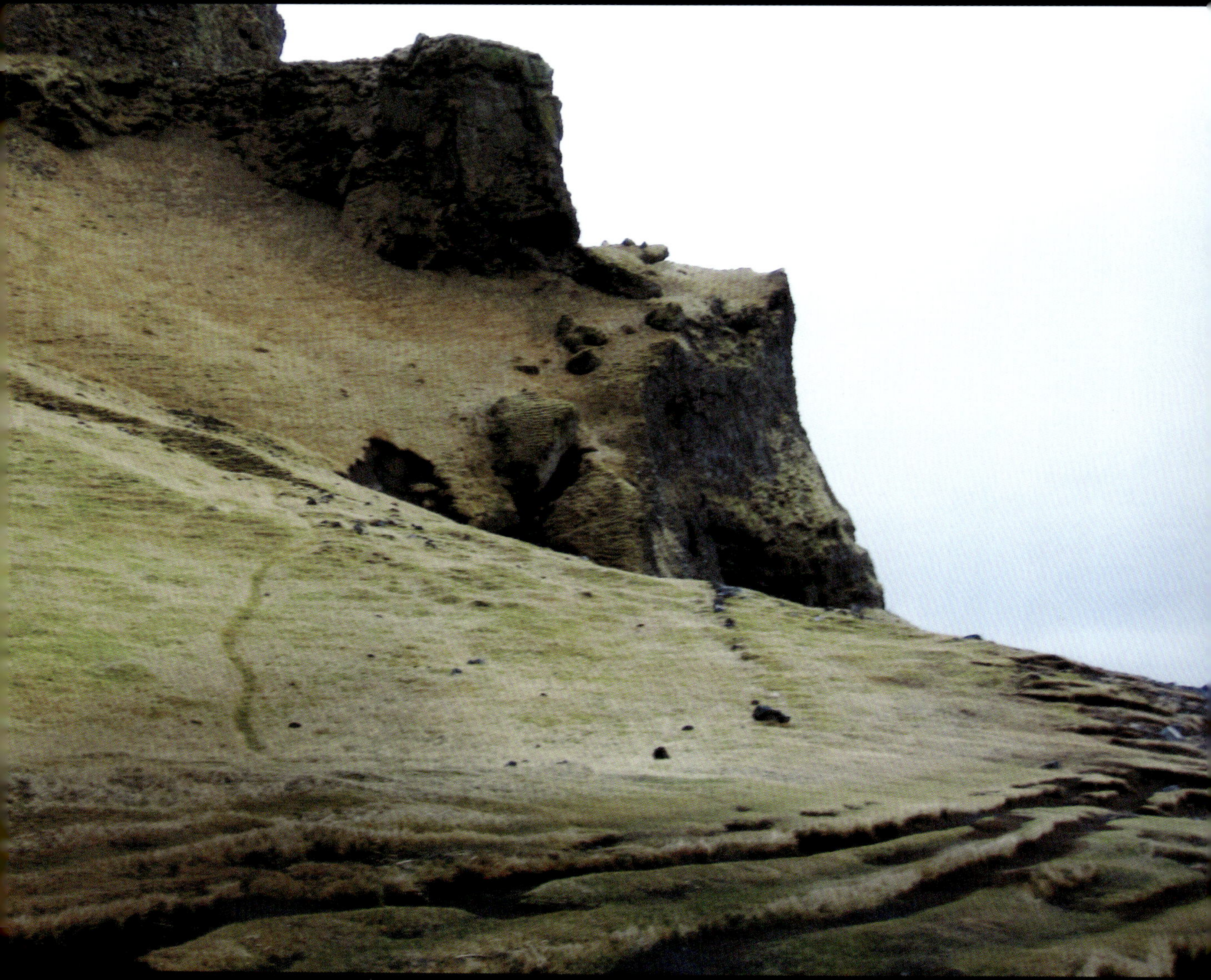

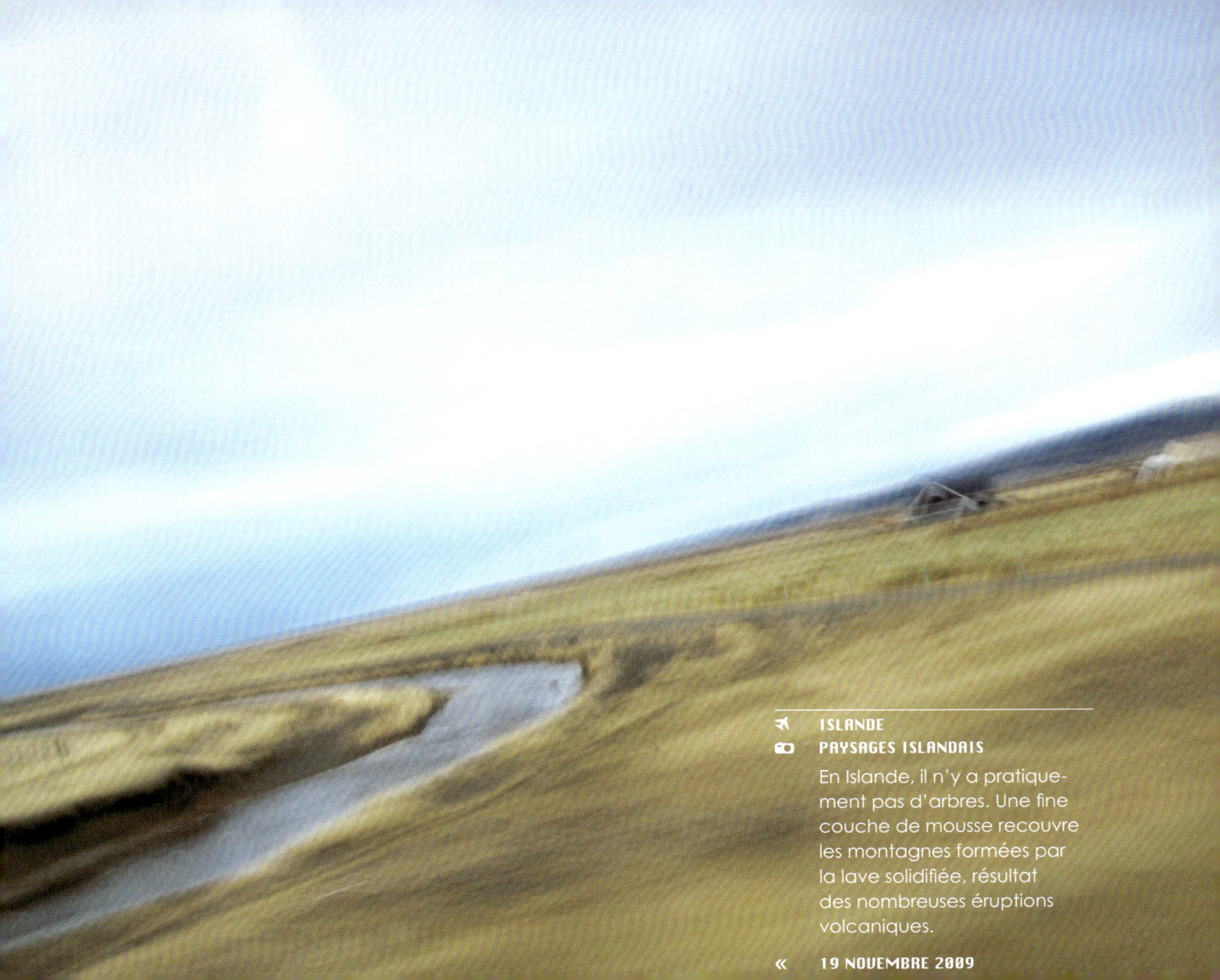

ISLANDE

PAYSAGES ISLANDAIS

En Islande, il n'y a pratiquement pas d'arbres. Une fine couche de mousse recouvre les montagnes formées par la lave solidifiée, résultat des nombreuses éruptions volcaniques.

« **19 NOVEMBRE 2009**

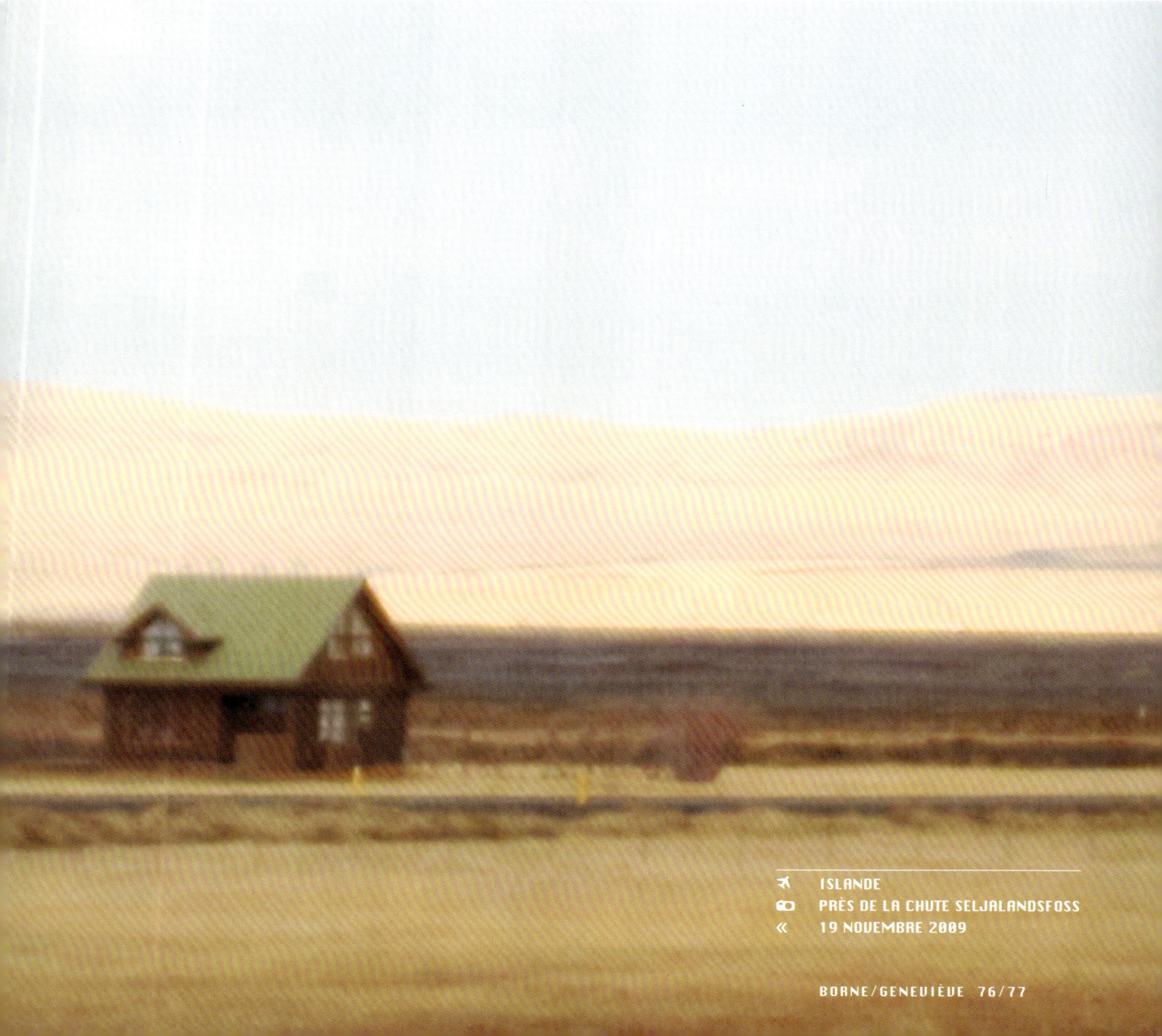
ISLANDE
PRÈS DE LA CHUTE SELJALANDSFOSS
« 19 NOVEMBRE 2009

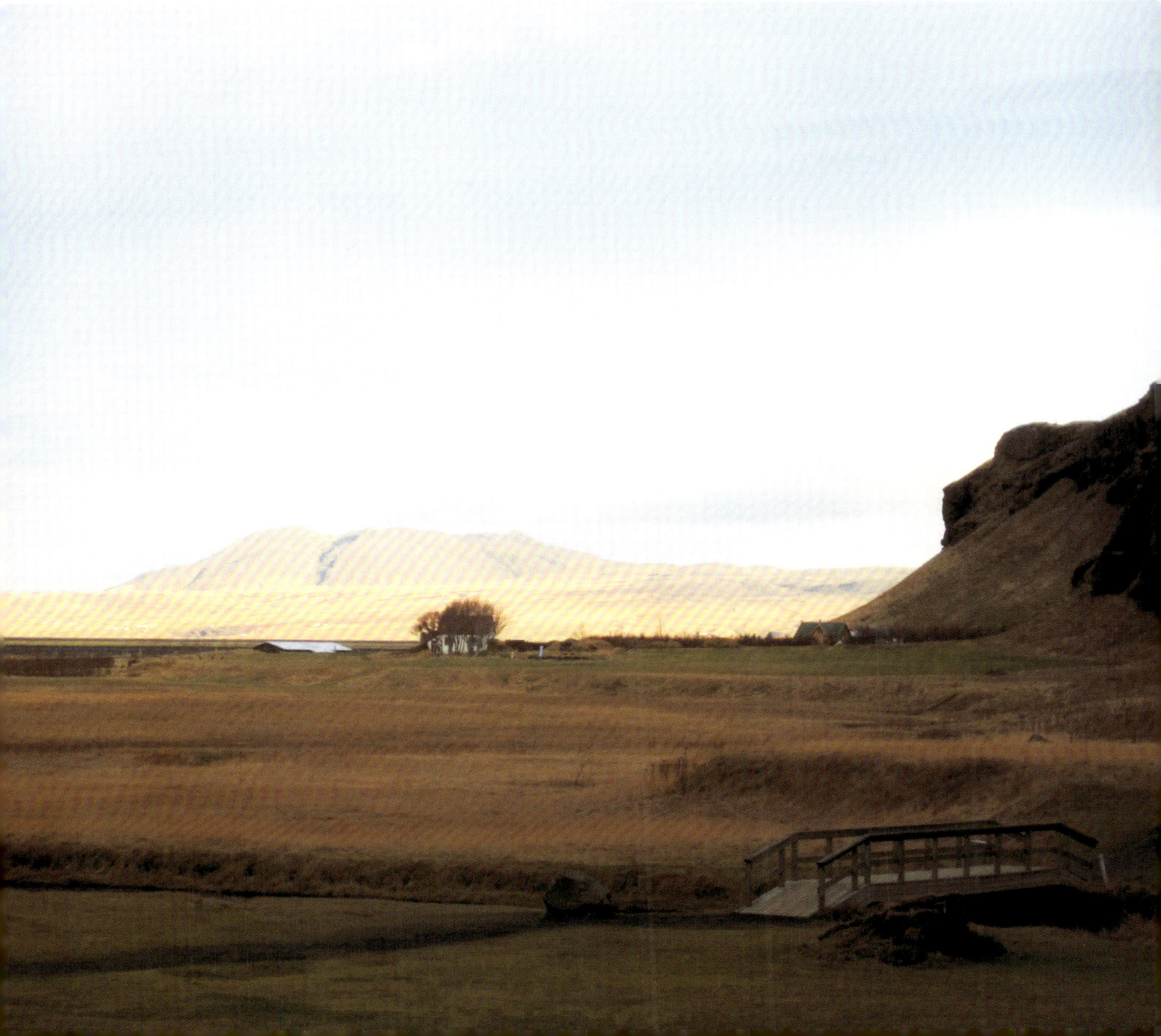

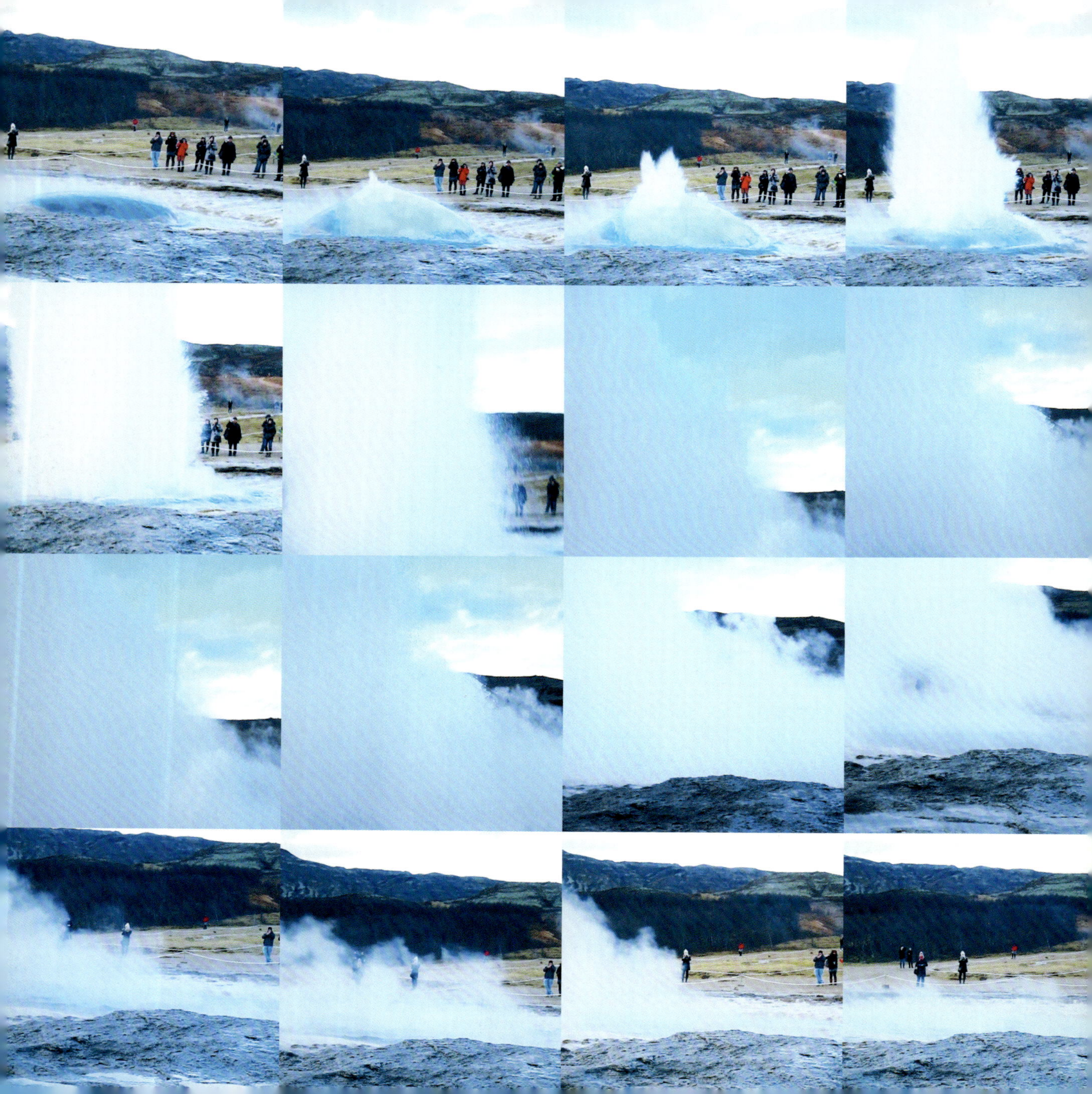

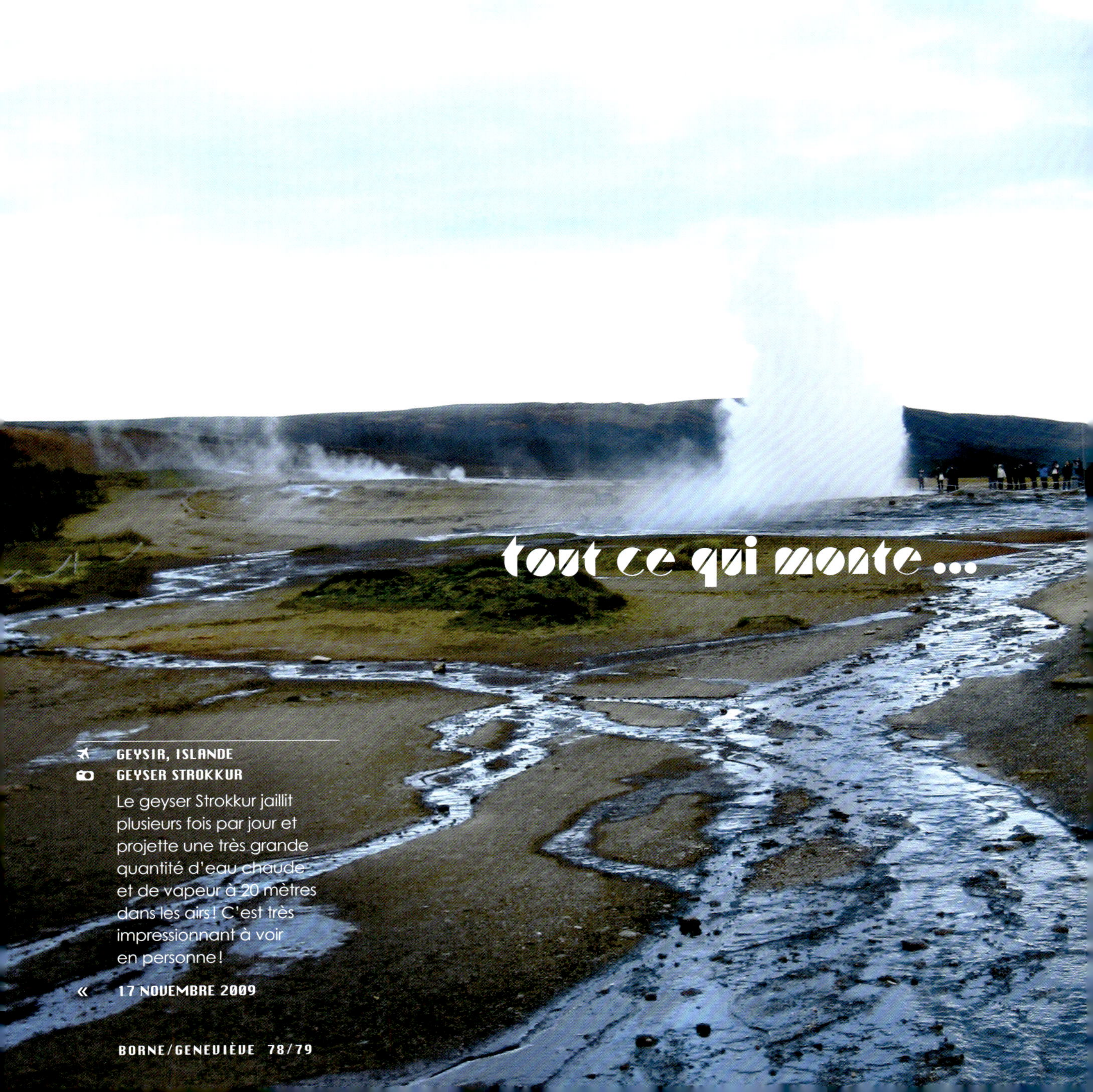

tout ce qui monte ...

GEYSIR, ISLANDE

GEYSER STROKKUR

Le geyser Strokkur jaillit plusieurs fois par jour et projette une très grande quantité d'eau chaude et de vapeur à 20 mètres dans les airs ! C'est très impressionnant à voir en personne !

« **17 NOVEMBRE 2009**

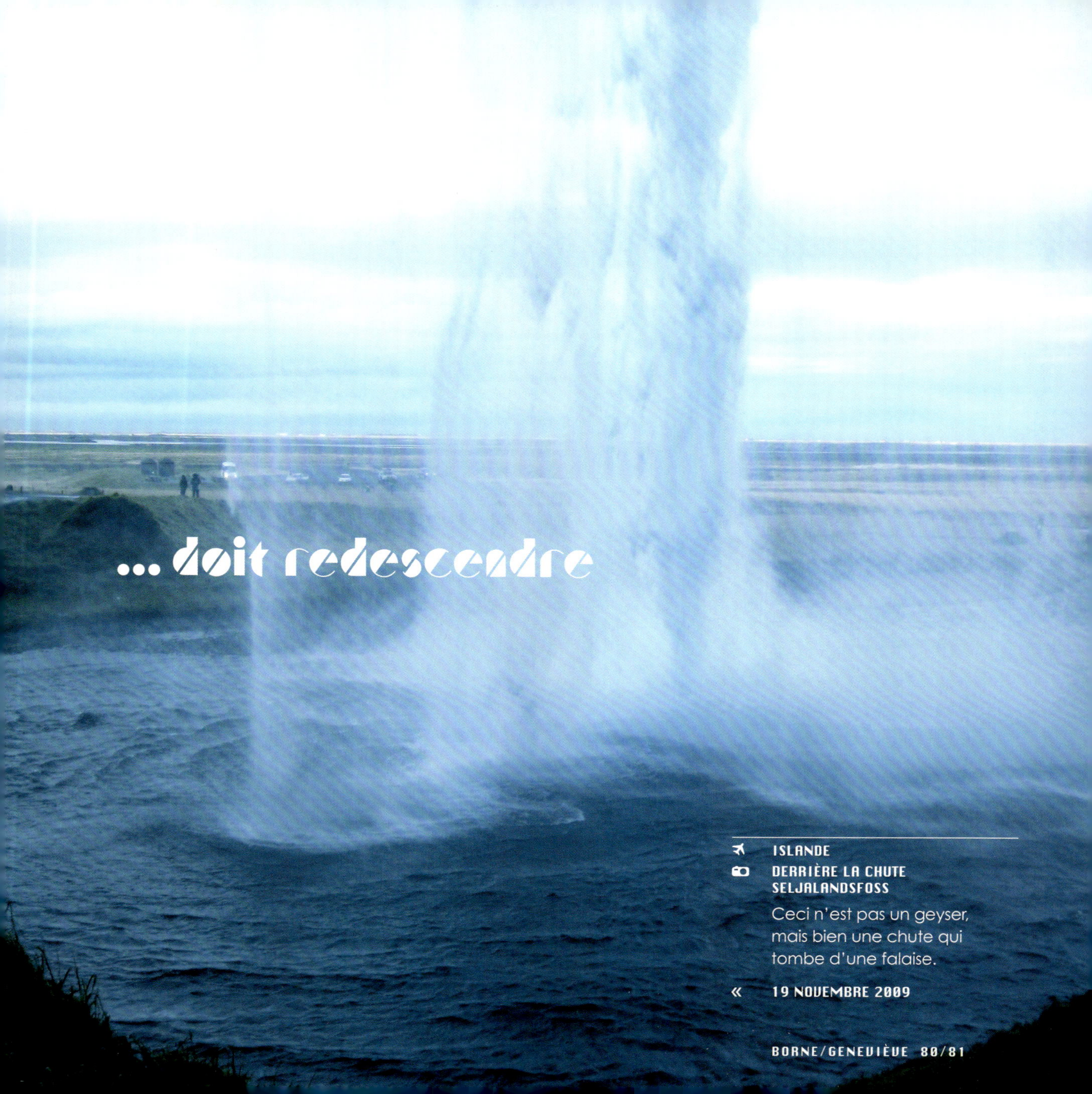

... doit redescendre

ISLANDE

DERRIÈRE LA CHUTE SELJALANDSFOSS

Ceci n'est pas un geyser, mais bien une chute qui tombe d'une falaise.

« **19 NOVEMBRE 2009**

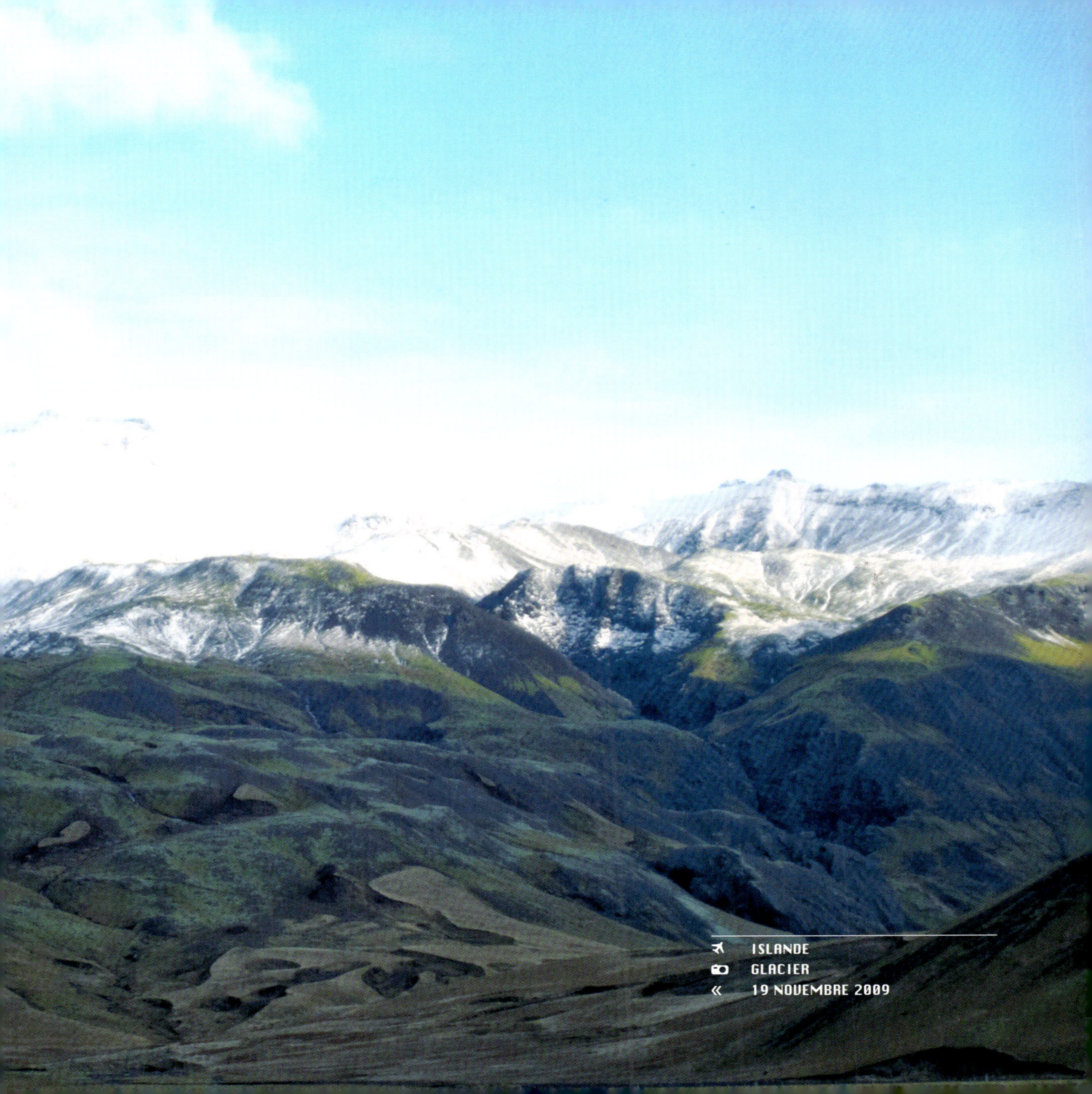

ISLANDE
GLACIER
« 19 NOVEMBRE 2009

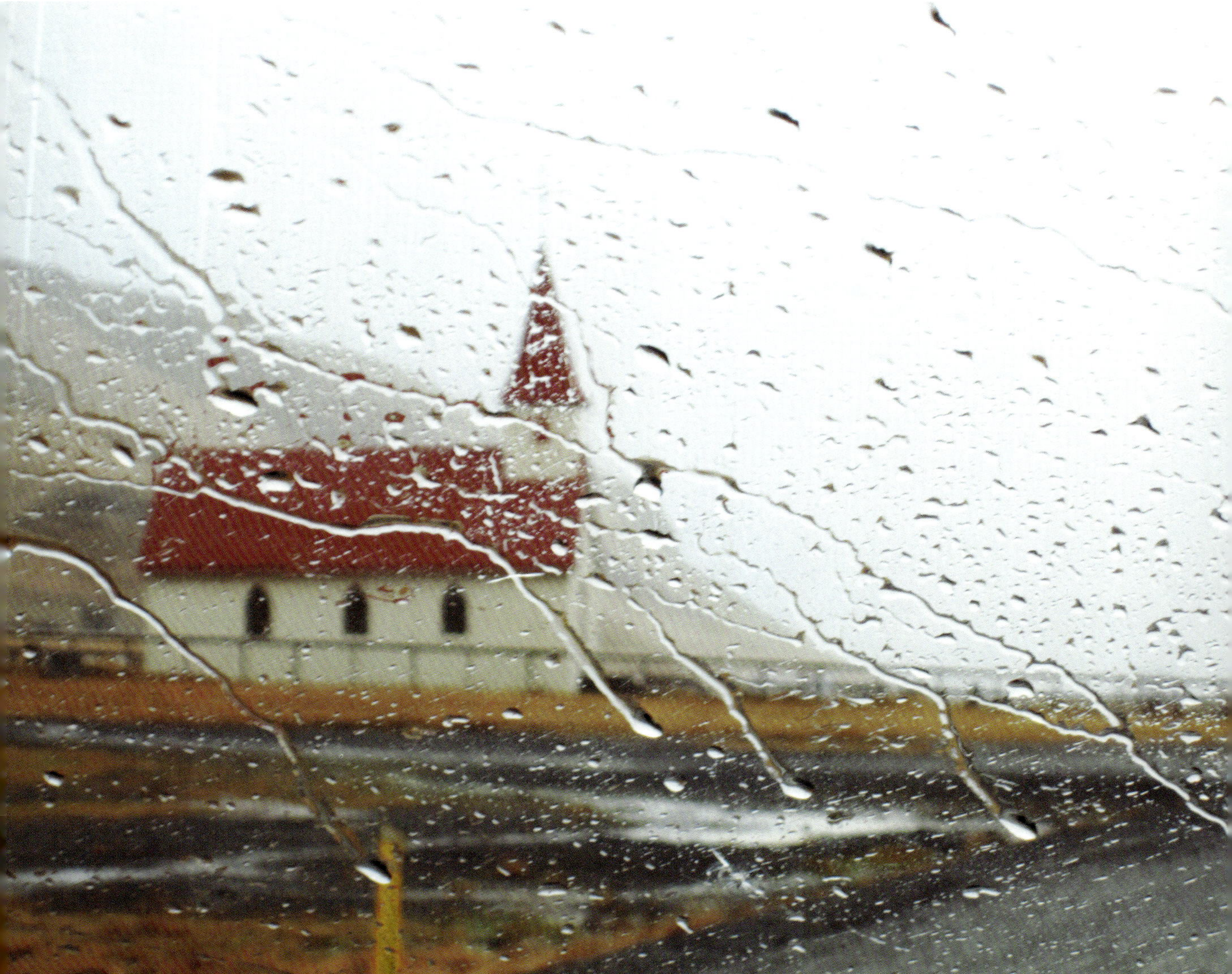

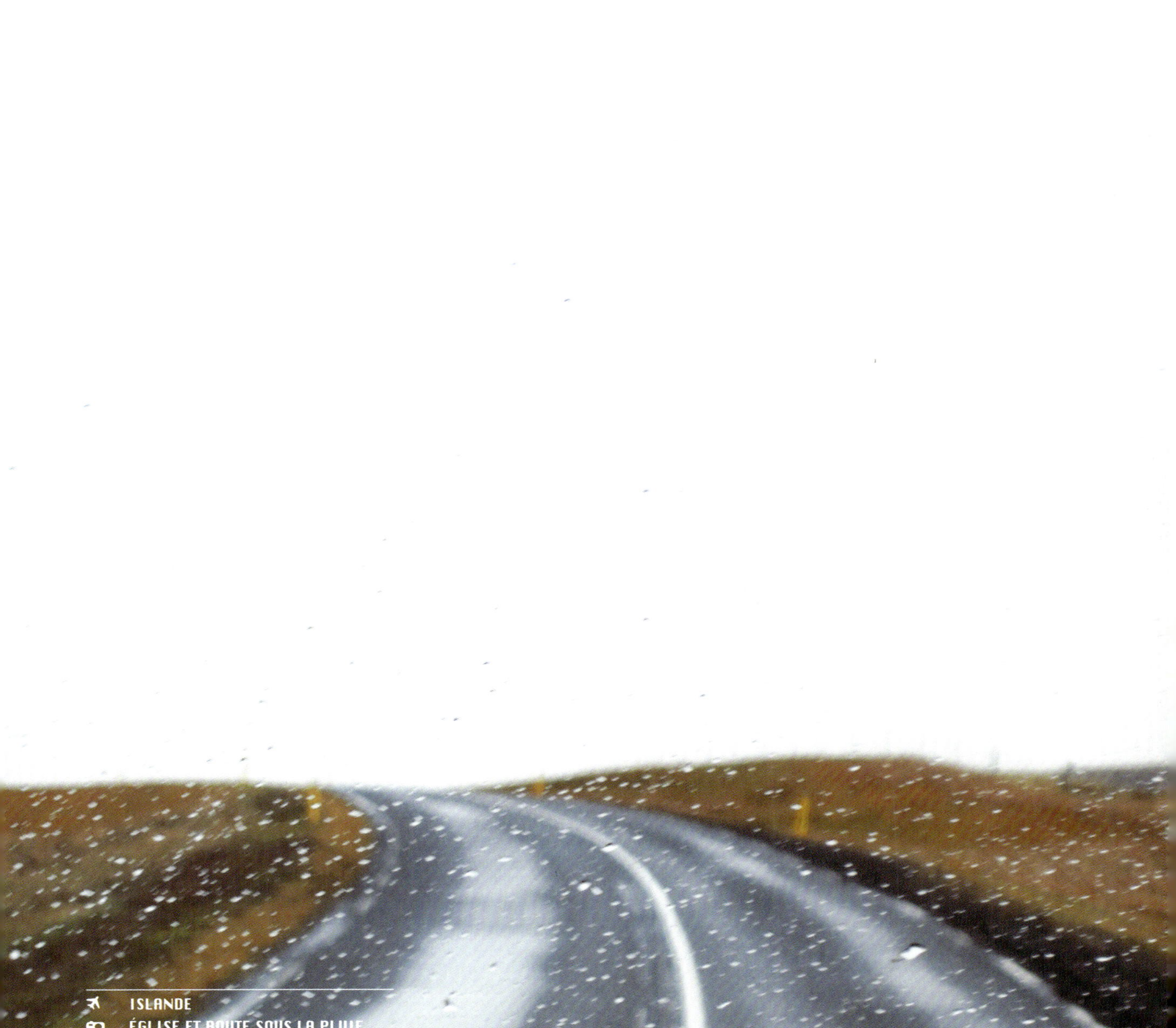

ISLANDE
ÉGLISE ET ROUTE SOUS LA PLUIE
19 NOVEMBRE 2009

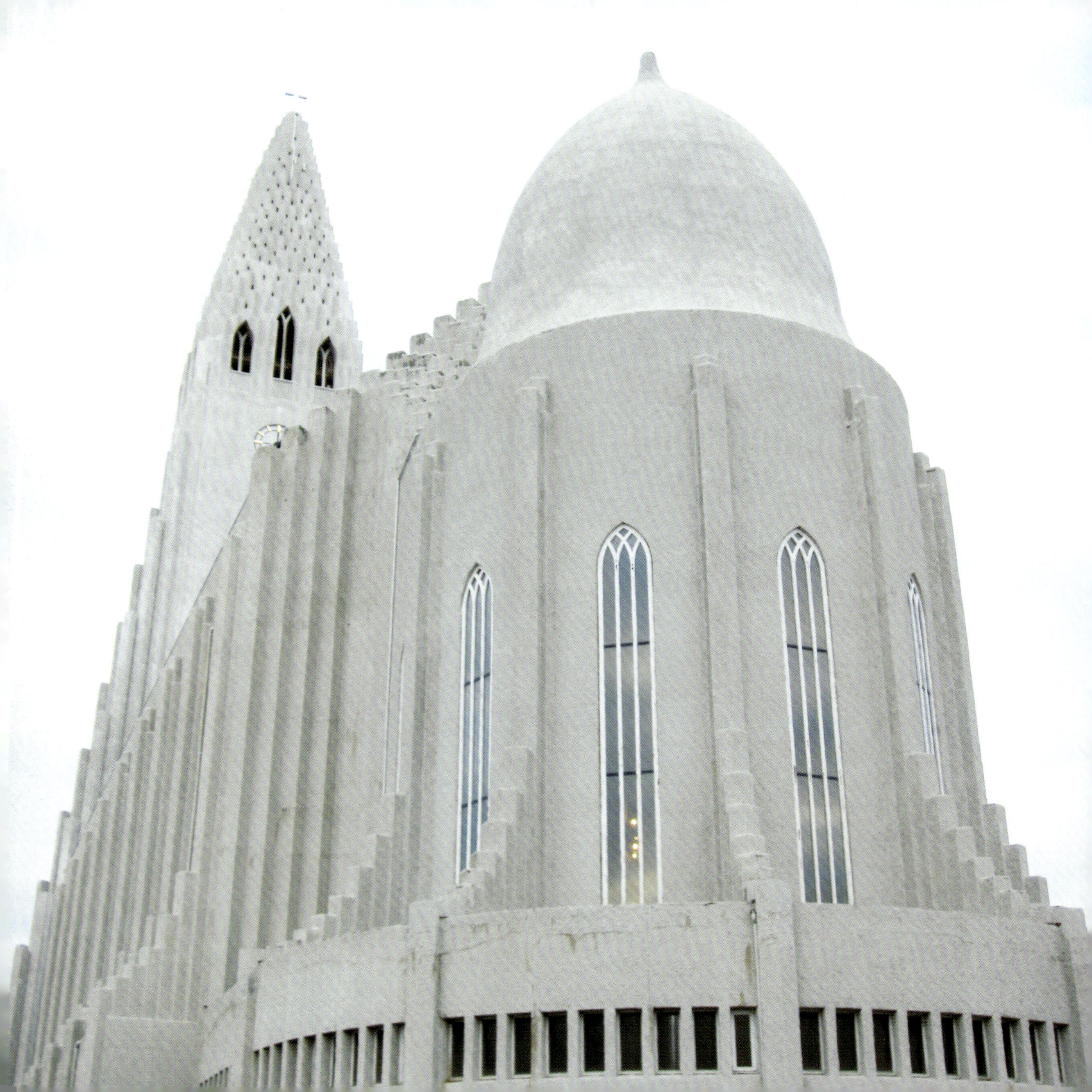

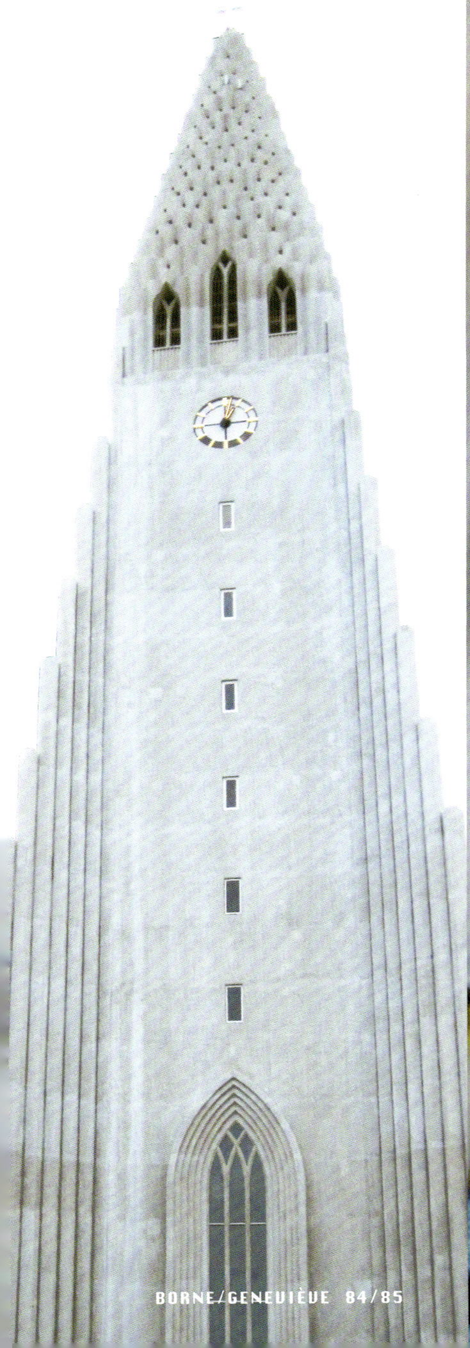

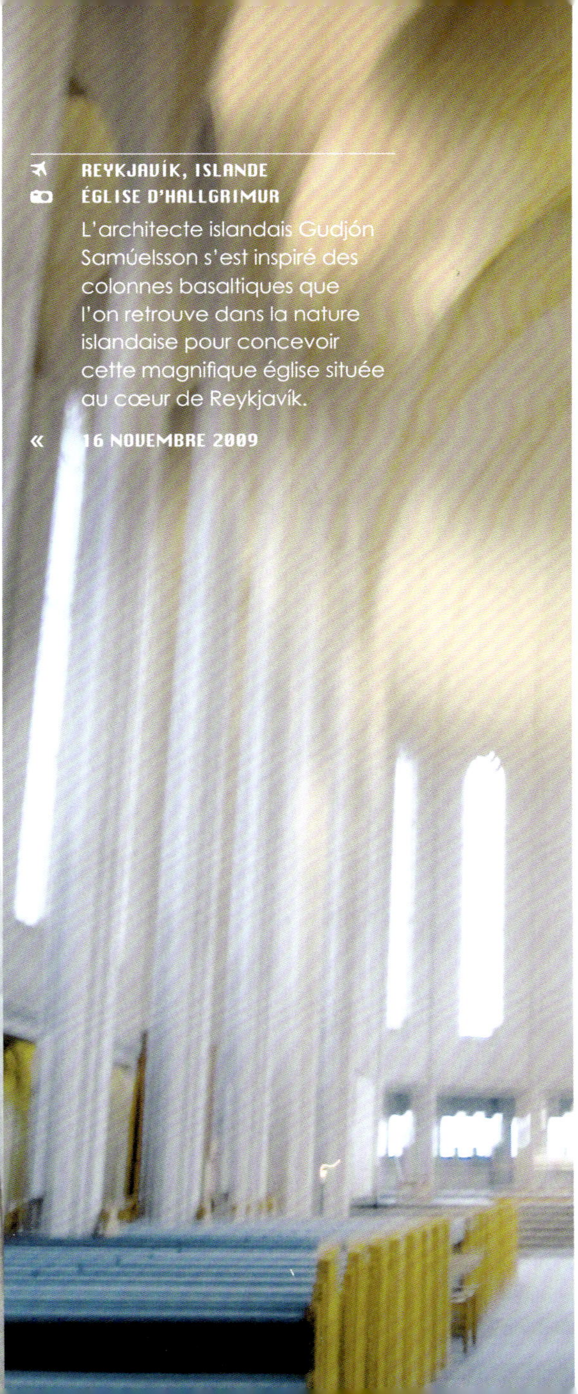

REYKJAVÍK, ISLANDE

ÉGLISE D'HALLGRIMUR

L'architecte islandais Gudjón Samúelsson s'est inspiré des colonnes basaltiques que l'on retrouve dans la nature islandaise pour concevoir cette magnifique église située au cœur de Reykjavík.

« **16 NOVEMBRE 2009**

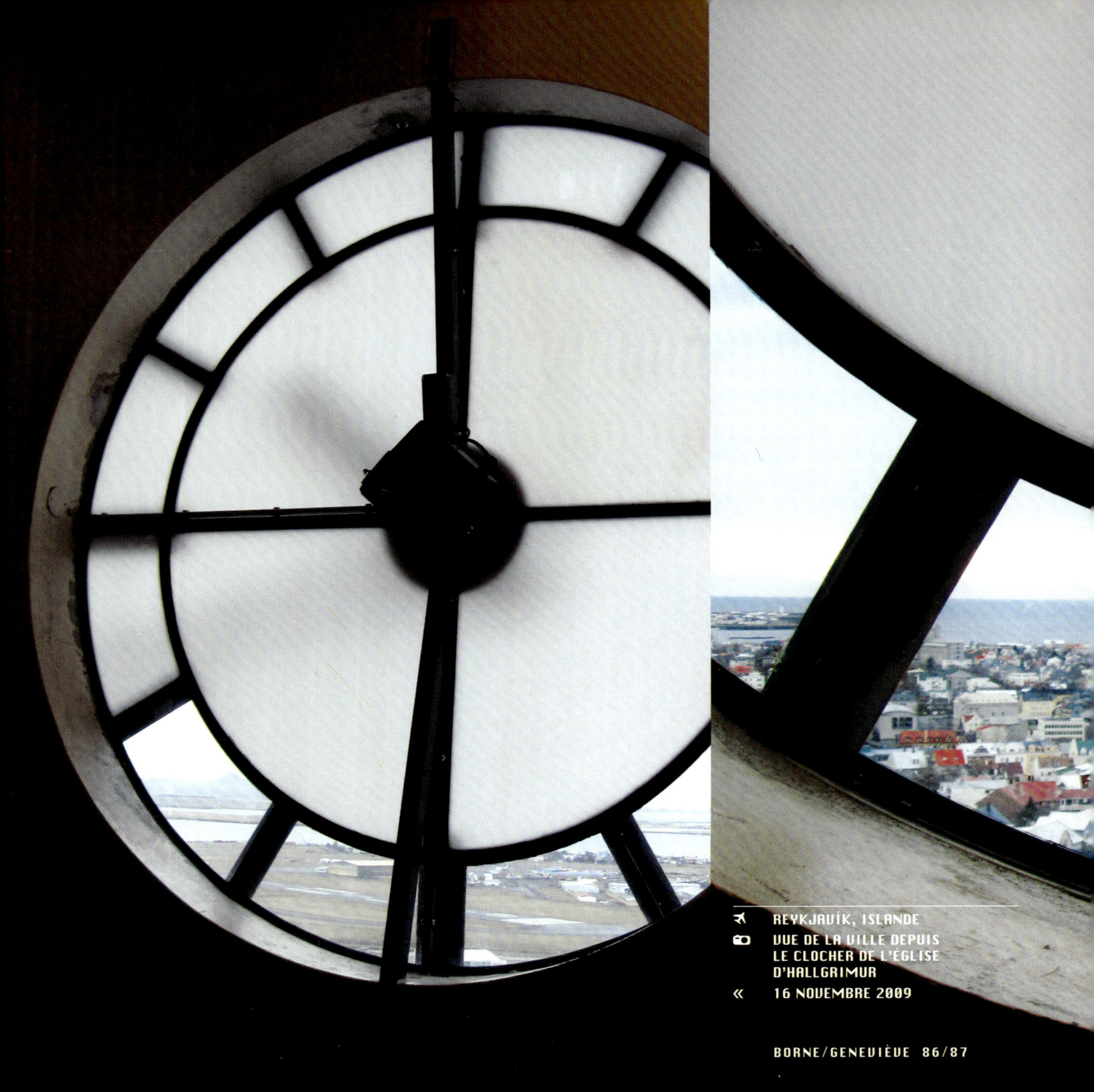

REYKJAVÍK, ISLANDE

VUE DE LA VILLE DEPUIS LE CLOCHER DE L'ÉGLISE D'HALLGRIMUR

16 NOVEMBRE 2009

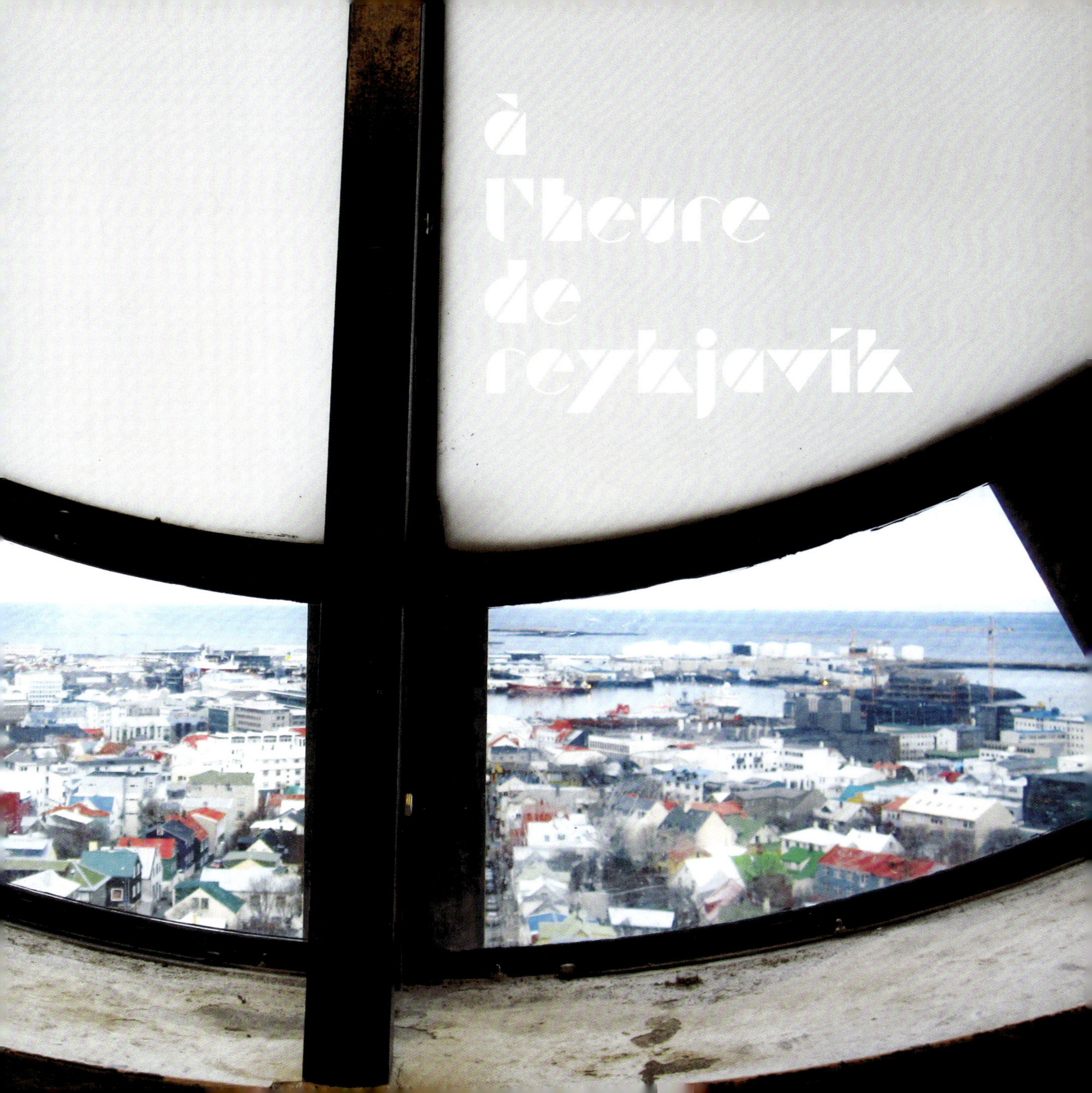
à
l'heure
de
reykjavík

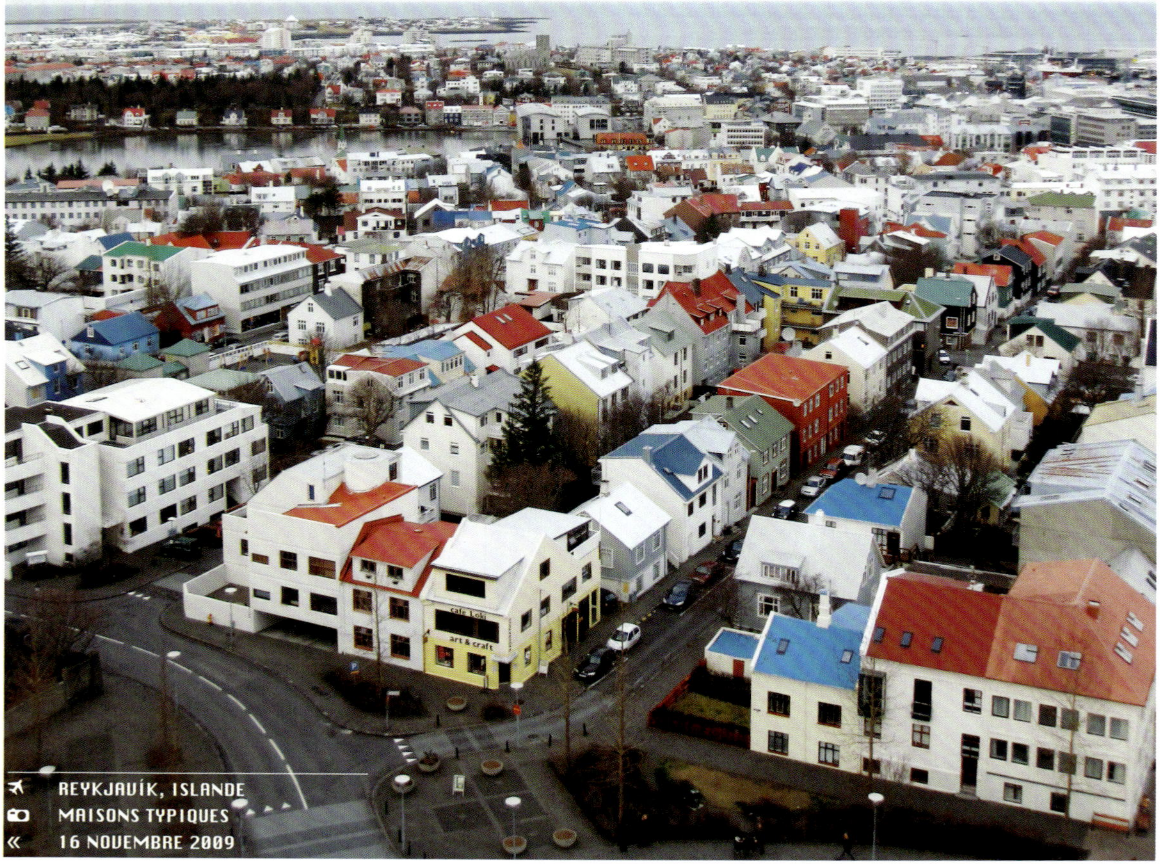

REYKJAVÍK, ISLANDE
MAISONS TYPIQUES
16 NOVEMBRE 2009

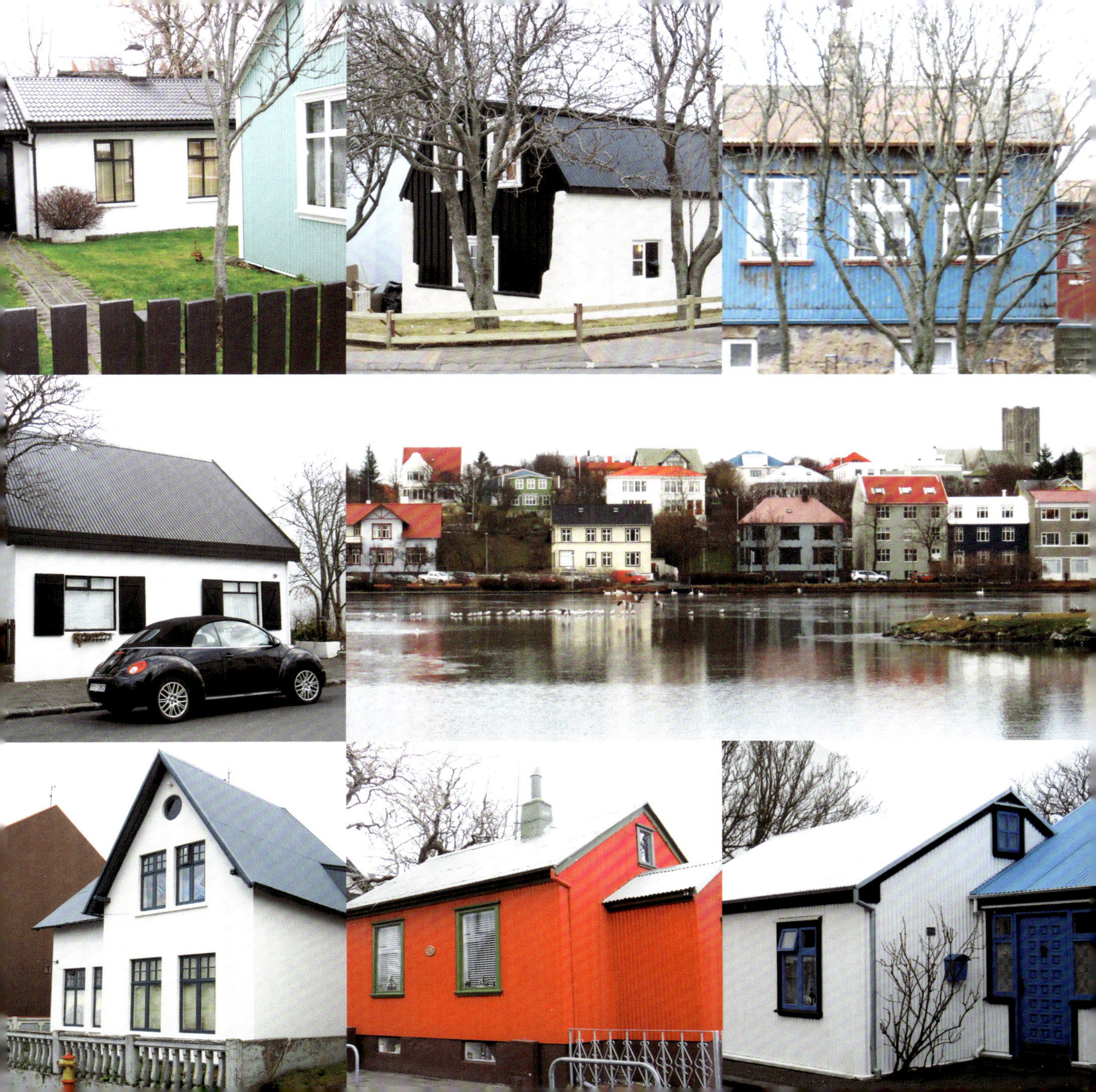

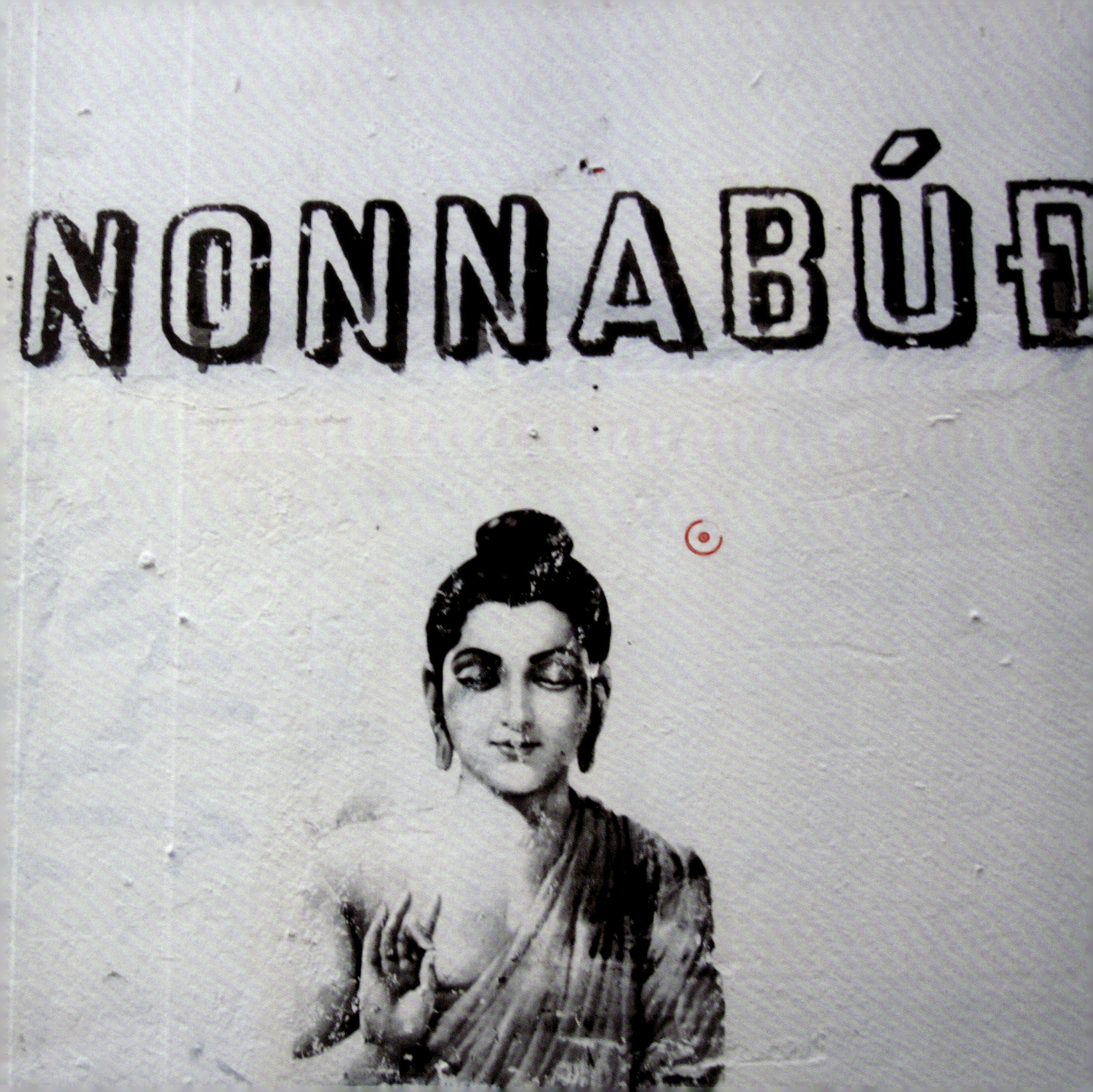
NONNABÚ

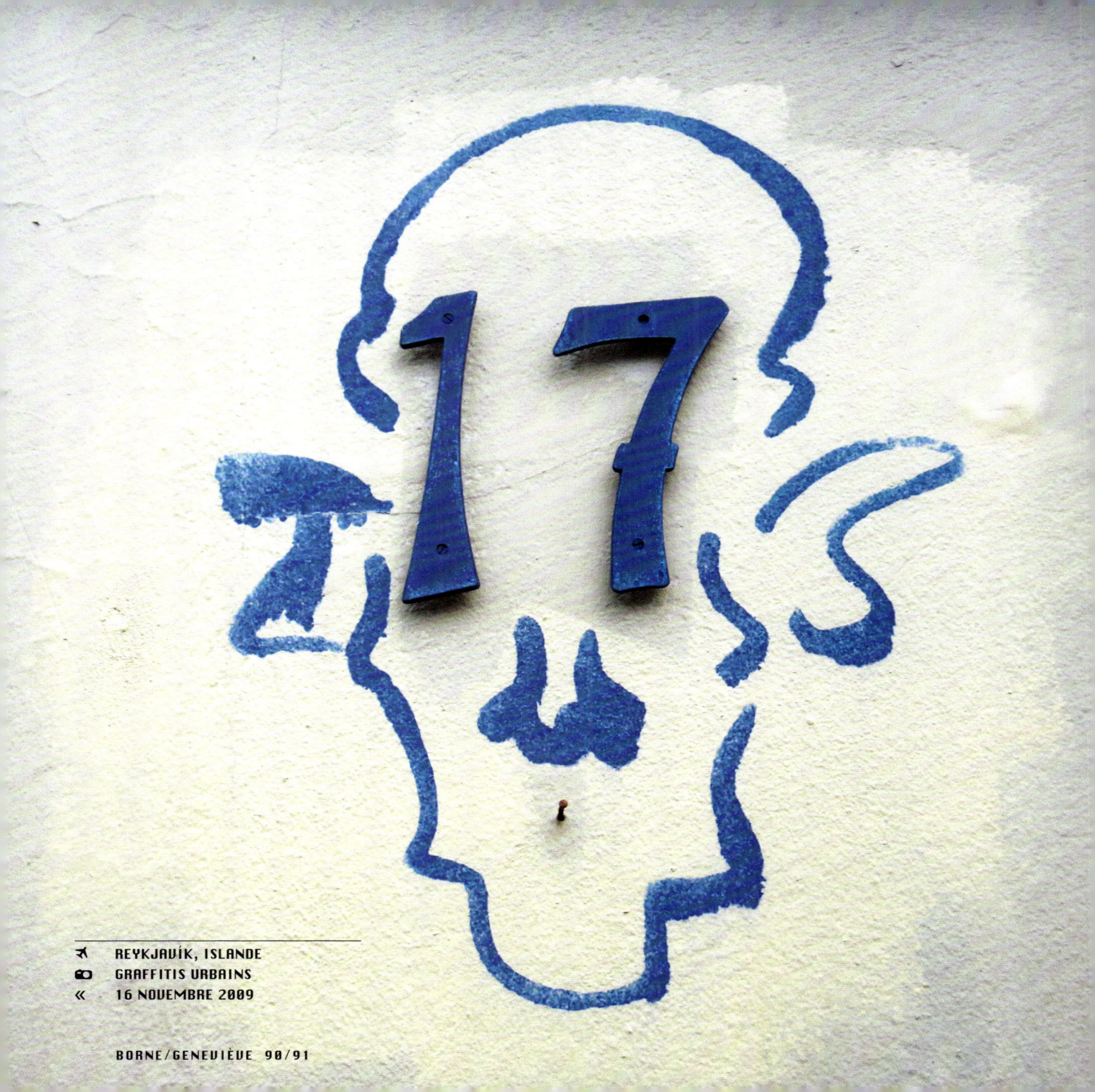

REYKJAVÍK, ISLANDE
GRAFFITIS URBAINS
16 NOVEMBRE 2009

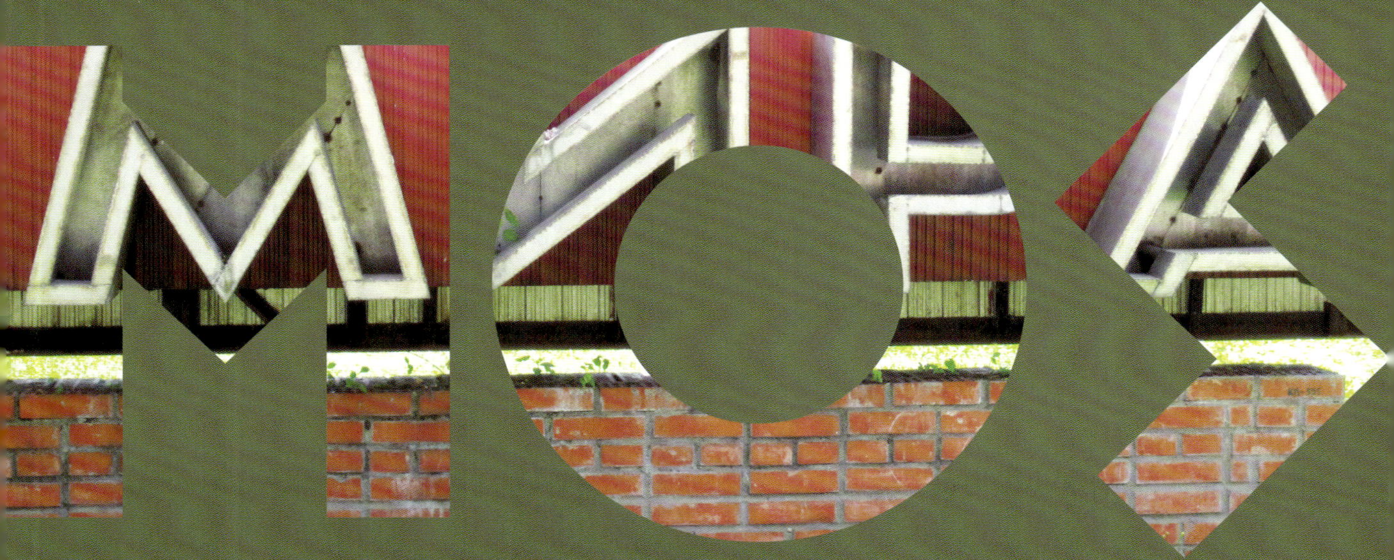

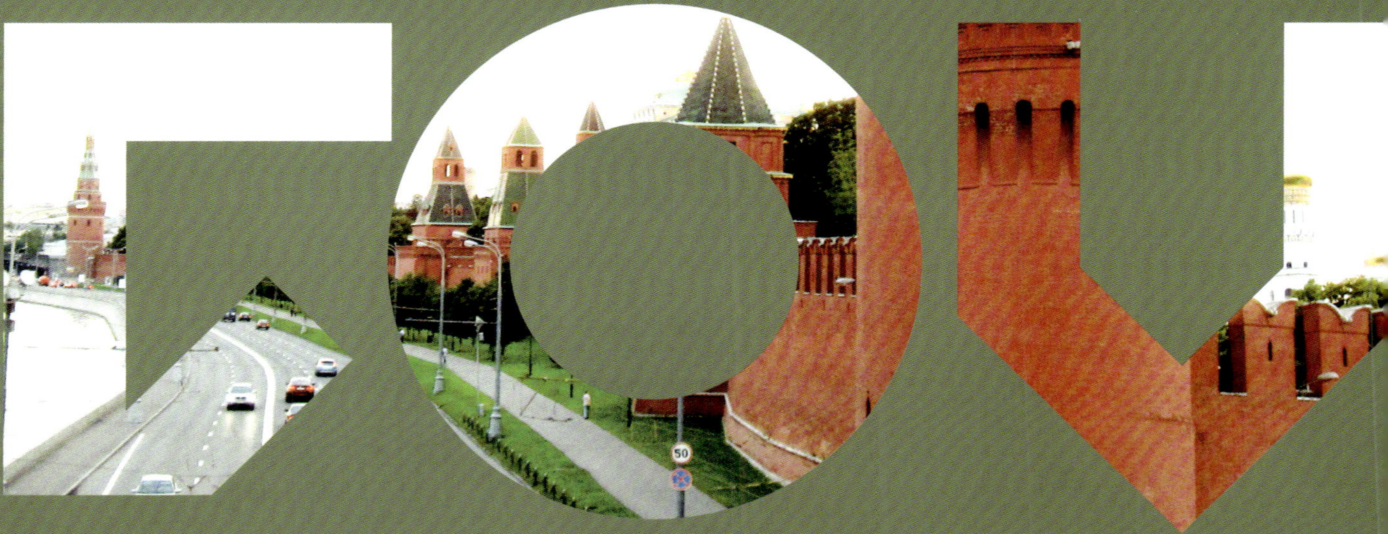

La Russie... pays inaccessible et mystérieux. Avec la fin de la guerre froide et la chute du communisme, il est plus facile de s'y rendre, mais l'endroit reste tout de même énigmatique. Arrivée à Moscou, je me suis immédiatement dirigée vers l'intimidante place Rouge pour contempler le Kremlin et la fabuleuse église Saint-Basile, que j'ai photographiée des dizaines de fois. Par la suite, j'ai laissé les intrigants vestiges de l'époque soviétique guider mes pas au cœur de cette ville en pleine mutation.

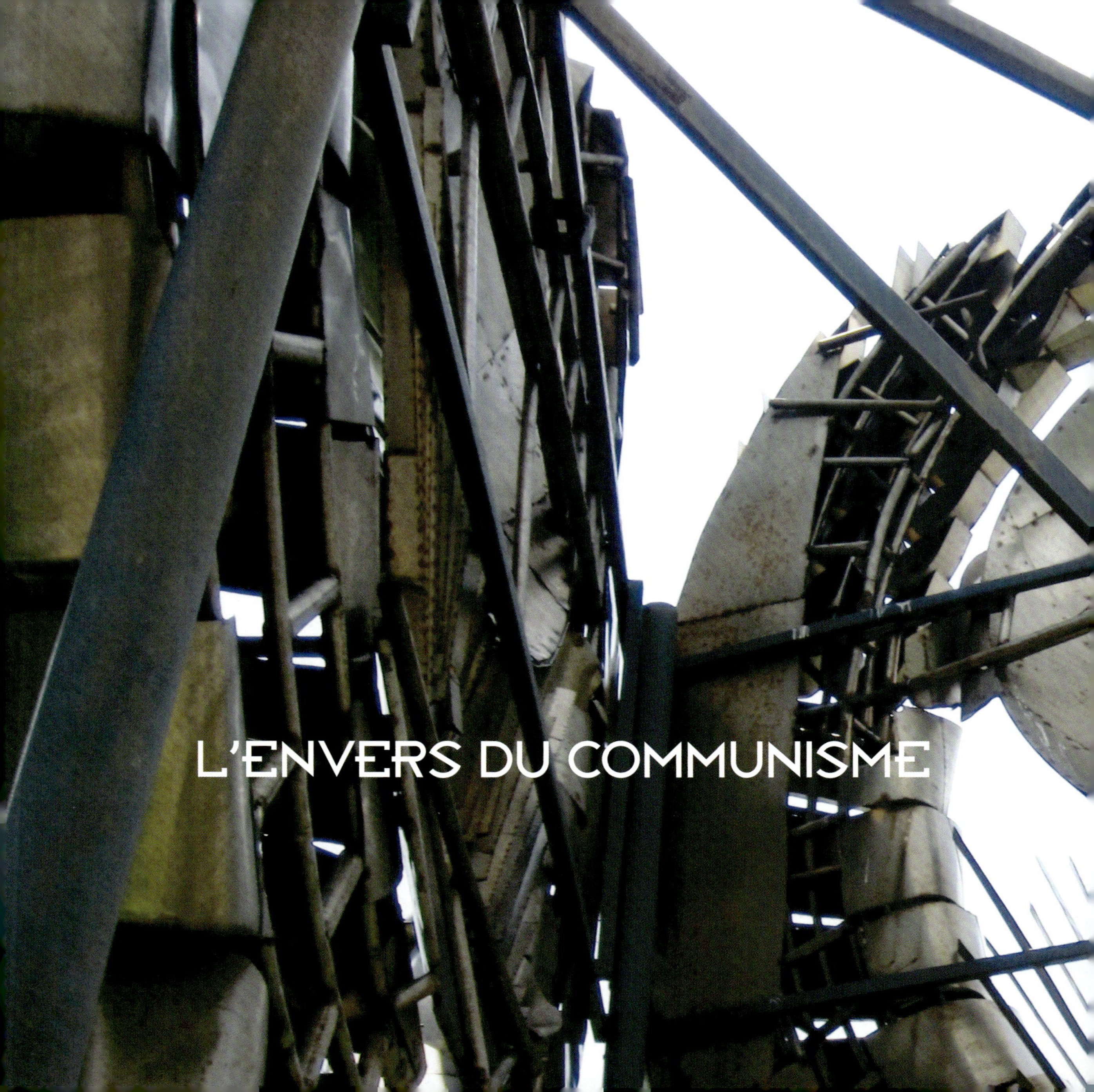
L'ENVERS DU COMMUNISME

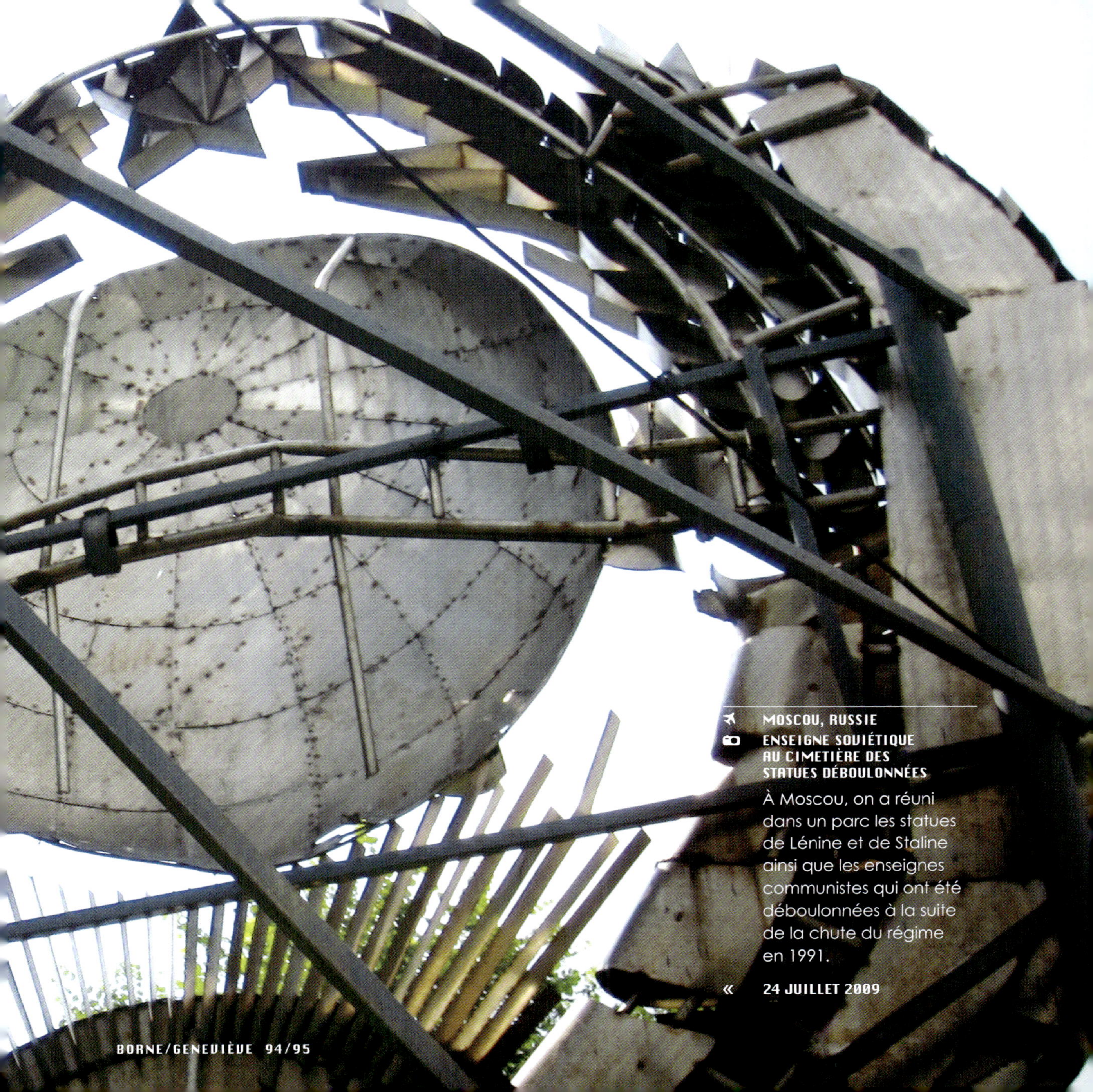

MOSCOU, RUSSIE

ENSEIGNE SOVIÉTIQUE AU CIMETIÈRE DES STATUES DÉBOULONNÉES

À Moscou, on a réuni dans un parc les statues de Lénine et de Staline ainsi que les enseignes communistes qui ont été déboulonnées à la suite de la chute du régime en 1991.

« **24 JUILLET 2009**

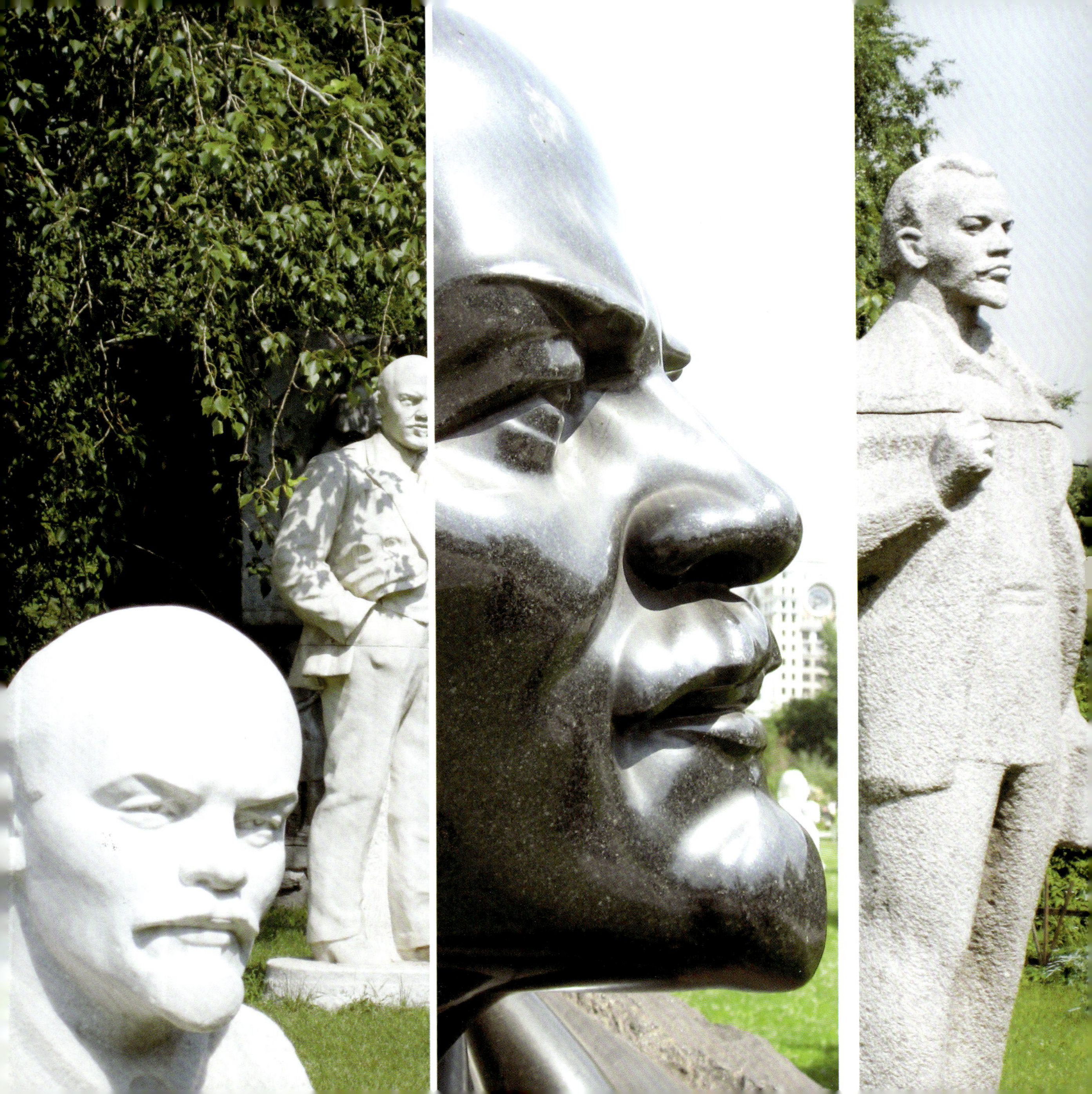

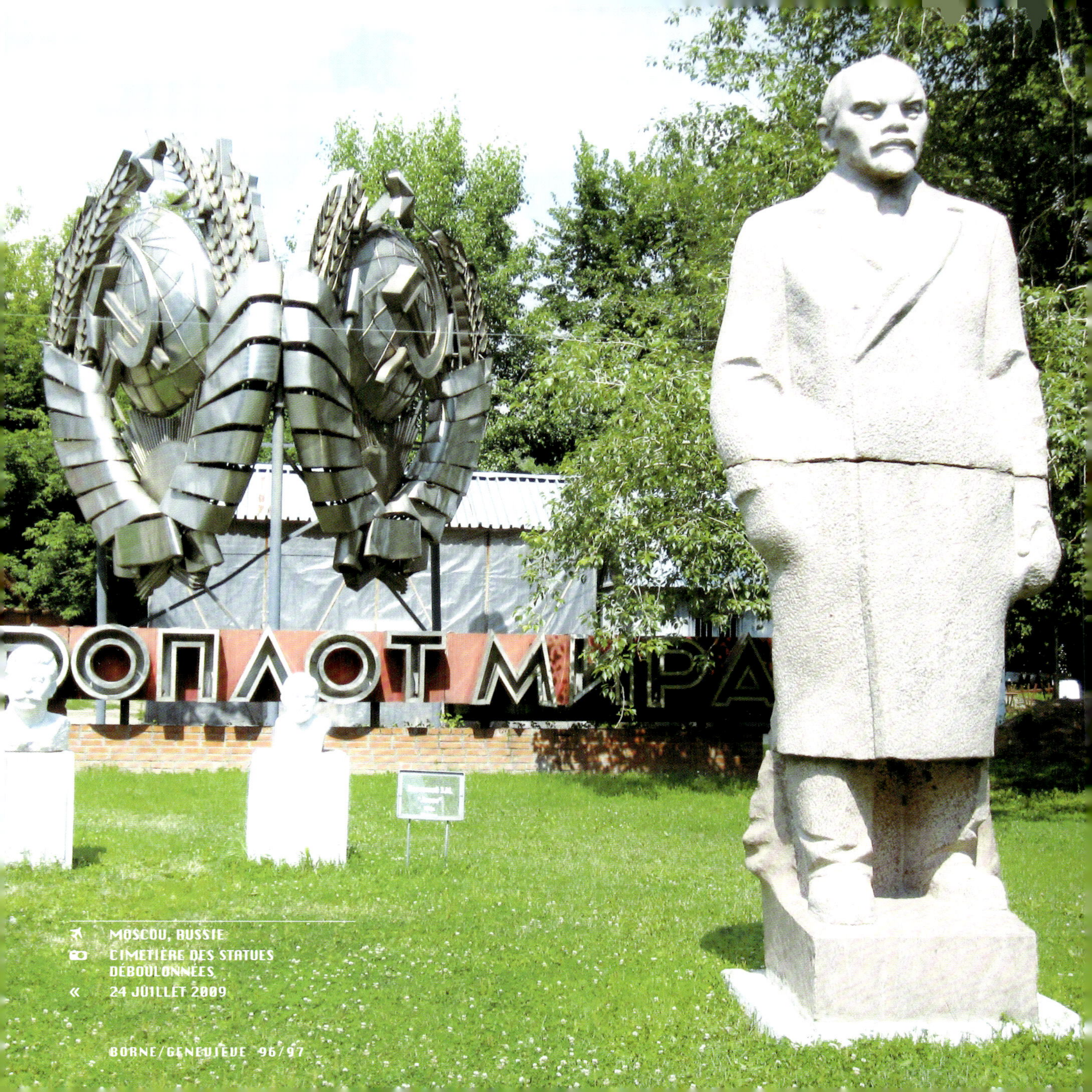

MOSCOU, RUSSIE
CIMETIÈRE DES STATUES DÉBOULONNÉES
« 24 JUILLET 2009

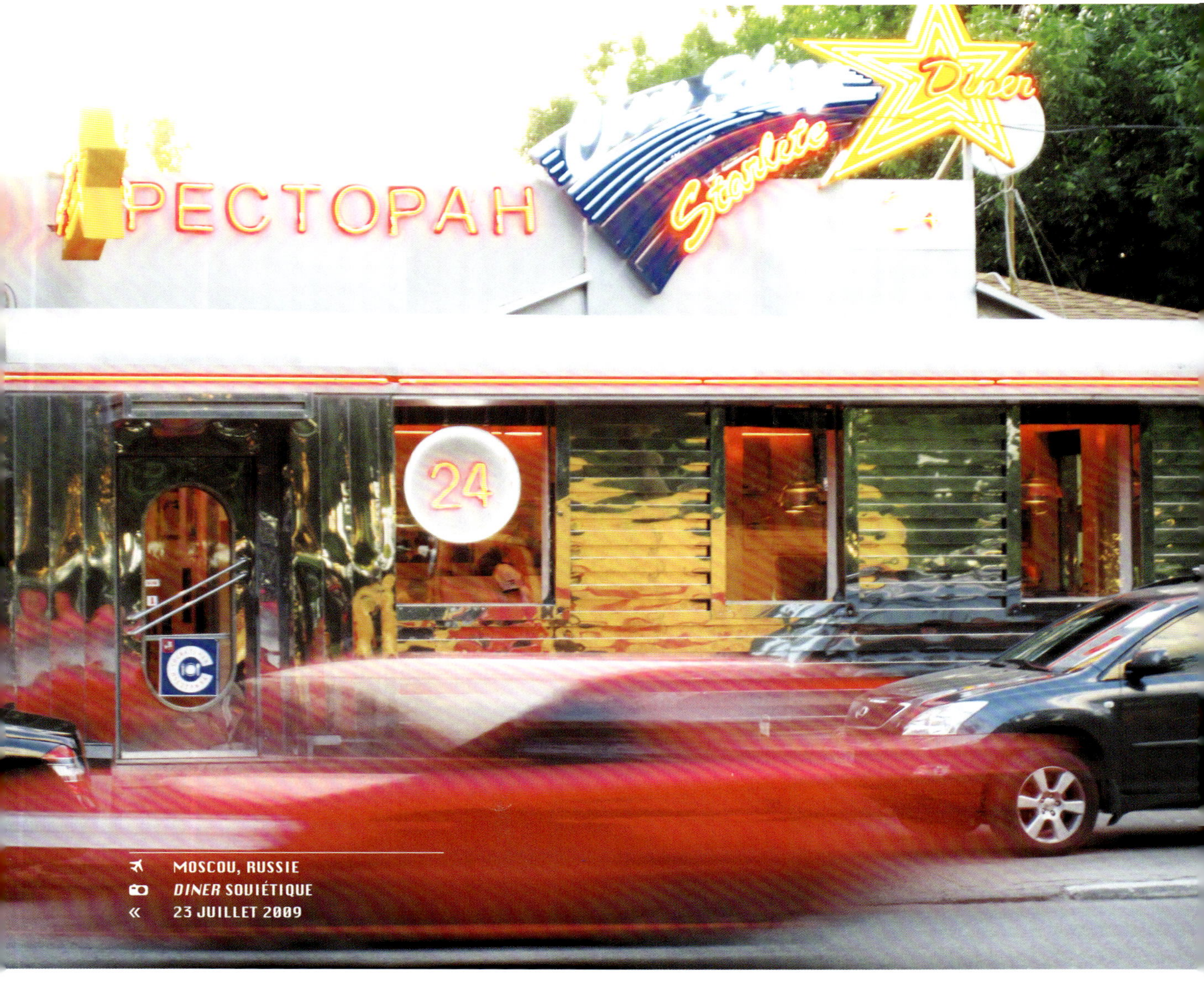

MOSCOU, RUSSIE
DINER SOVIÉTIQUE
23 JUILLET 2009

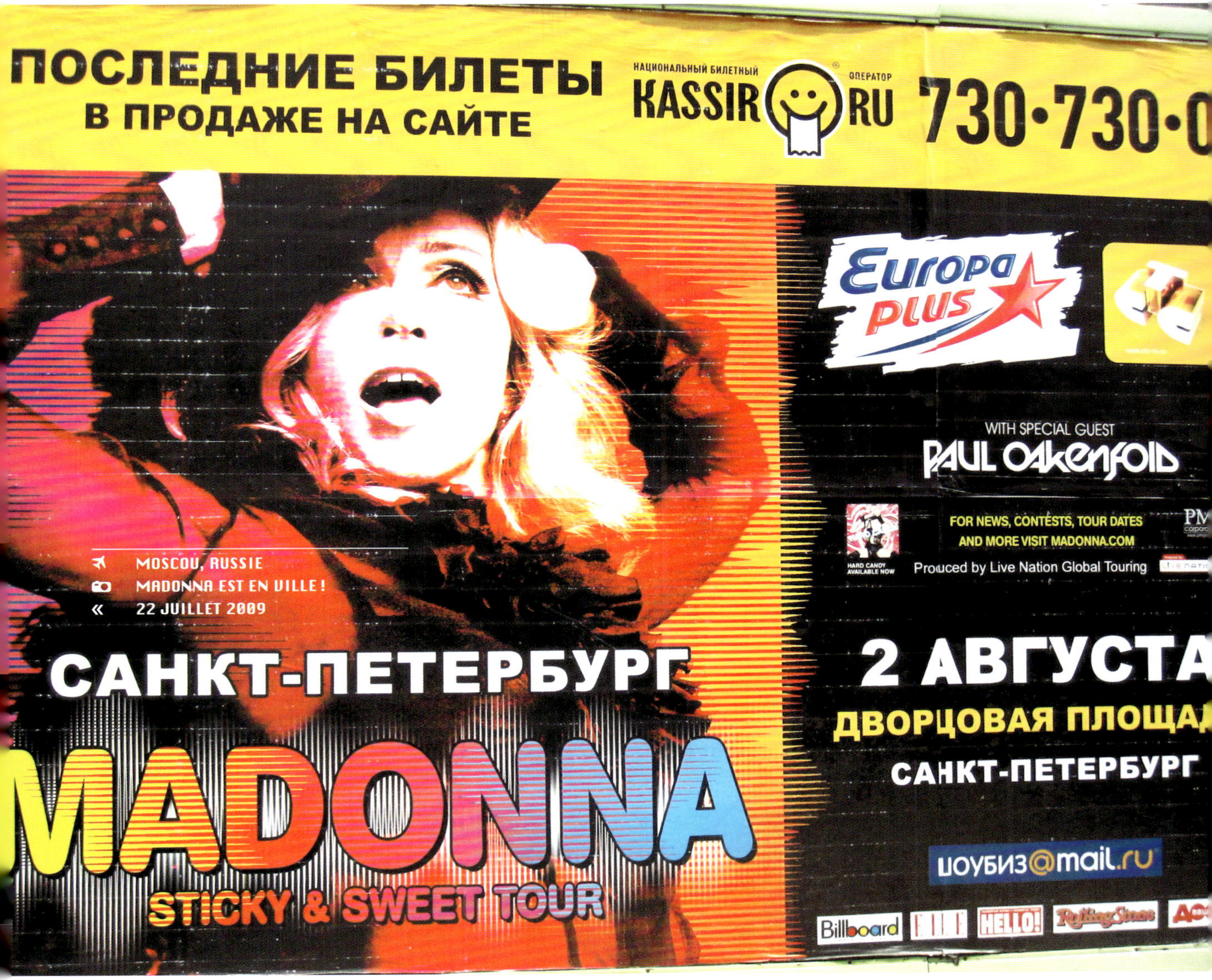

MOSCOU, RUSSIE
MADONNA EST EN VILLE !
22 JUILLET 2009

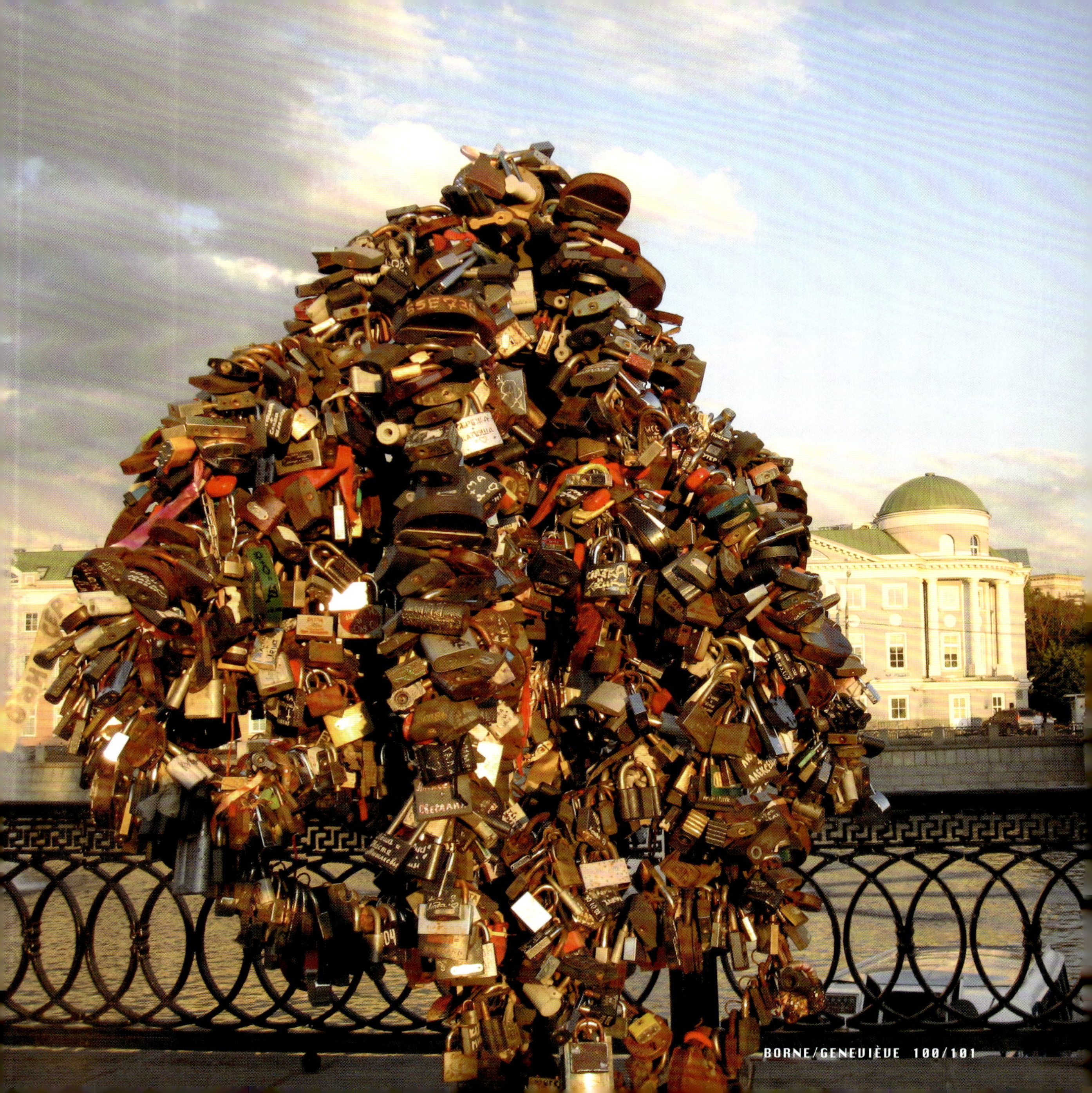

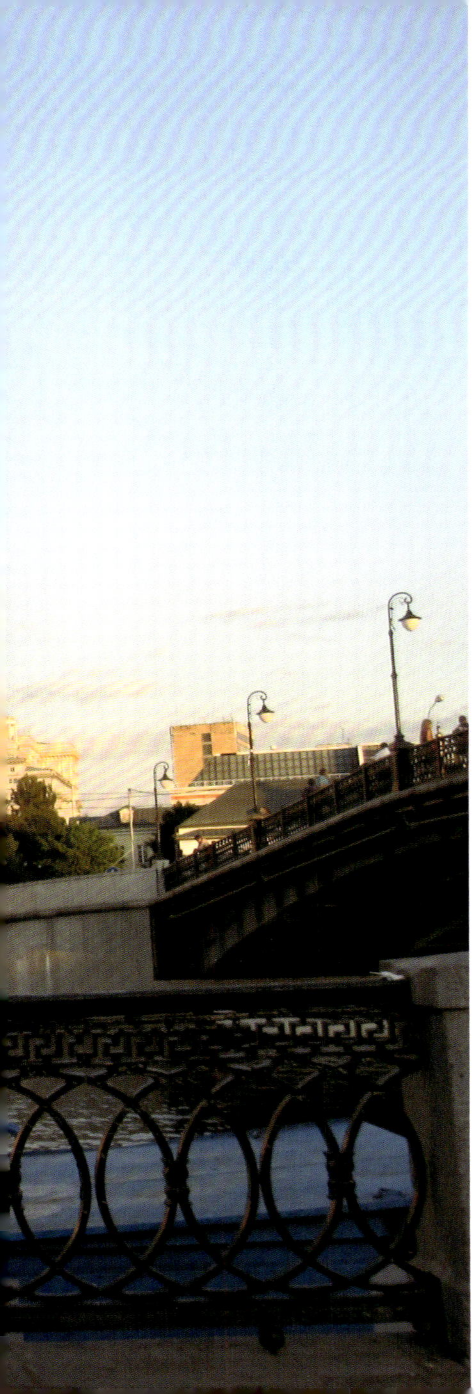

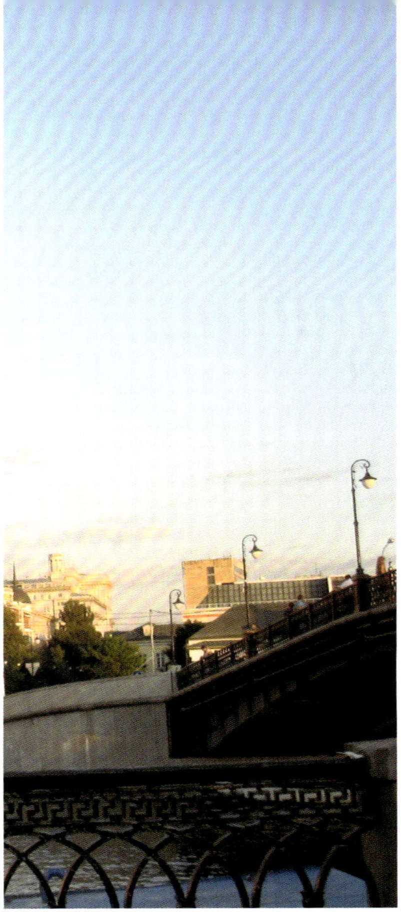

MOSCOU, RUSSIE

ARBRE À CADENAS

Les amoureux écrivent leurs noms sur des cadenas qu'ils accrochent sur des arbres métalliques. Ils jettent ensuite la clé dans la rivière Moskova pour sceller leur amour. C'est extrêmement romantique!

« **23 JUILLET 2009**

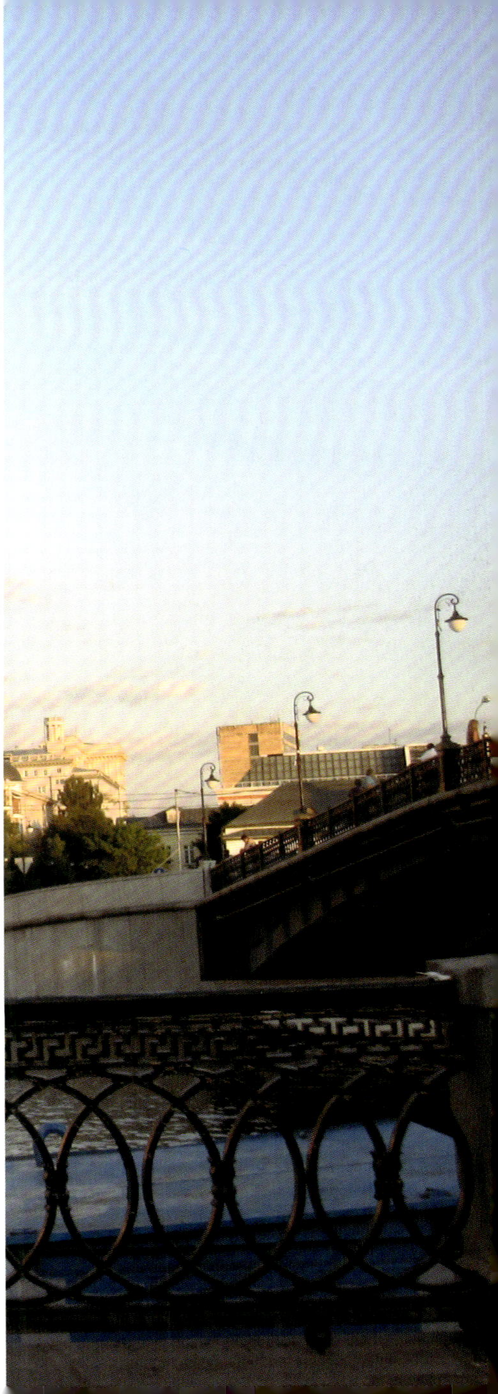

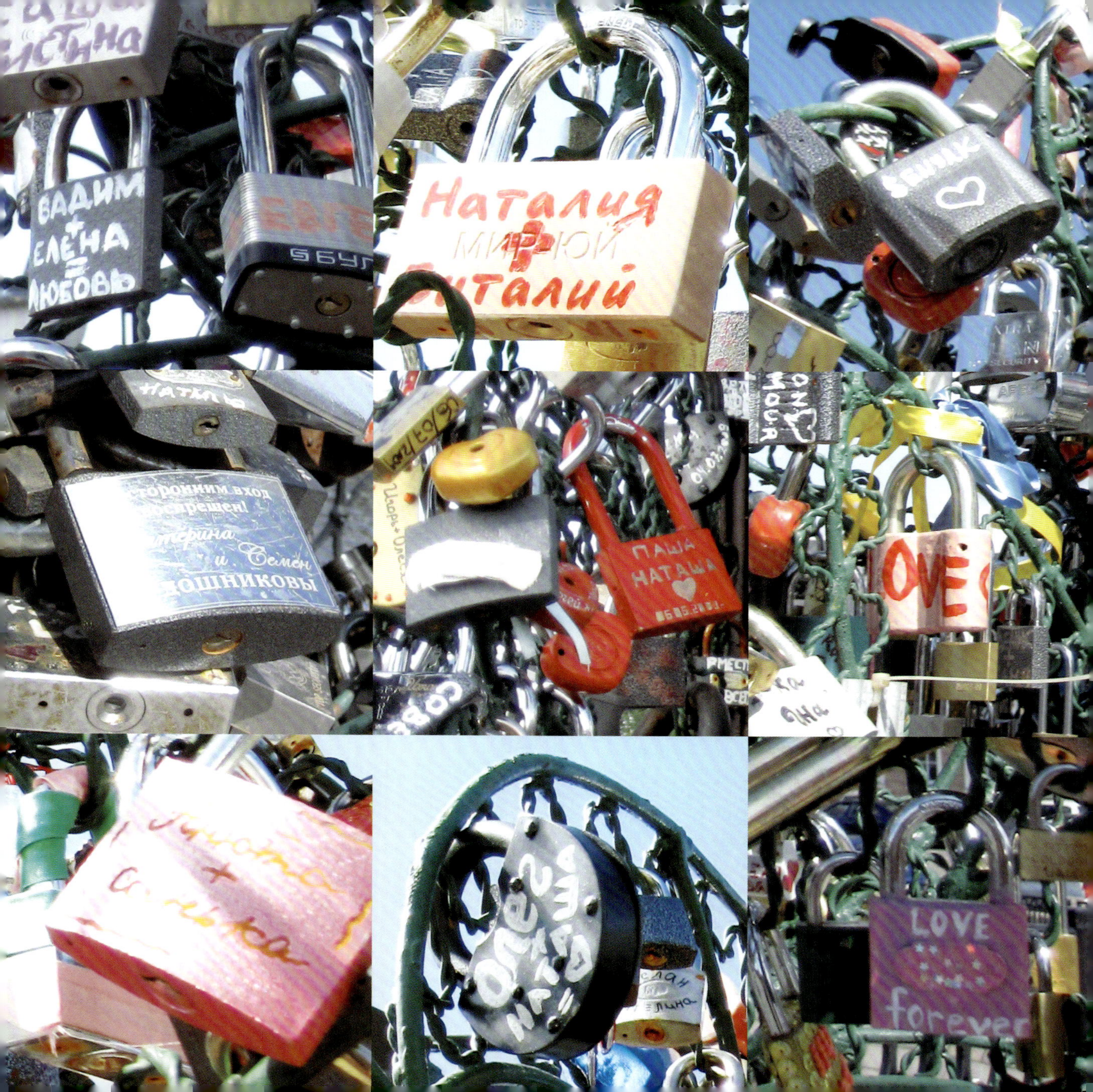

ВАДИМ
+
ЕЛЕНА
=
ЛЮБОВЬ
Наталия
+
ПАША
НАТАША
LOVE
forever
Олег
НАТАША

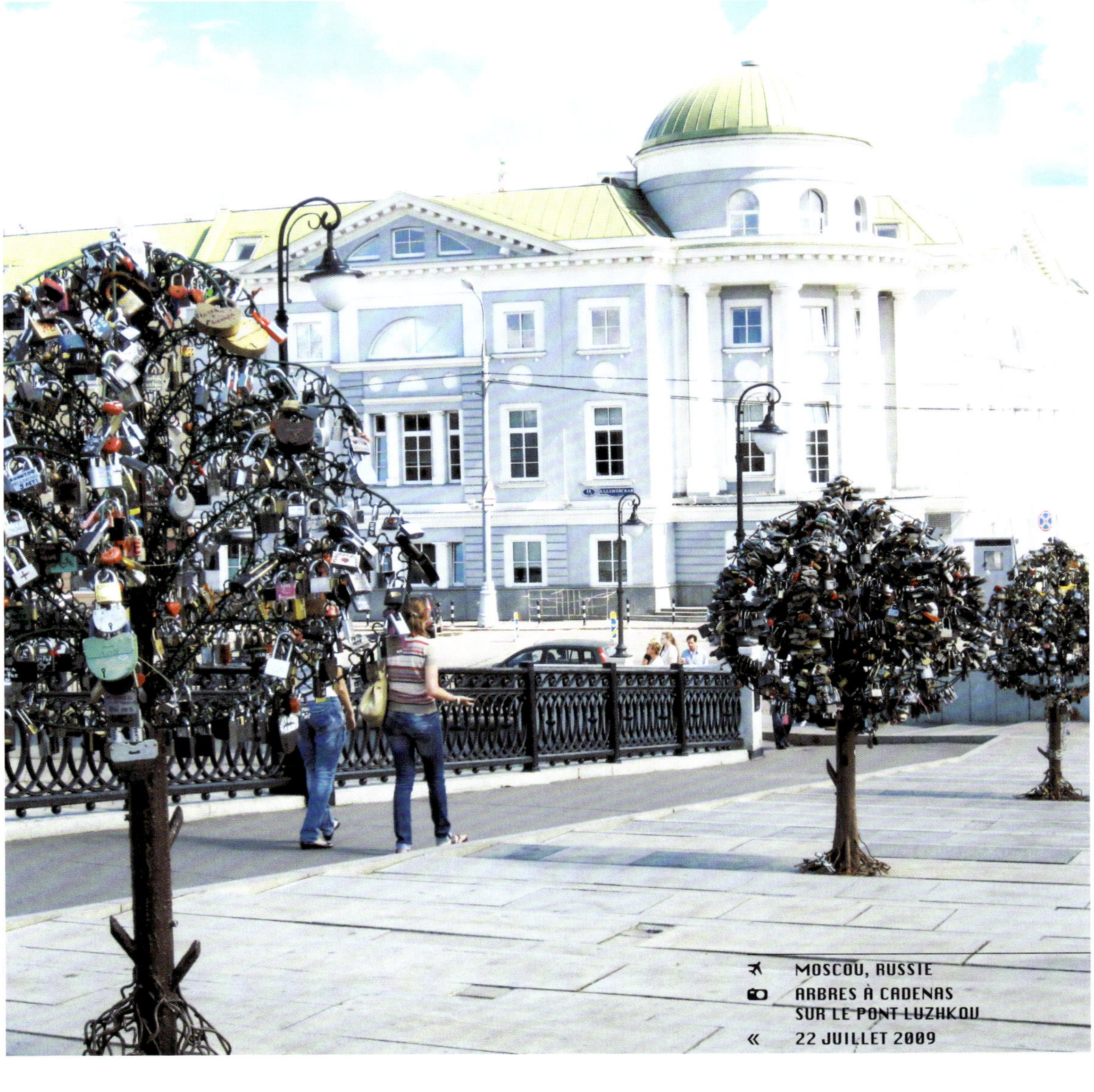

MOSCOU, RUSSIE
ARBRES À CADENAS SUR LE PONT LUZHKOV
« 22 JUILLET 2009

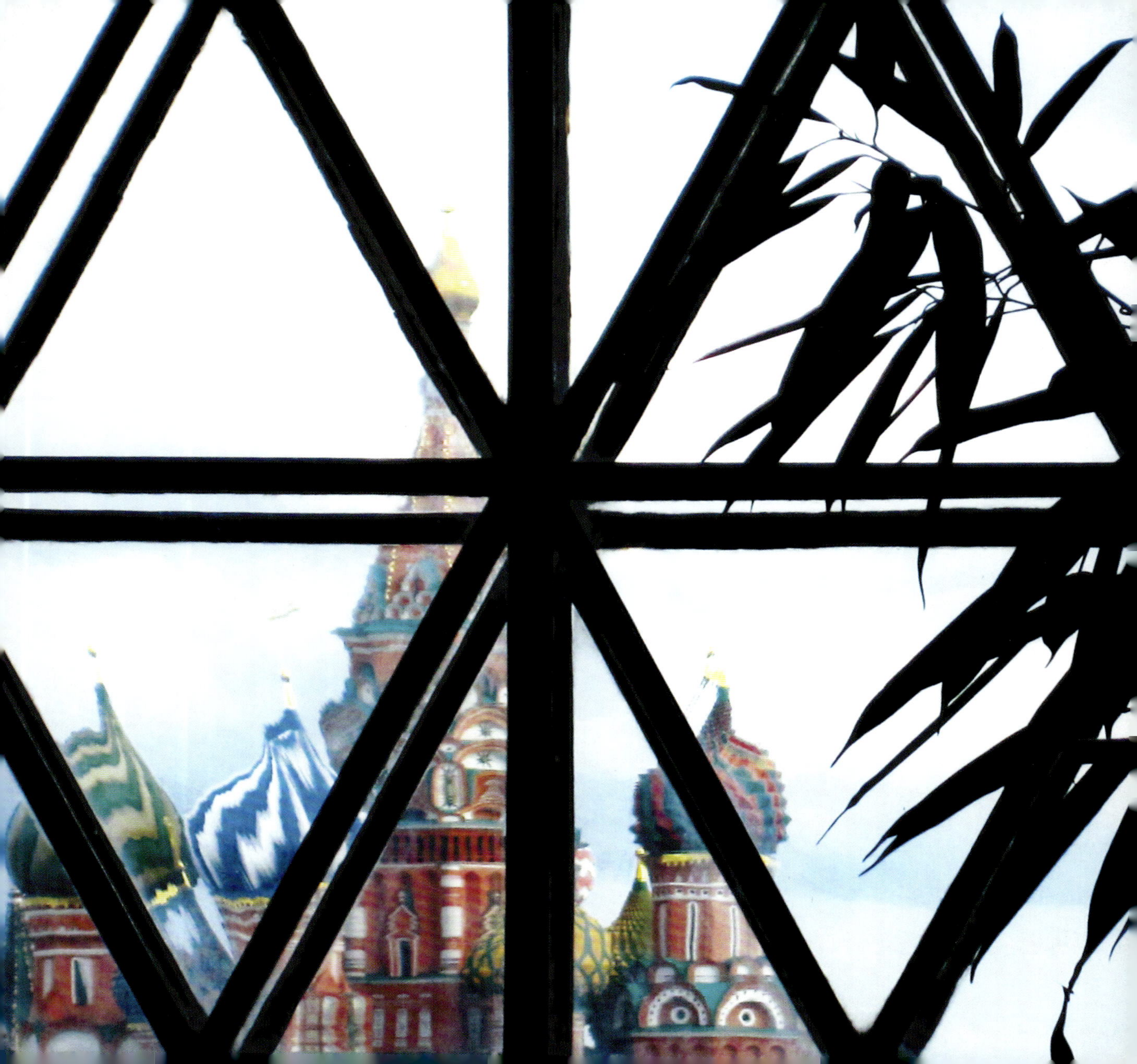

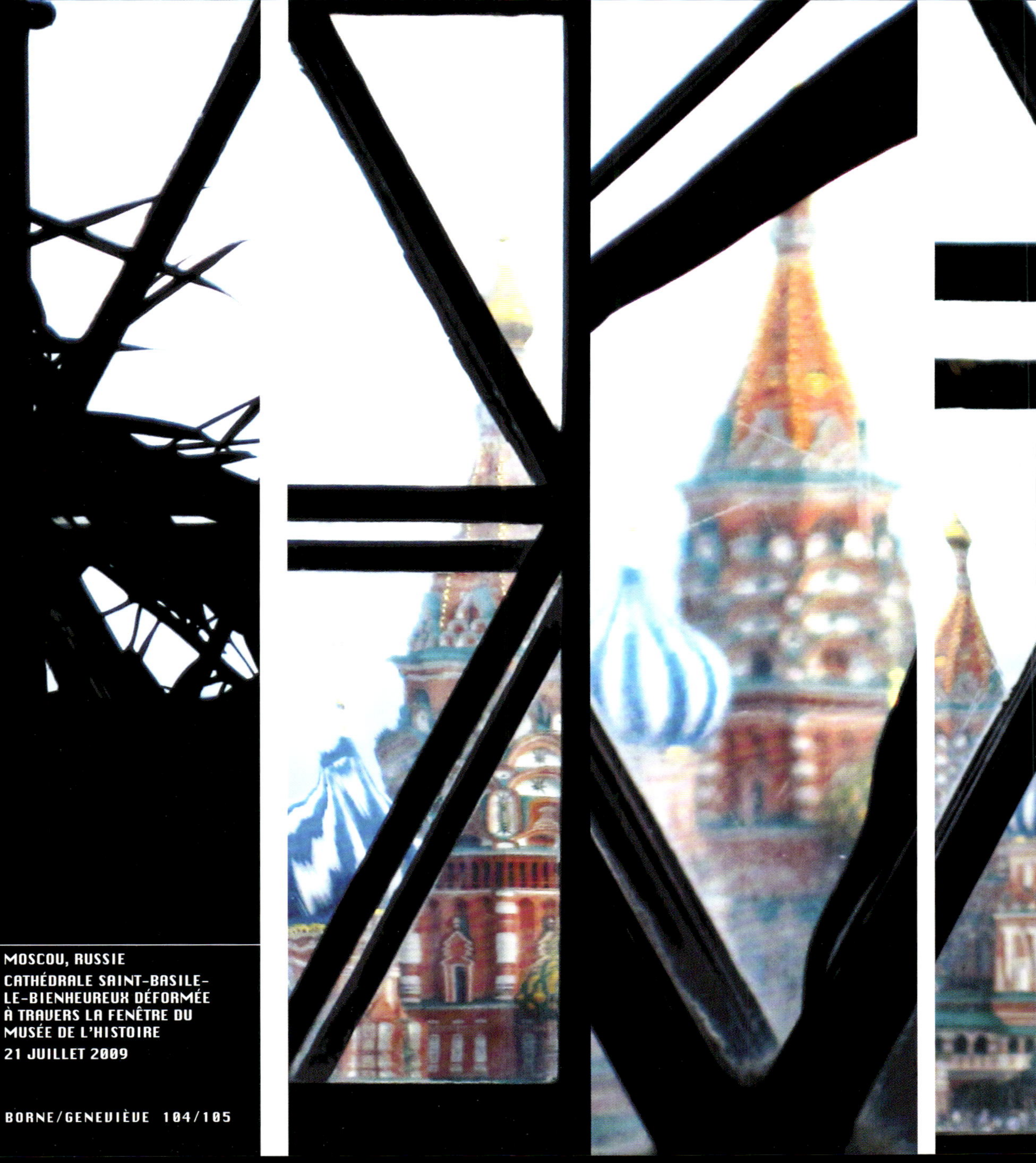

MOSCOU, RUSSIE
CATHÉDRALE SAINT-BASILE-LE-BIENHEUREUX DÉFORMÉE À TRAVERS LA FENÊTRE DU MUSÉE DE L'HISTOIRE
21 JUILLET 2009

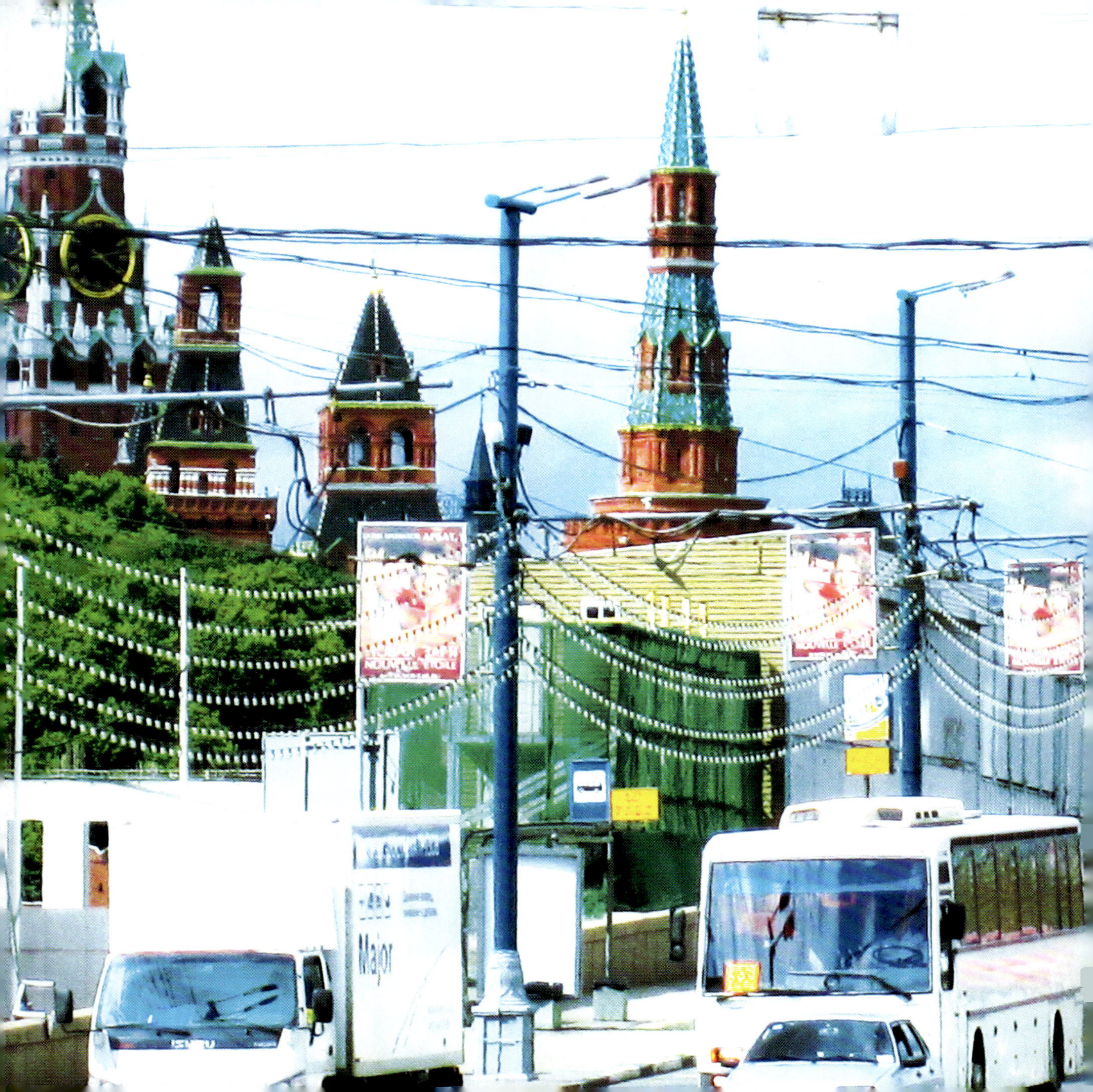
Major

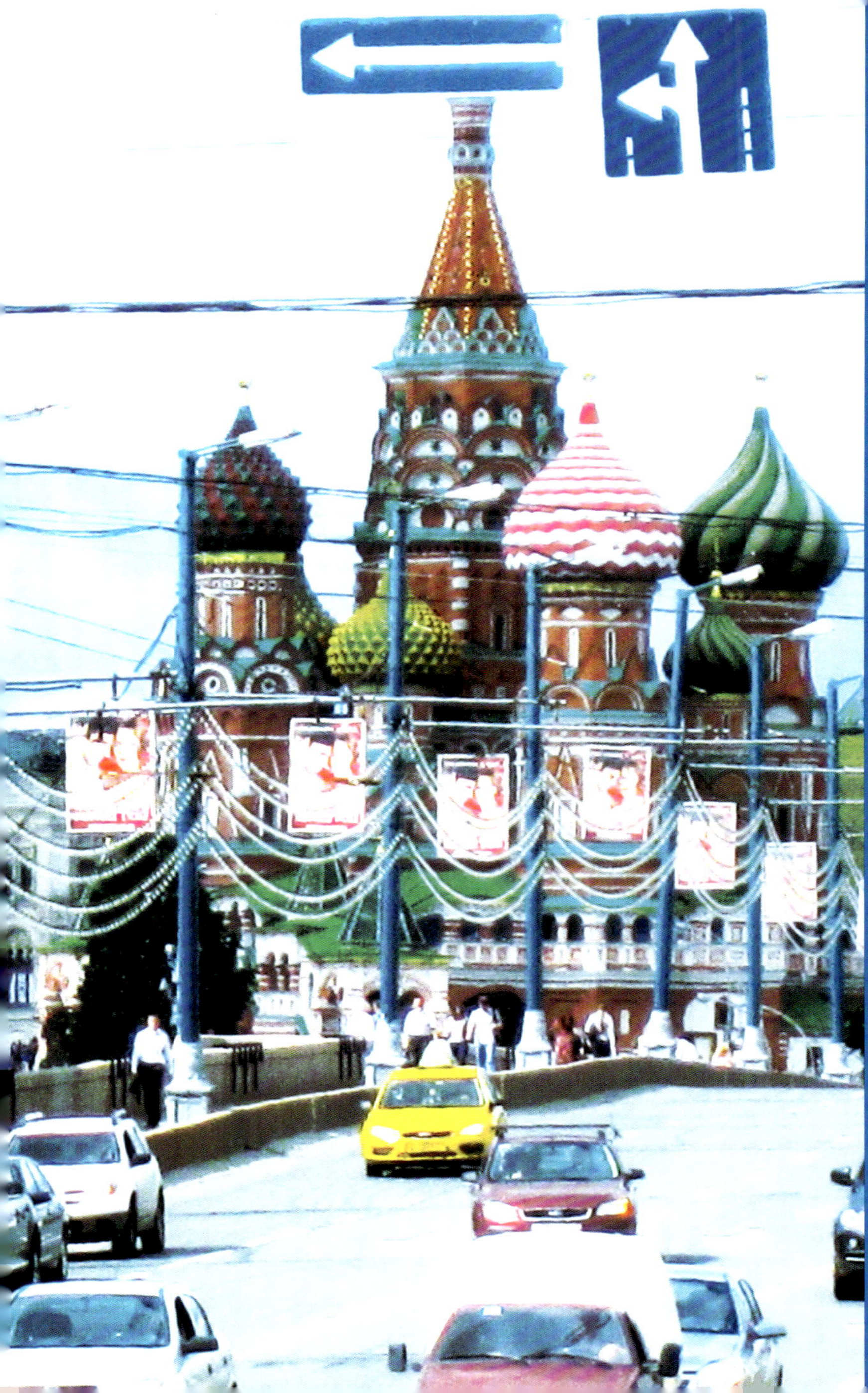

MOSCOU, RUSSIE

LE KREMLIN ET LA CATHÉDRALE SAINT-BASILE-LE-BIENHEUREUX

21 JUILLET 2009

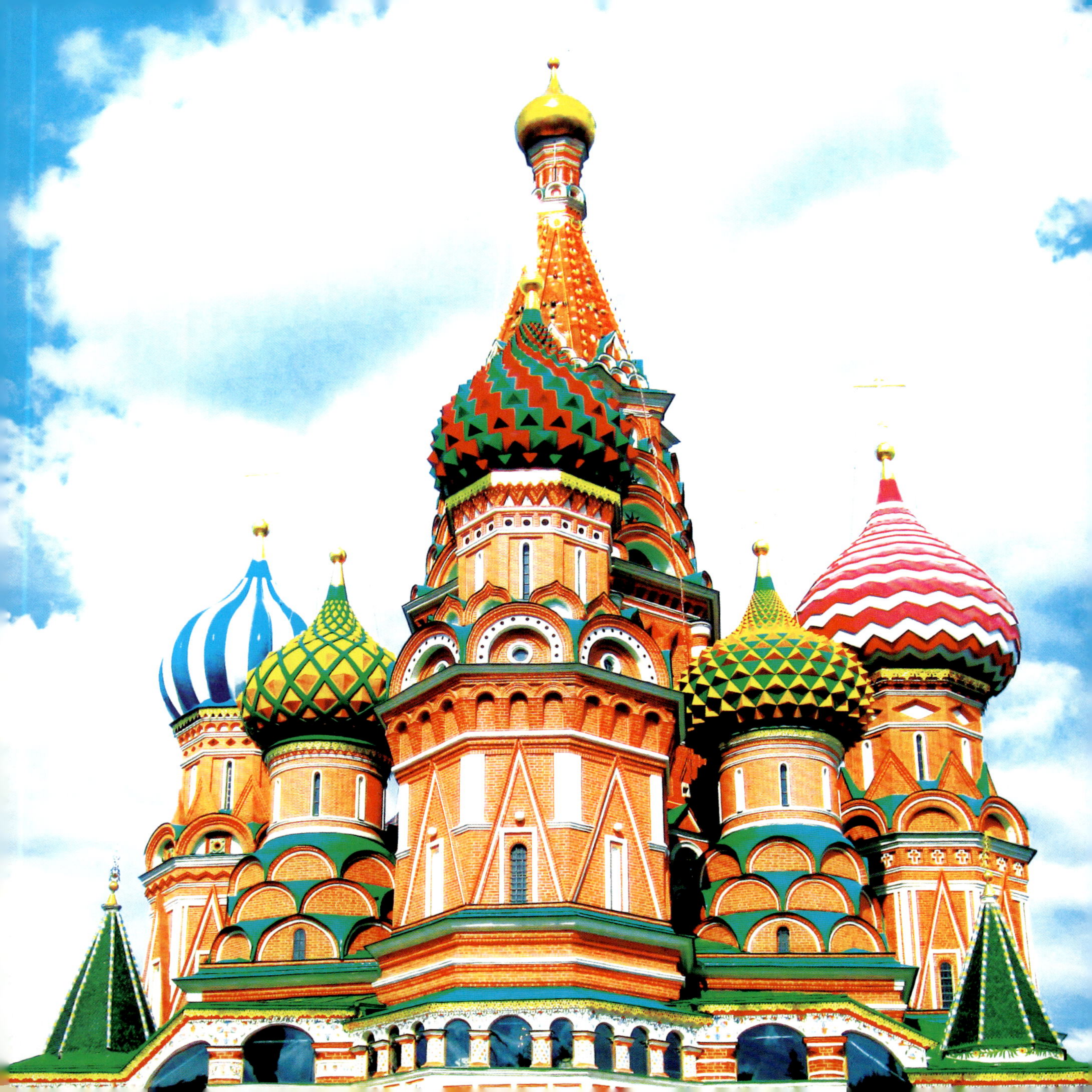

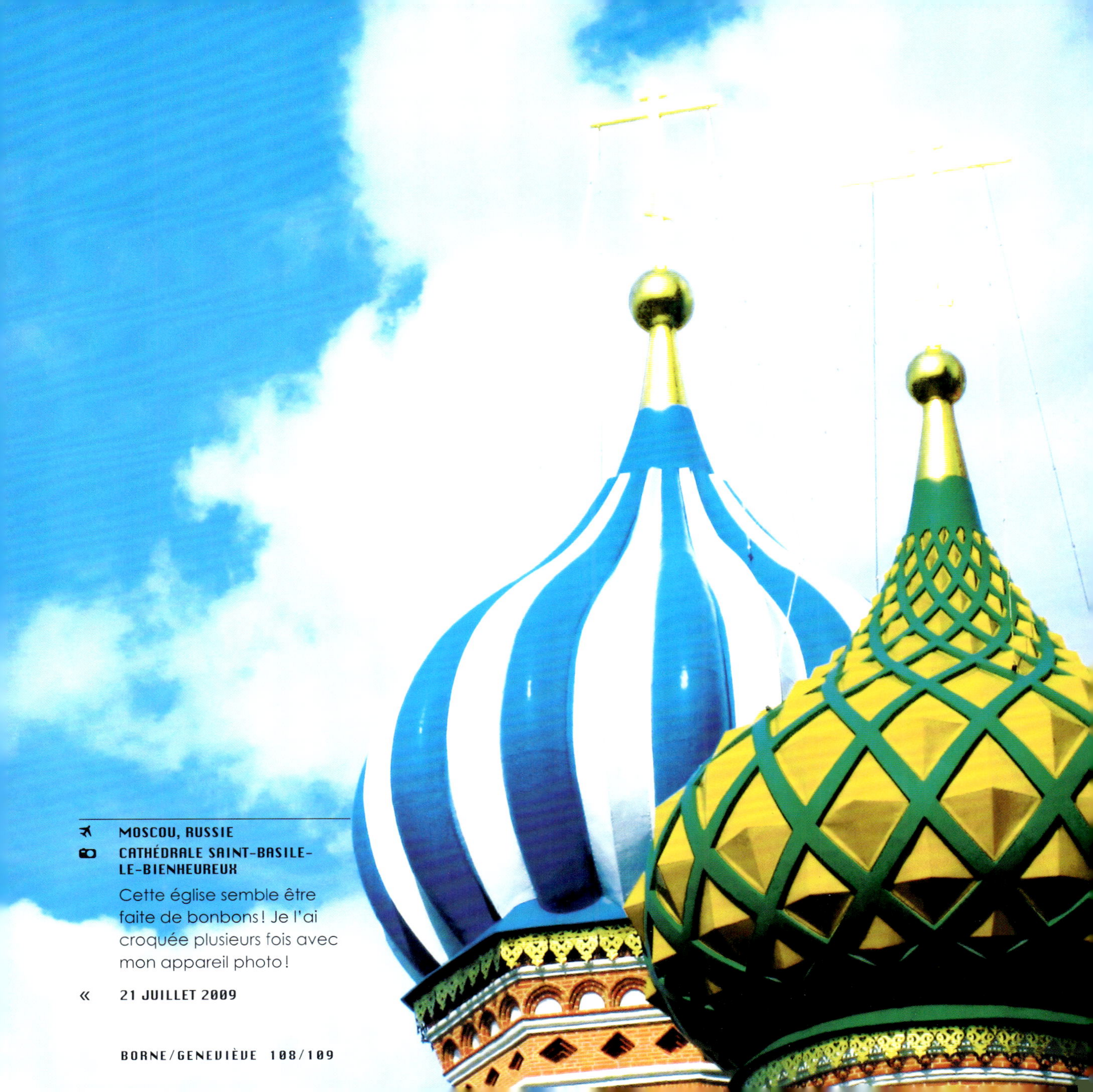

MOSCOU, RUSSIE

CATHÉDRALE SAINT-BASILE-LE-BIENHEUREUX

Cette église semble être faite de bonbons ! Je l'ai croquée plusieurs fois avec mon appareil photo !

« **21 JUILLET 2009**

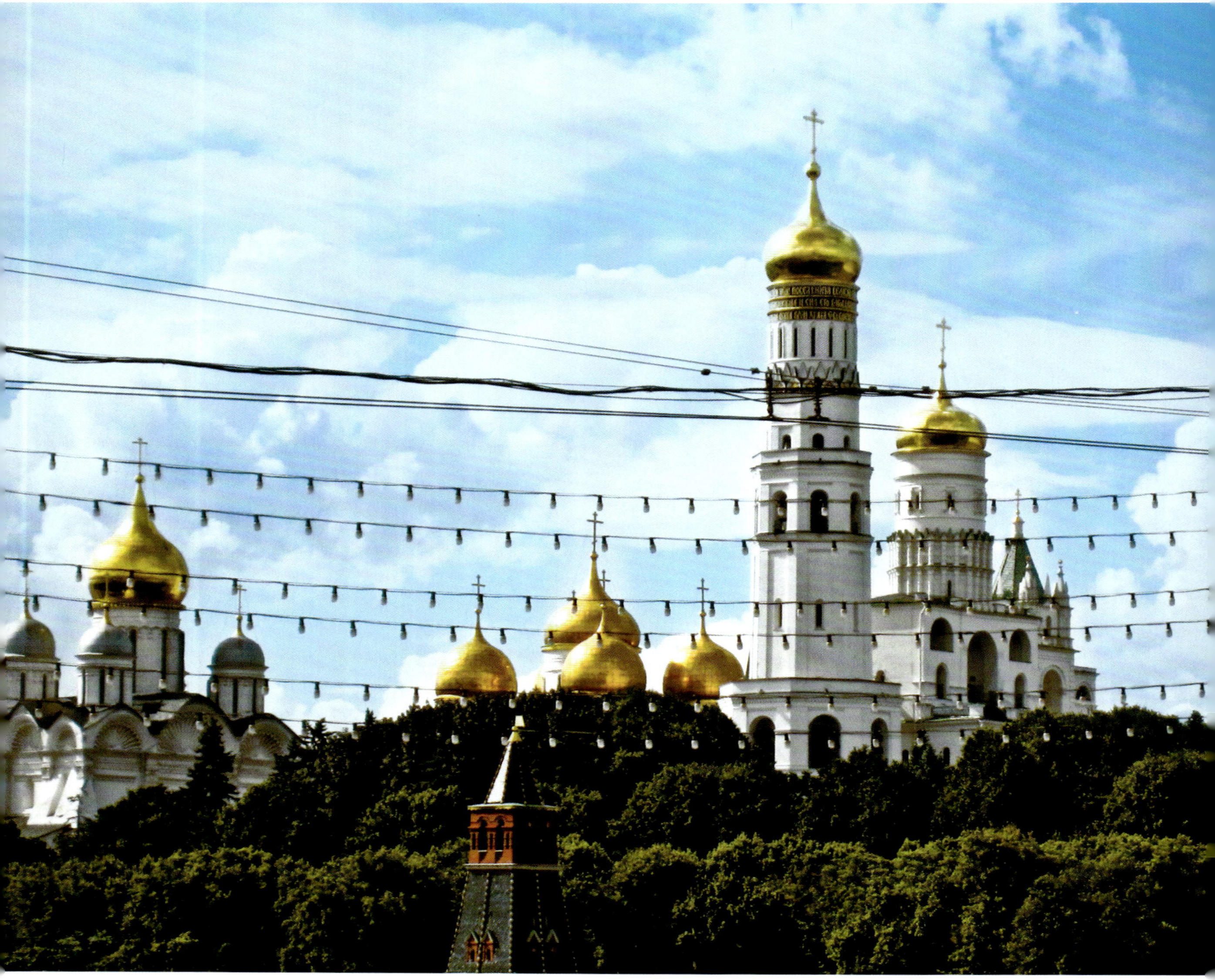

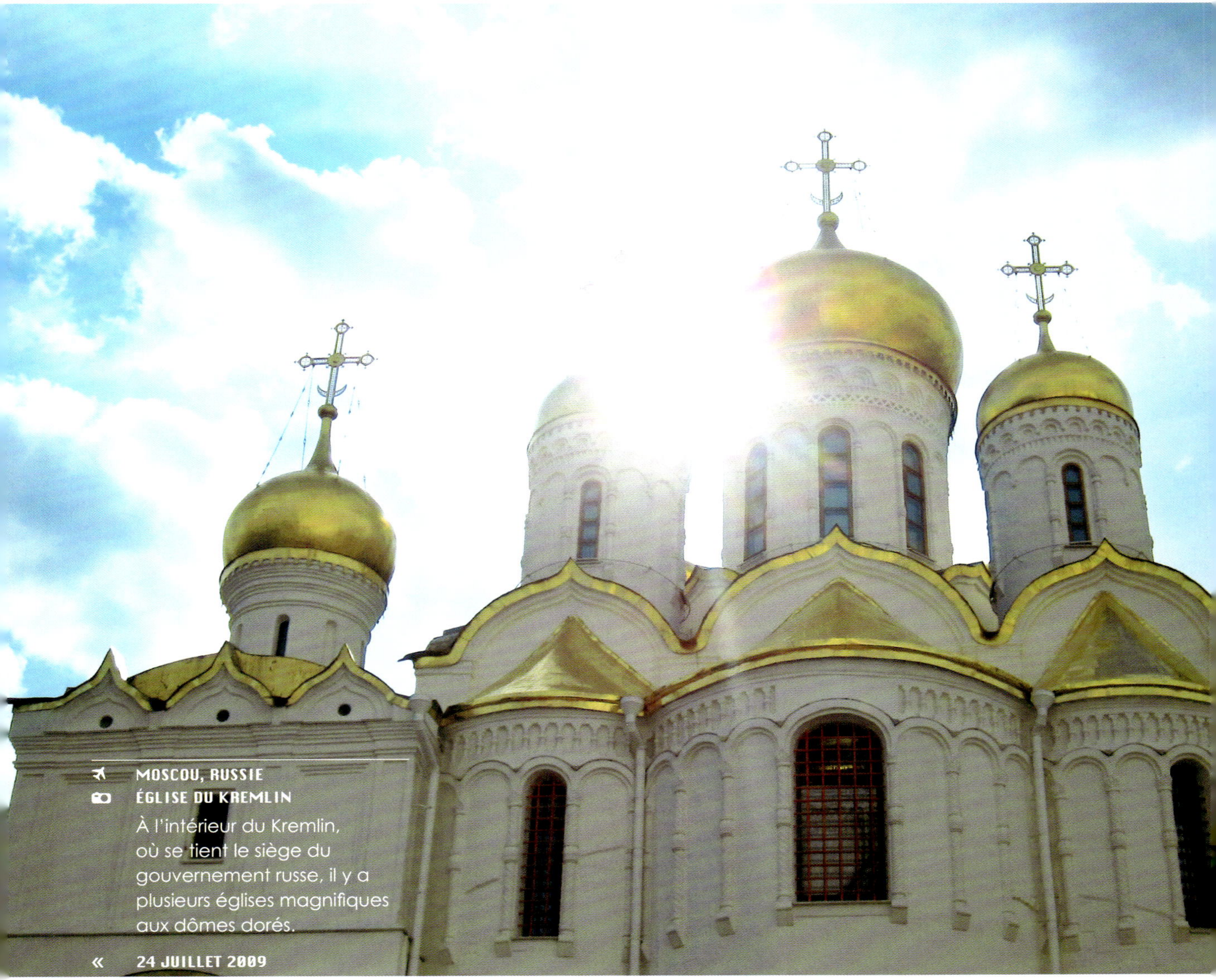

MOSCOU, RUSSIE
ÉGLISE DU KREMLIN

À l'intérieur du Kremlin, où se tient le siège du gouvernement russe, il y a plusieurs églises magnifiques aux dômes dorés.

« 24 JUILLET 2009

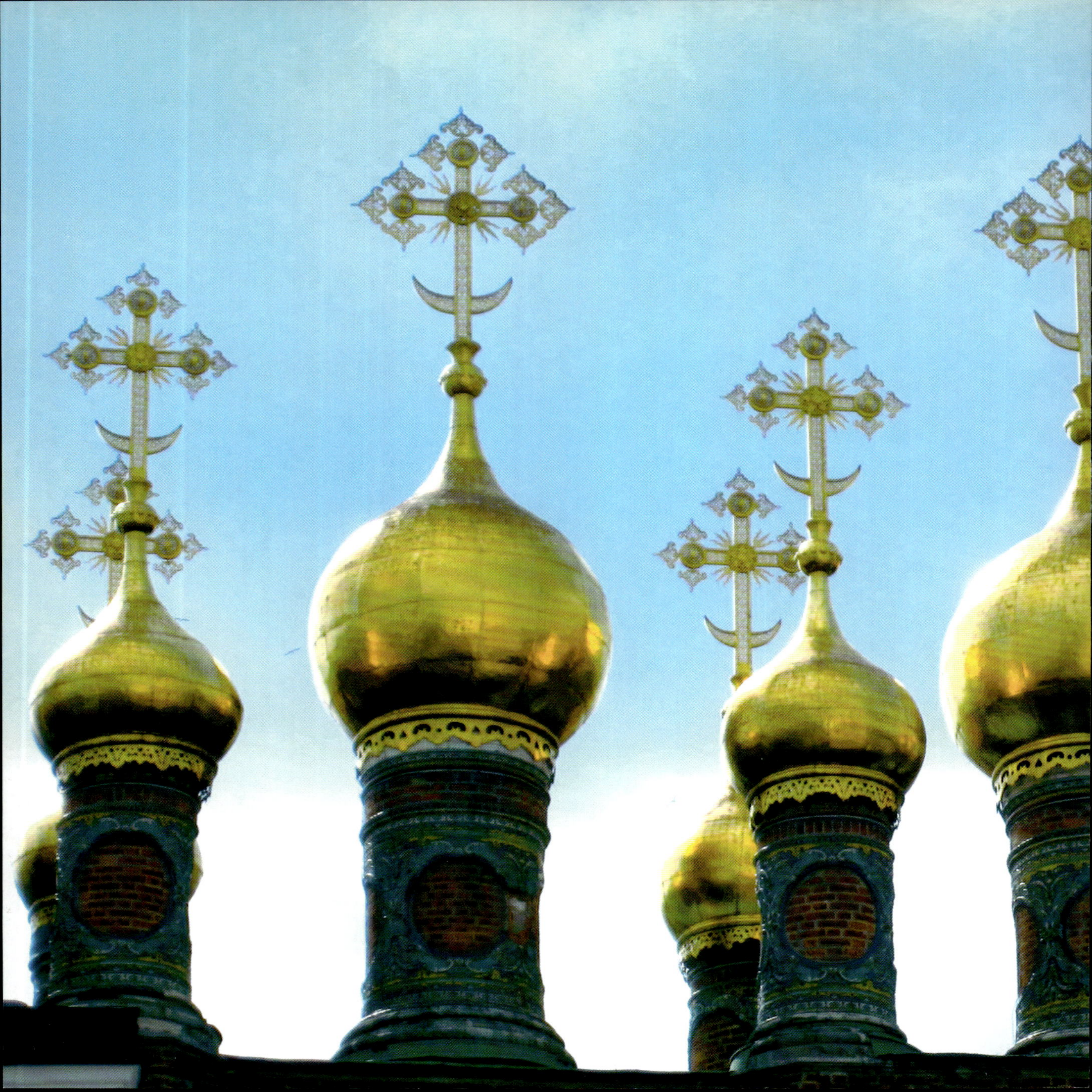

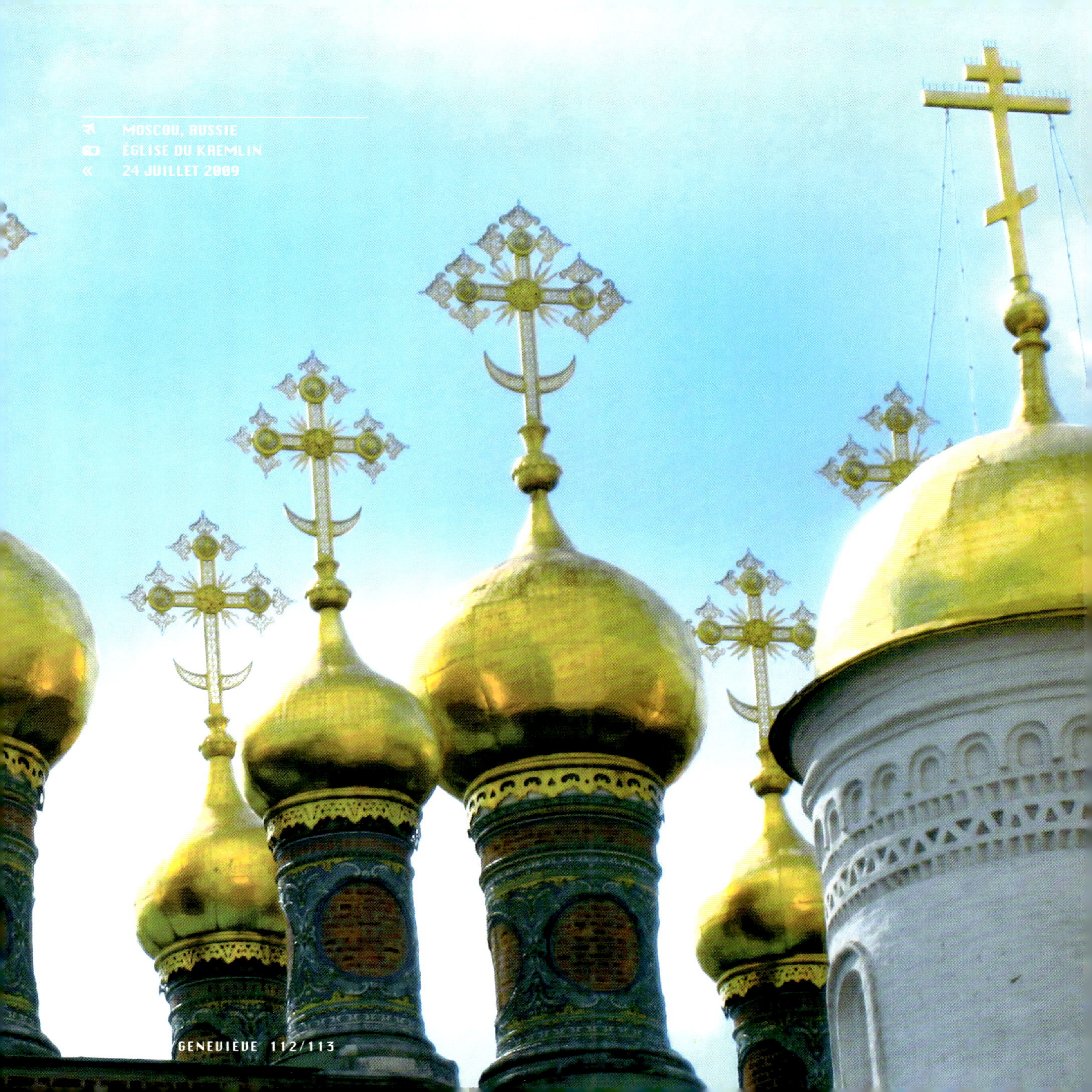

MOSCOU, RUSSIE
ÉGLISE DU KREMLIN
24 JUILLET 2009

viêt

nam

J'ai passé cinq semaines au Viêtnam en 2005 pour tourner la série *Xin Chao* pour Évasion. C'est un tout petit pays très envoûtant situé entre mer et montagnes. Là-bas, les femmes portent encore le chapeau conique et la robe traditionnelle. Je suis heureuse d'avoir visité ce pays qui n'a pas encore été transformé par la vie moderne. J'espère qu'il restera longtemps aussi authentique et enchanteur.

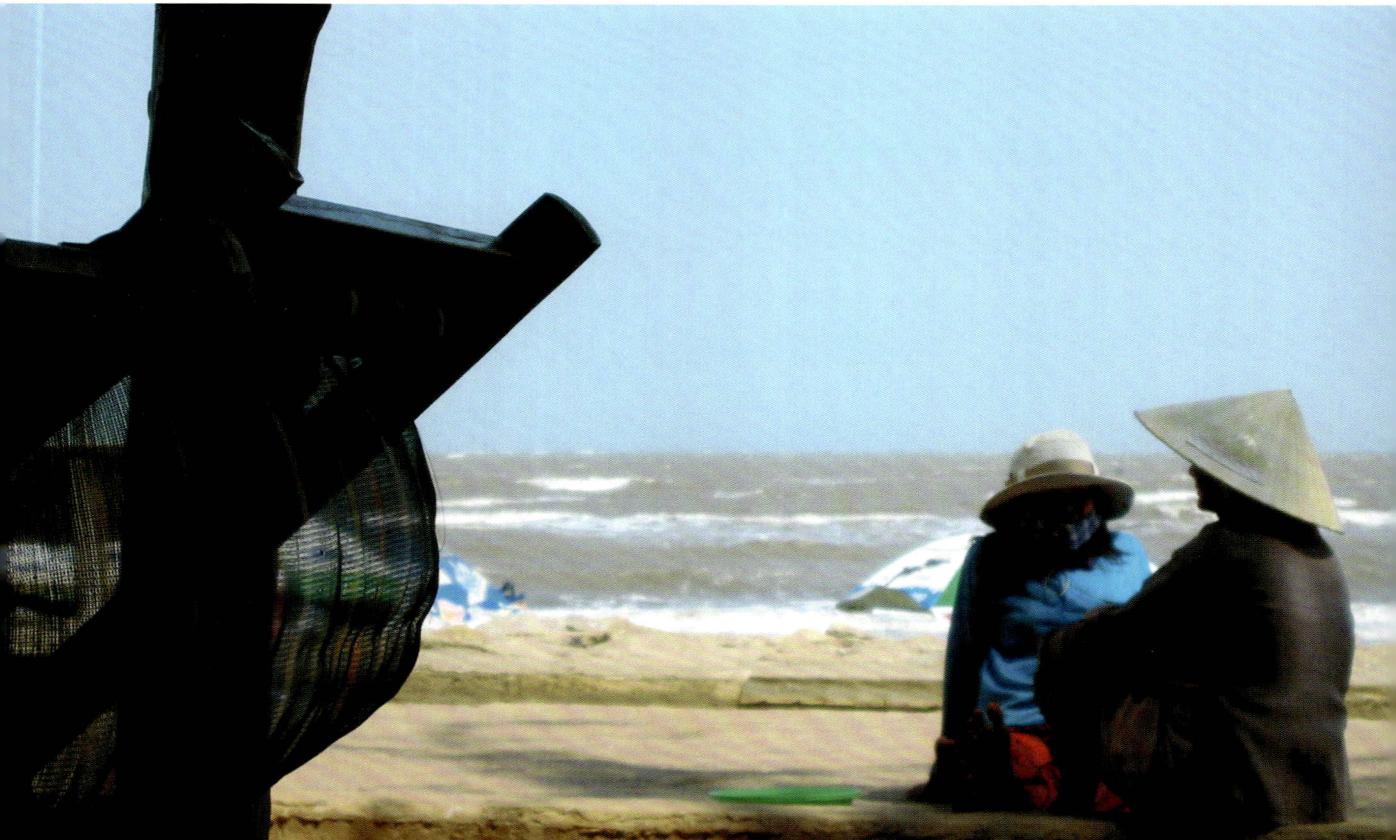

NHA TRANG, VIÊTNAM
FEMMES AUX CHAPEAUX CONIQUES SUR LA PLAGE
« 14 AVRIL 2005

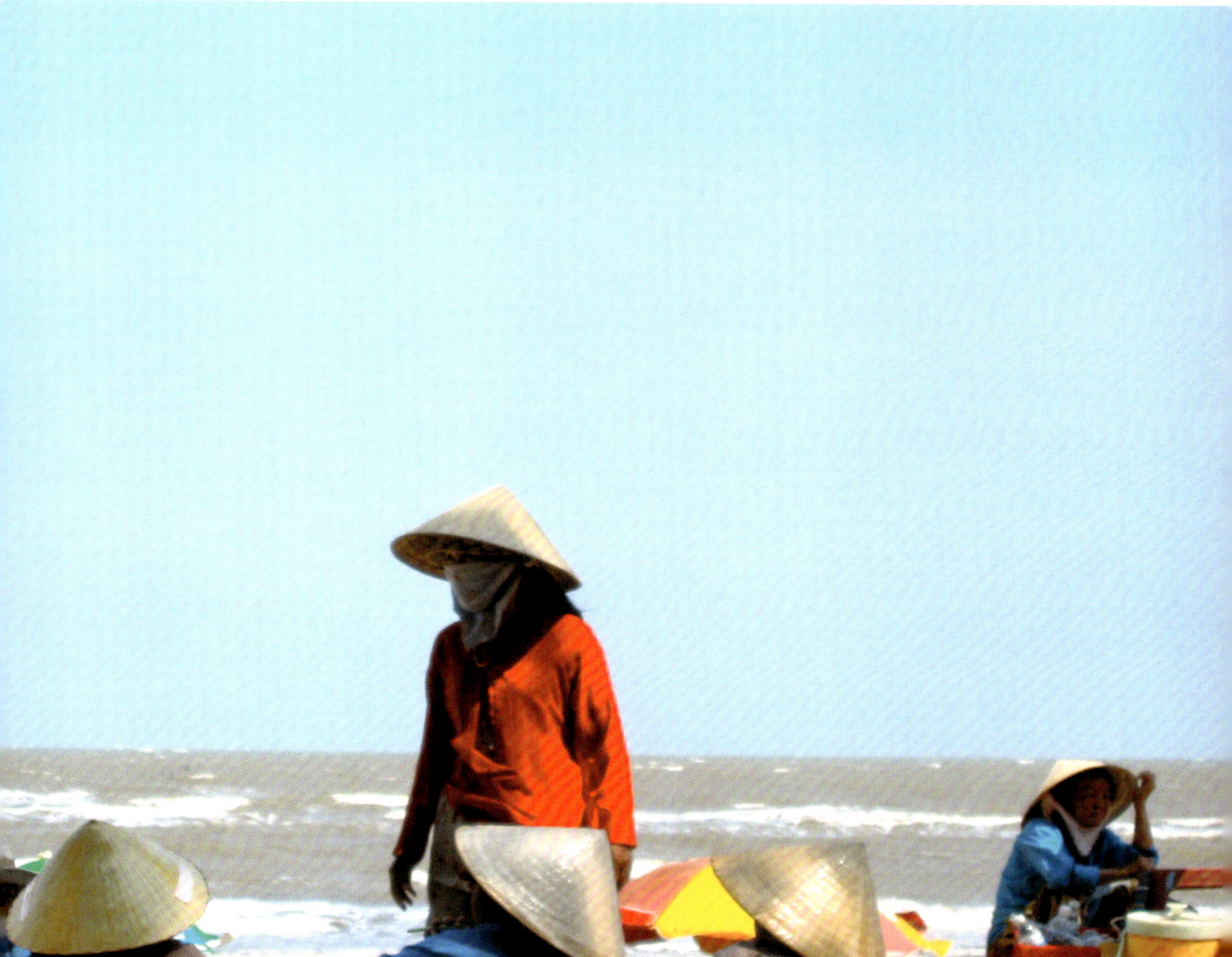

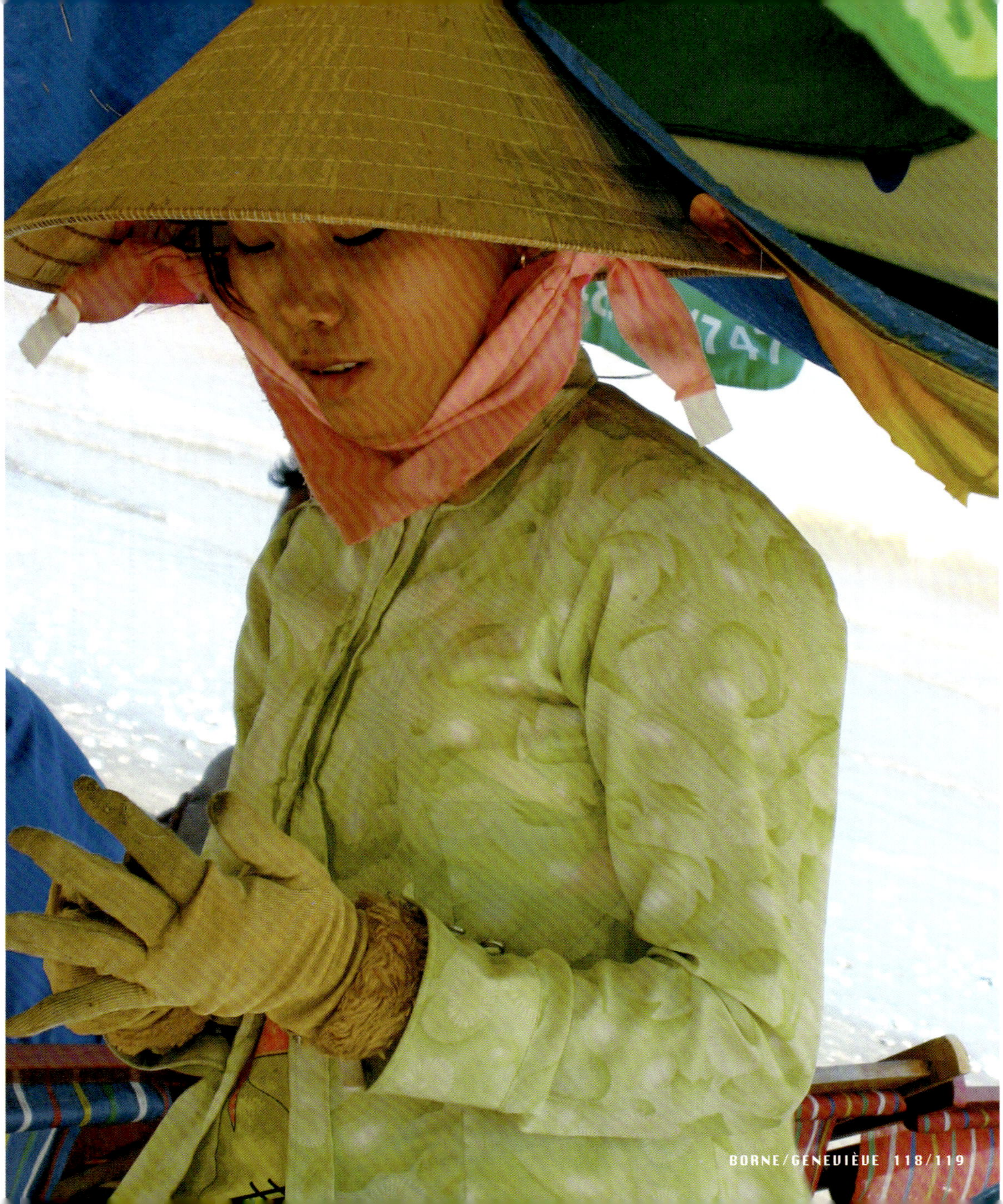

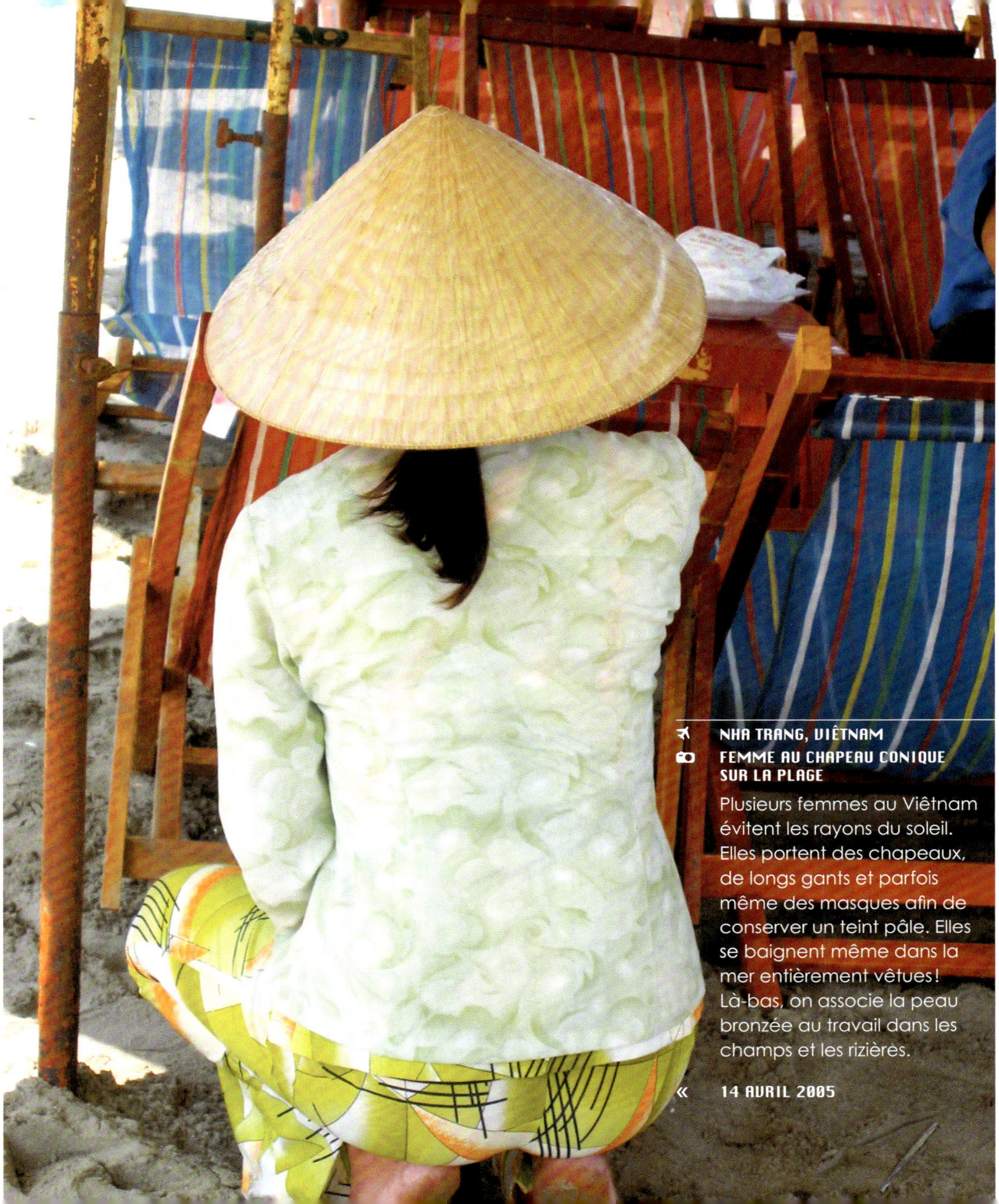

NHA TRANG, VIÊTNAM

FEMME AU CHAPEAU CONIQUE SUR LA PLAGE

Plusieurs femmes au Viêtnam évitent les rayons du soleil. Elles portent des chapeaux, de longs gants et parfois même des masques afin de conserver un teint pâle. Elles se baignent même dans la mer entièrement vêtues! Là-bas, on associe la peau bronzée au travail dans les champs et les rizières.

« 14 AVRIL 2005

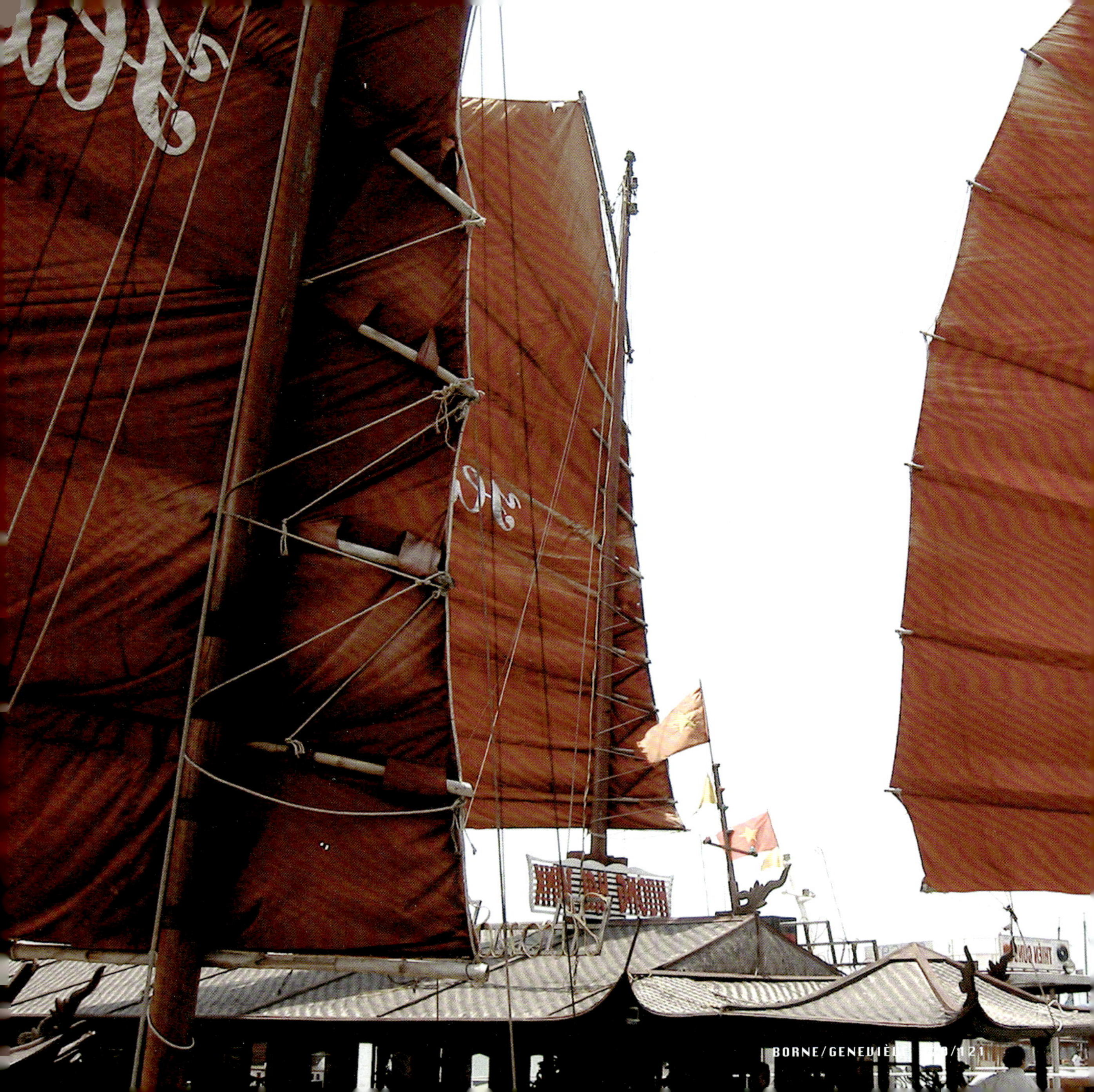

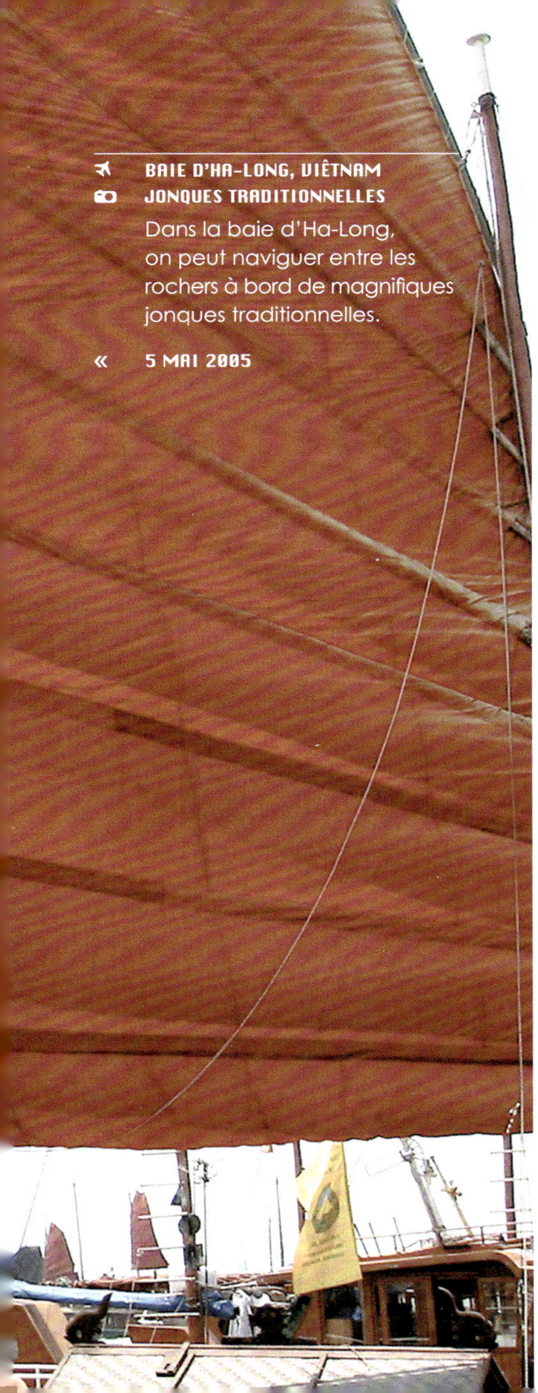

BAIE D'HA-LONG, VIÊTNAM
JONQUES TRADITIONNELLES

Dans la baie d'Ha-Long, on peut naviguer entre les rochers à bord de magnifiques jonques traditionnelles.

« 5 MAI 2005

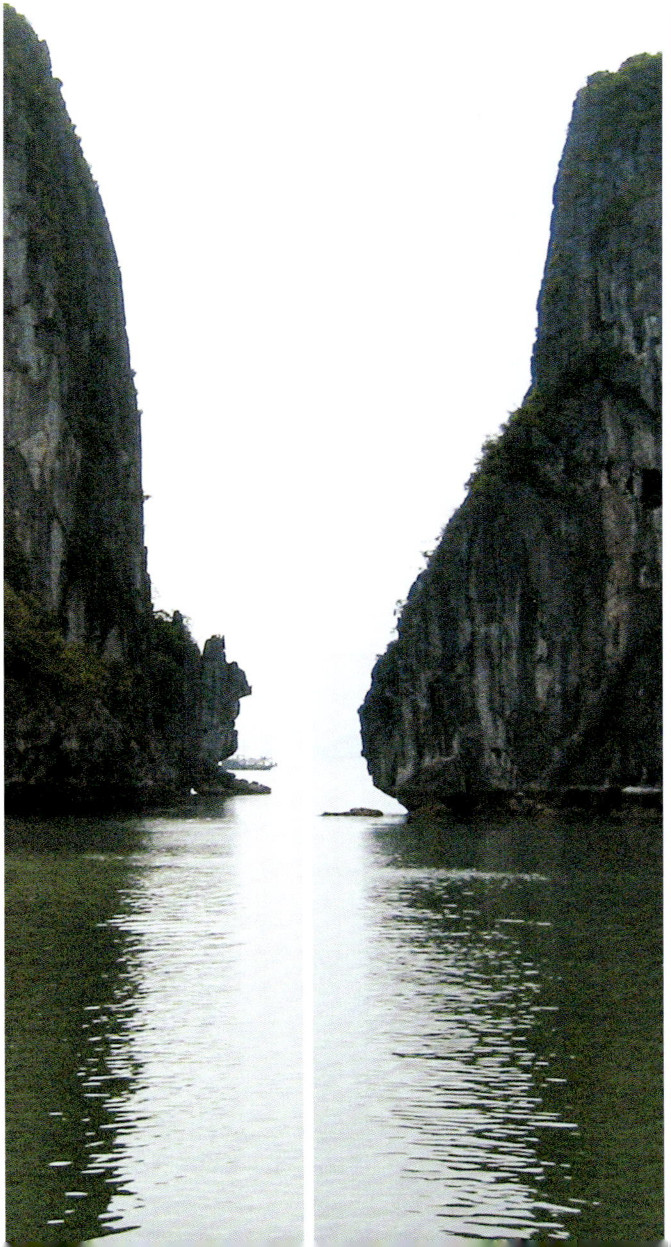

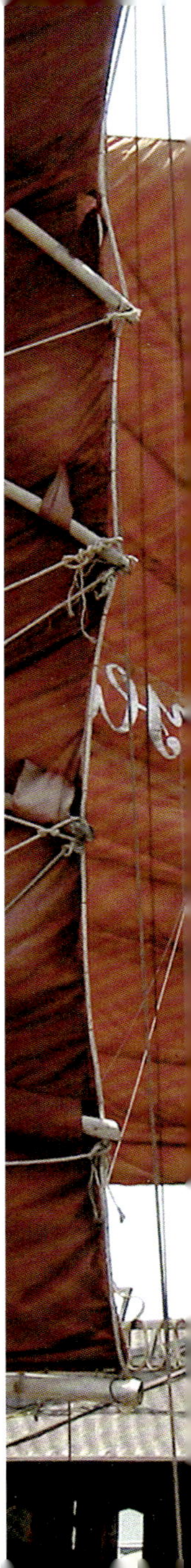

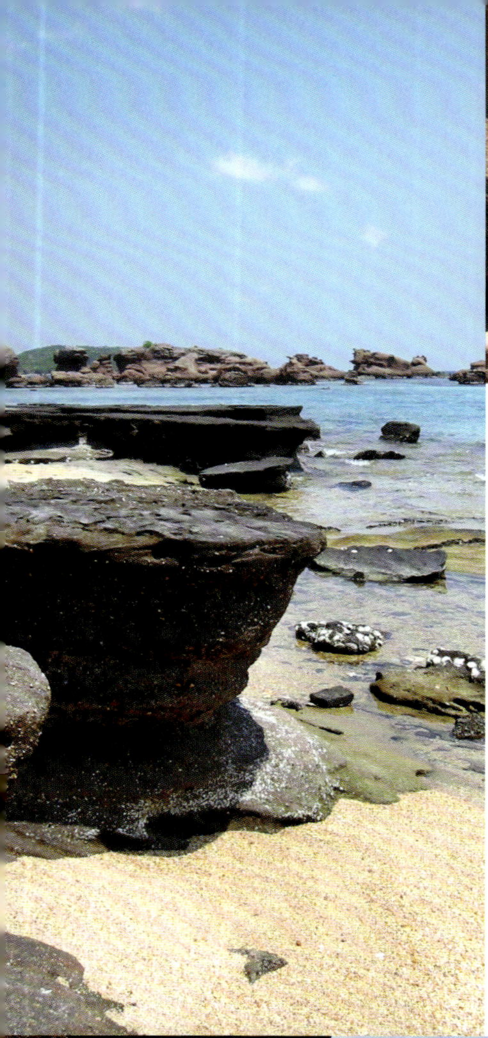

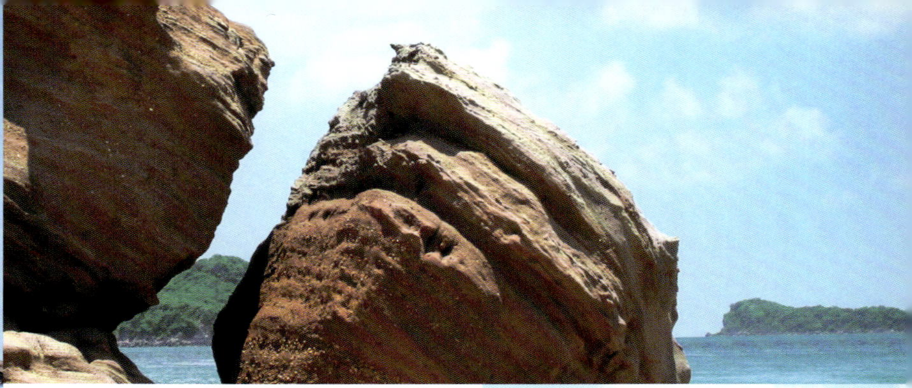

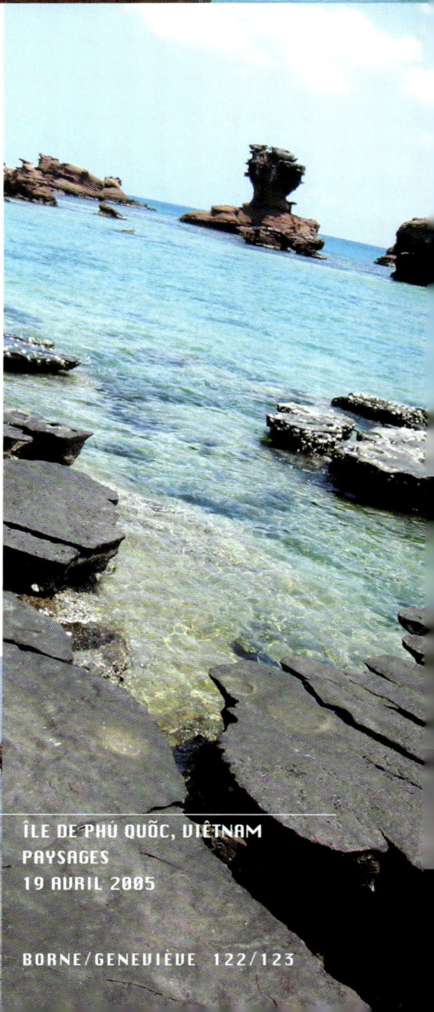

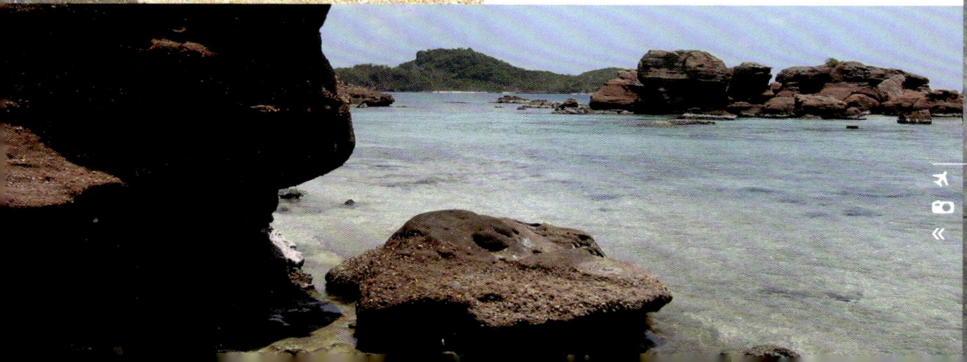

ÎLE DE PHÚ QUỐC, VIÊTNAM
PAYSAGES
19 AVRIL 2005

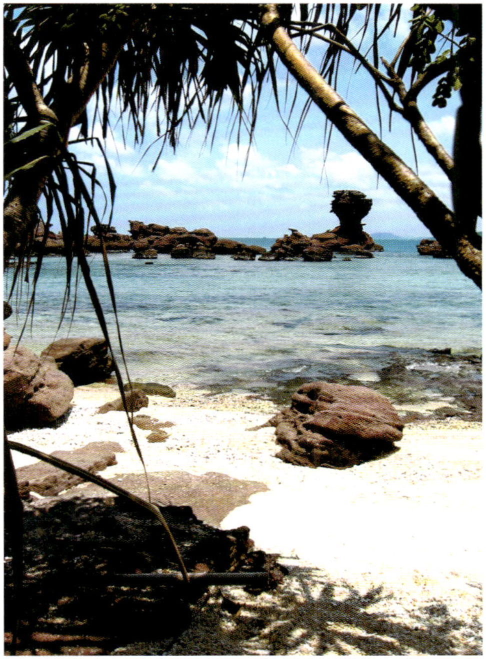

à l'abordage !

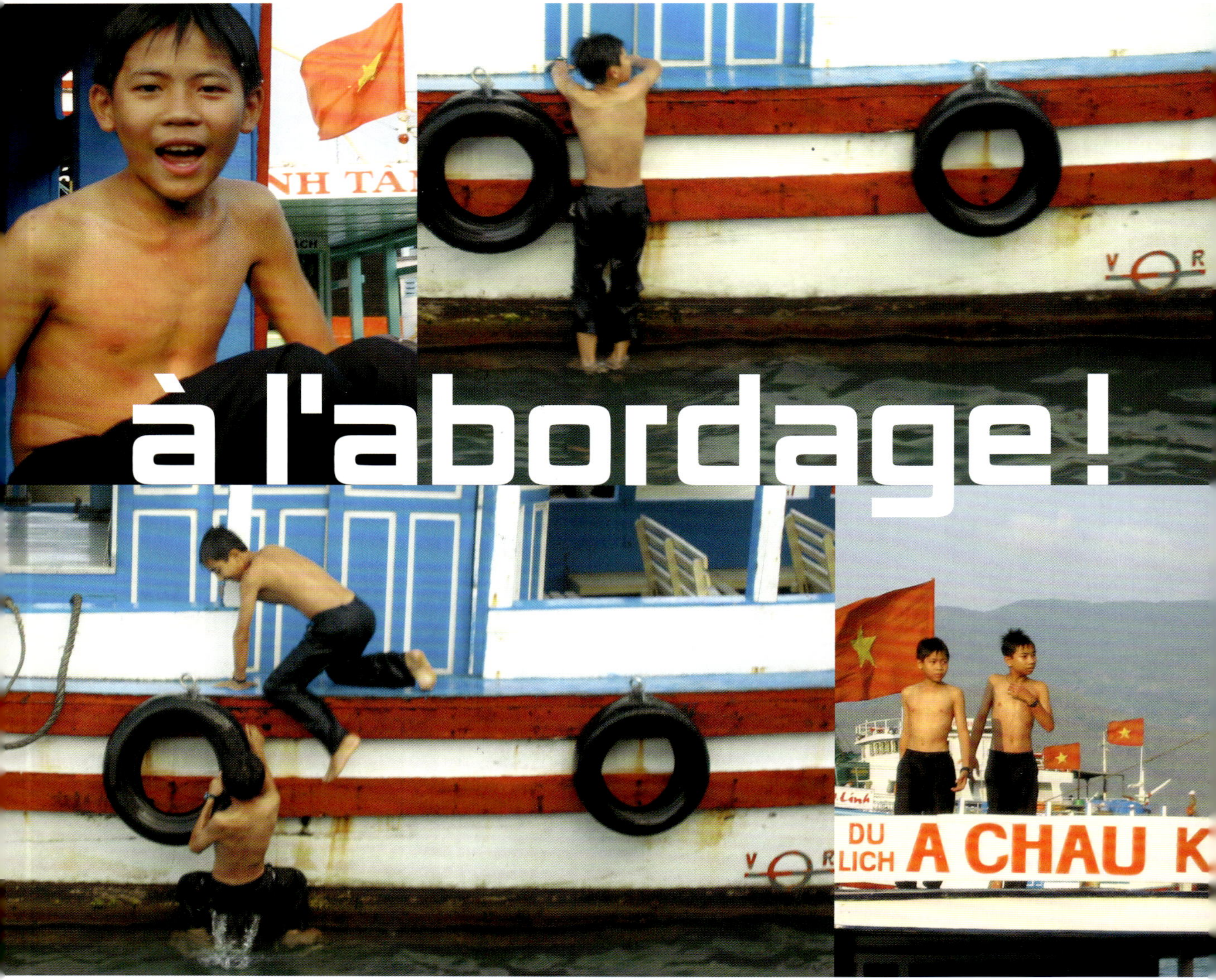

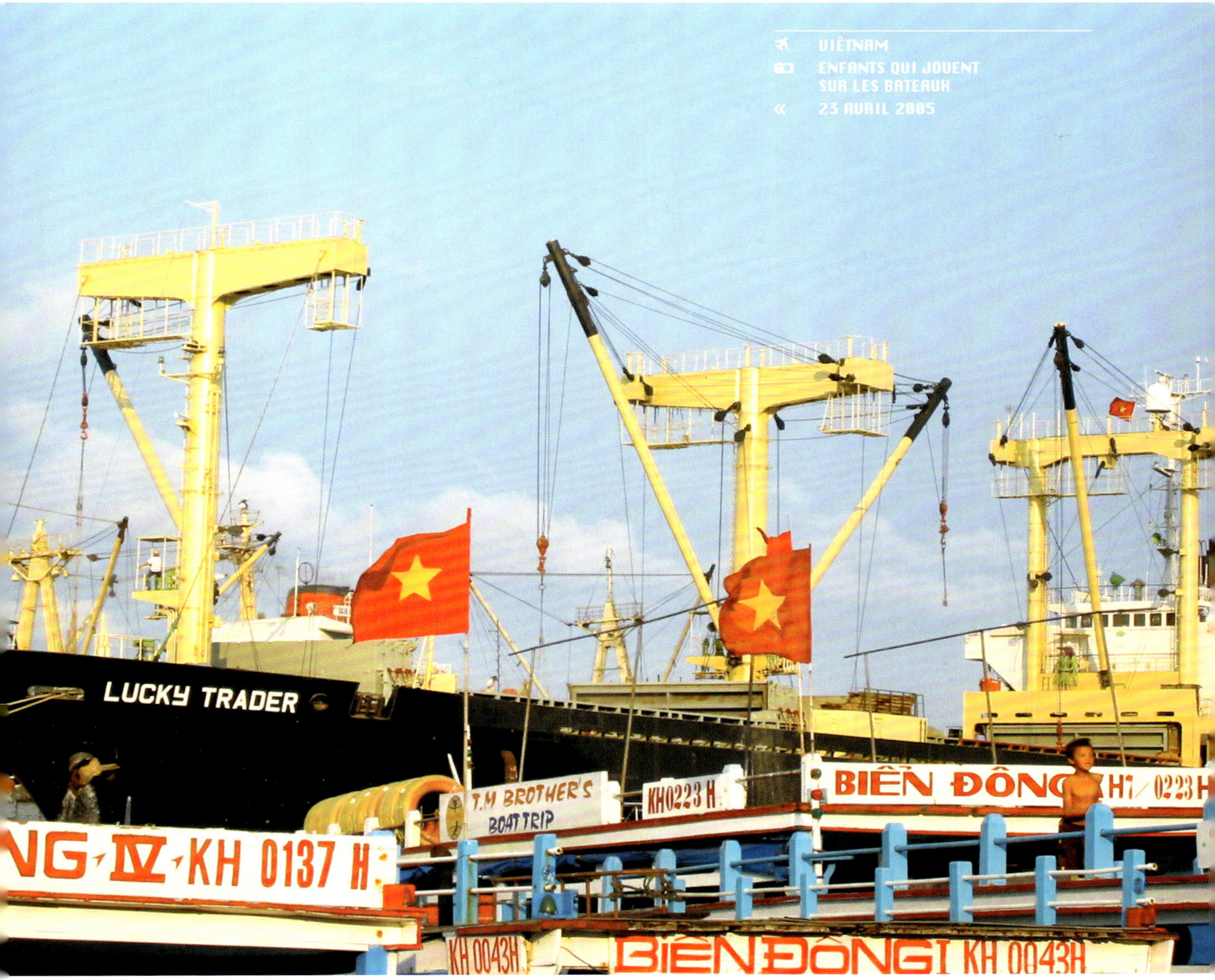

VIÊTNAM
ENFANTS QUI JOUENT
SUR LES BATEAUX
23 AVRIL 2005

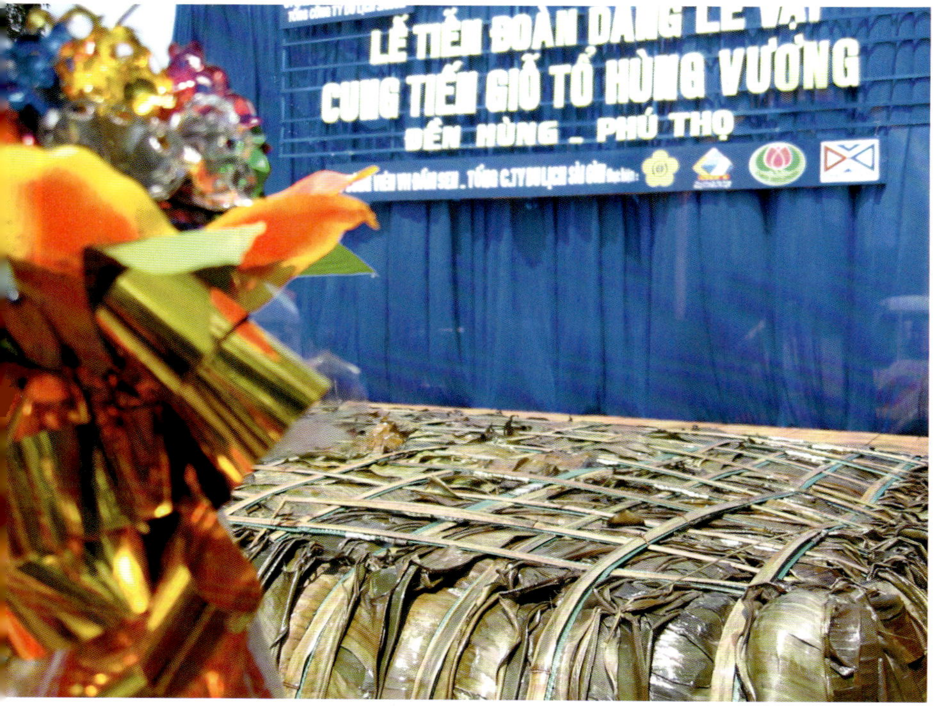
LỄ TIẾN ĐOÀN DÂNG LỄ VẬT
CUNG TIẾN GIỖ TỔ HÙNG VƯƠNG
ĐỀN HÙNG _ PHÚ THỌ
TỔNG C.TY DU LỊCH SÀI GÒN

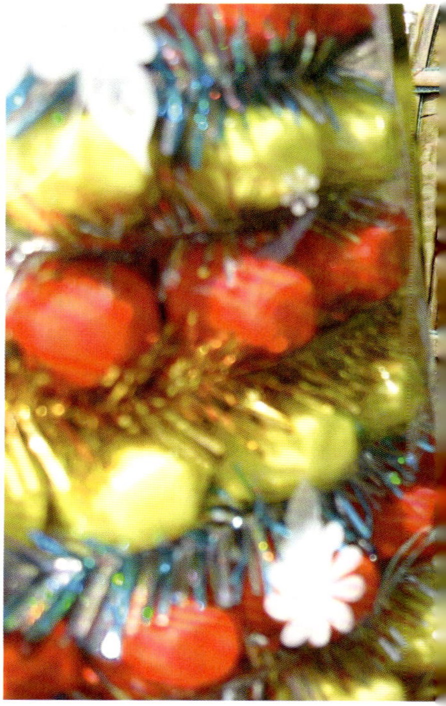

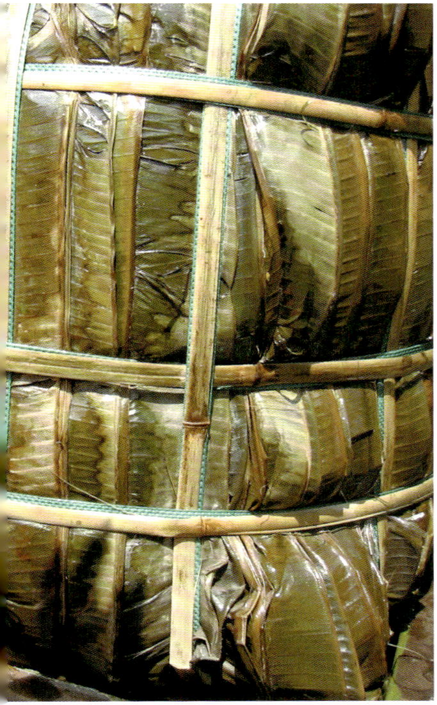

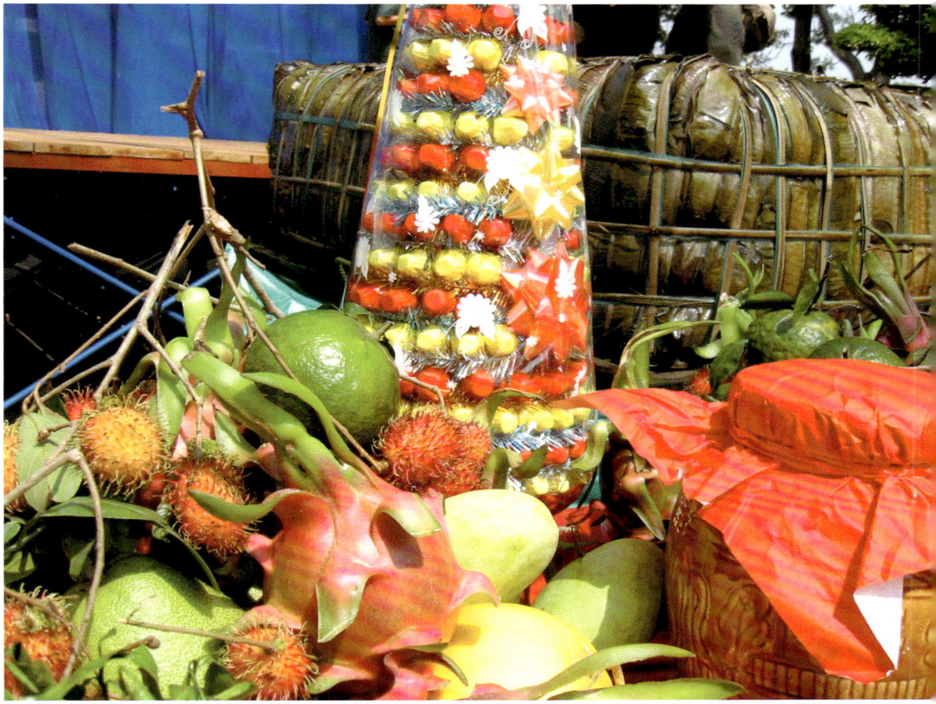

VIÊTNAM

GÂTEAUX ET OFFRANDES

Immense gâteau de riz recouvert de feuilles de bananiers offert lors d'une fête traditionnelle.

« 13 AVRIL 2005

les amoureux de saigon

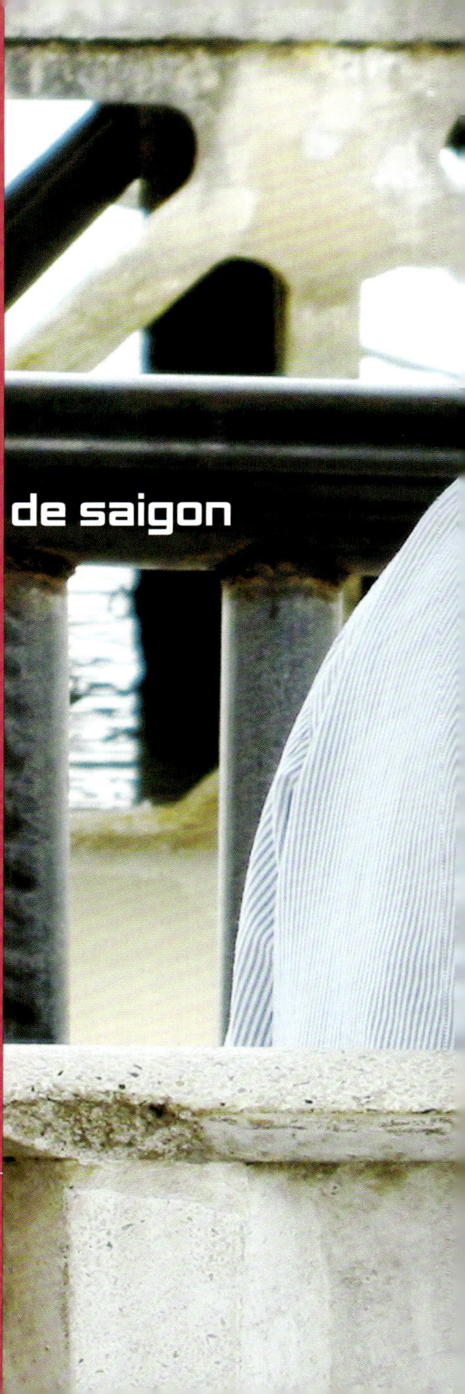

SAIGON, VIÊTNAM
AMOUREUX DEVANT LA RIVIÈRE SAIGON
« 10 AVRIL 2005

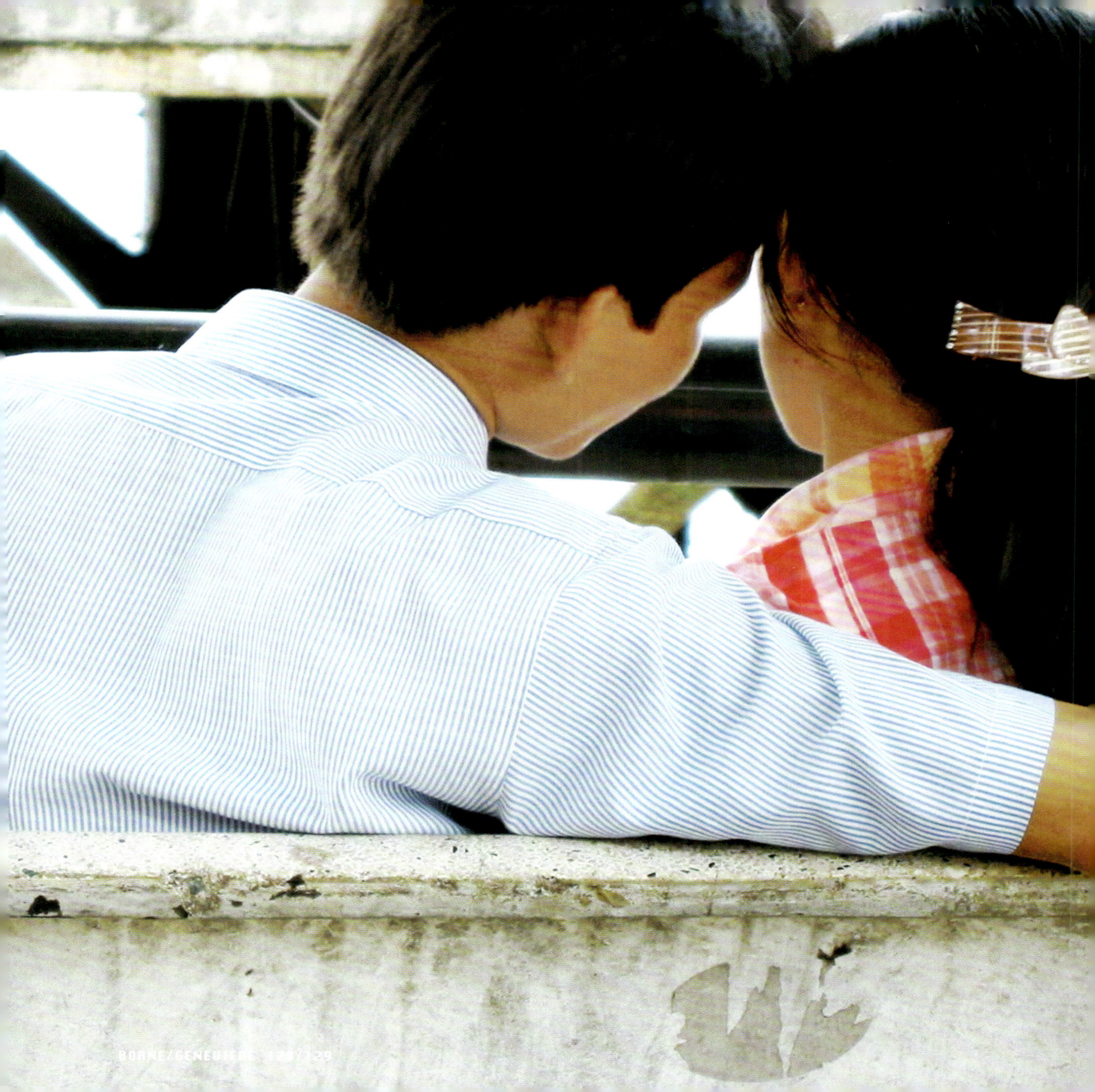

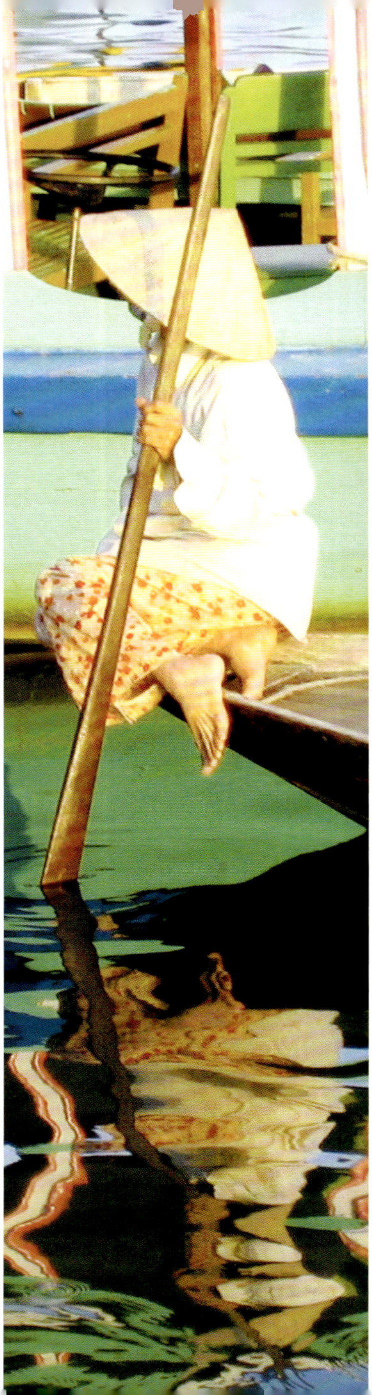

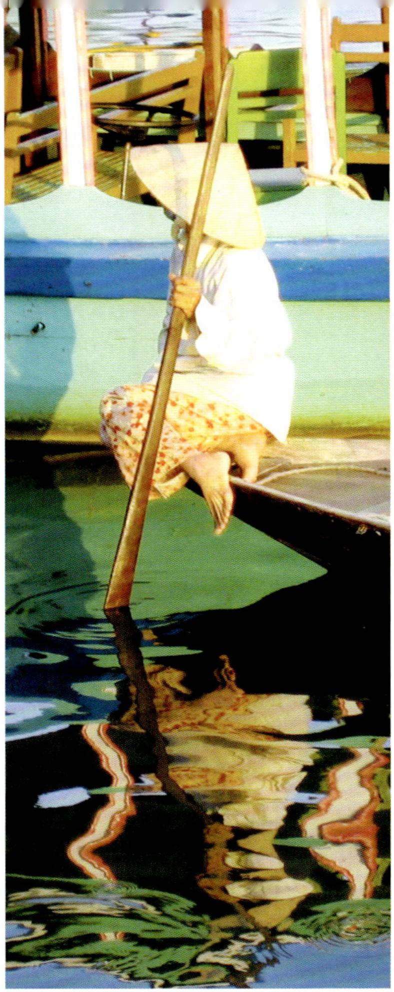

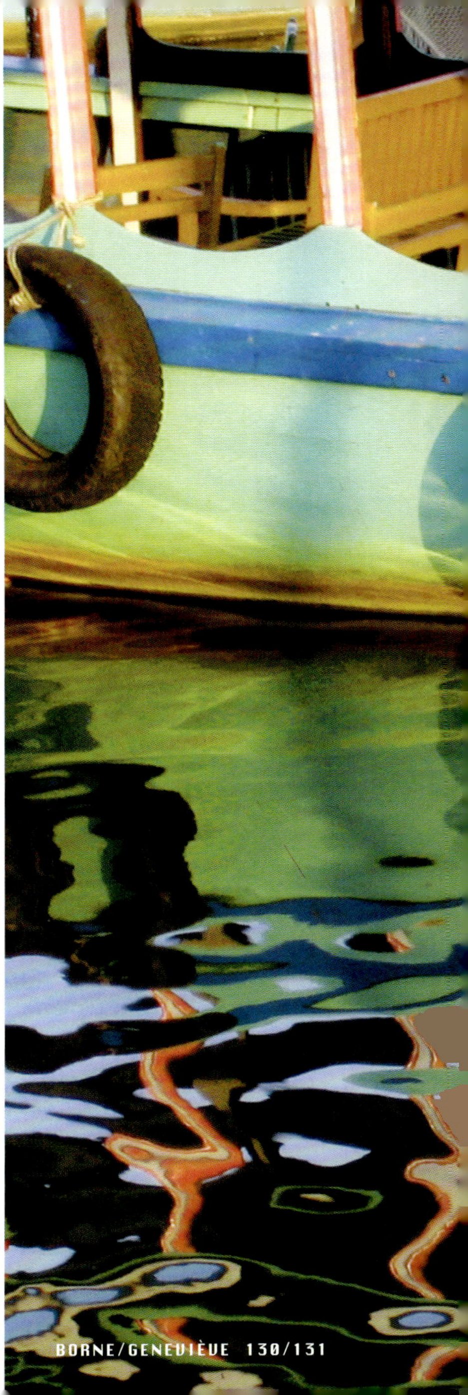

VIÊTNAM

LA RAMEUSE

Beaucoup de femmes pilotent des bateaux au Viêtnam. Ce sont des embarcations qui servent souvent de taxis ou qu'on utilise pour transporter des marchandises.

« 26 MARS 2005

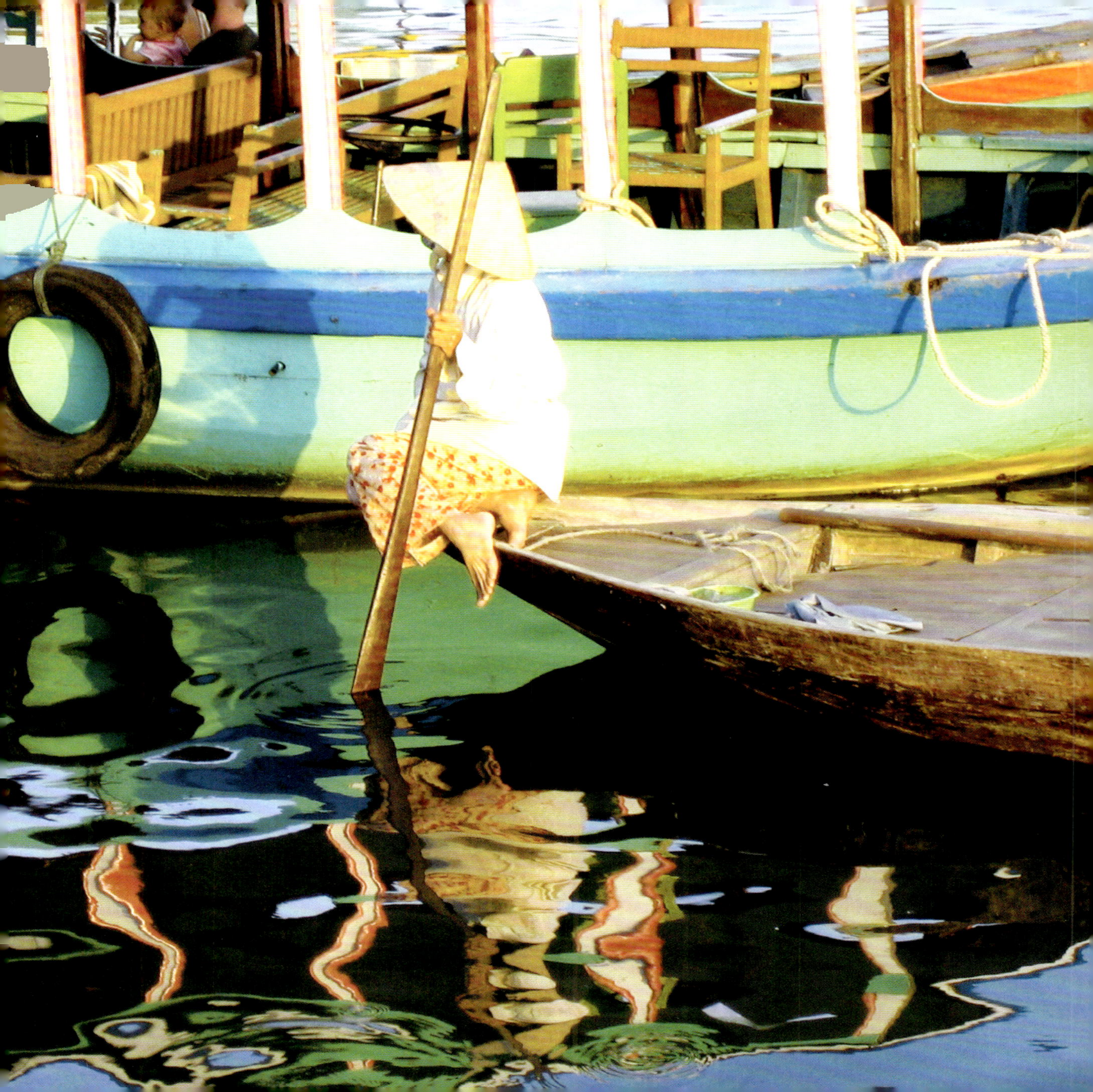

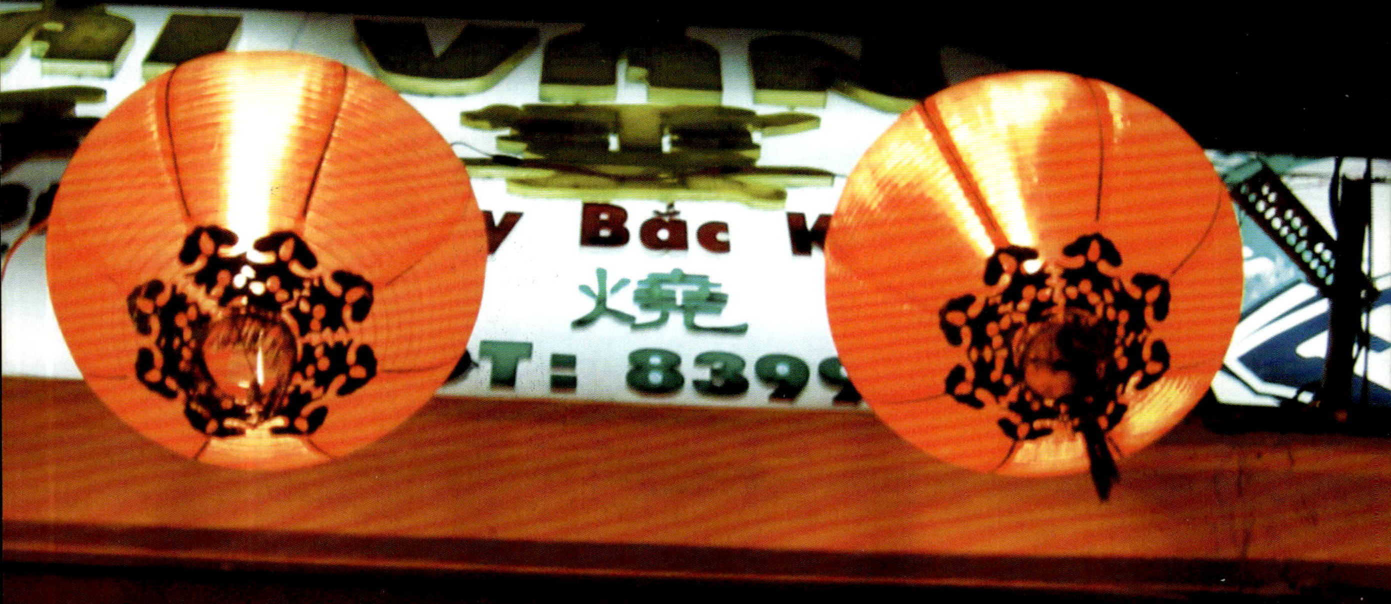
Bắc

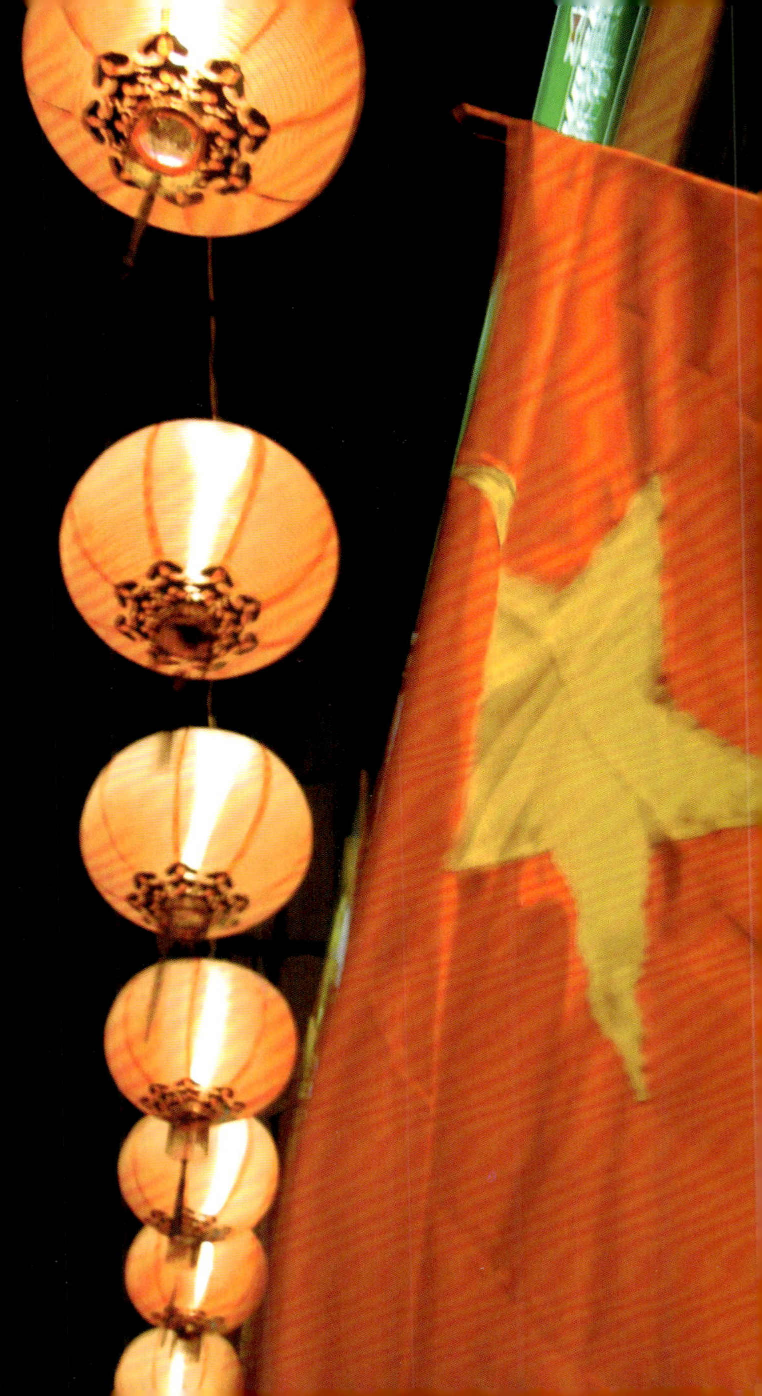

SAIGON, VIÊTNAM

LANTERNES ET DRAPEAU VIETNAMIENS

« 13 AVRIL 2005

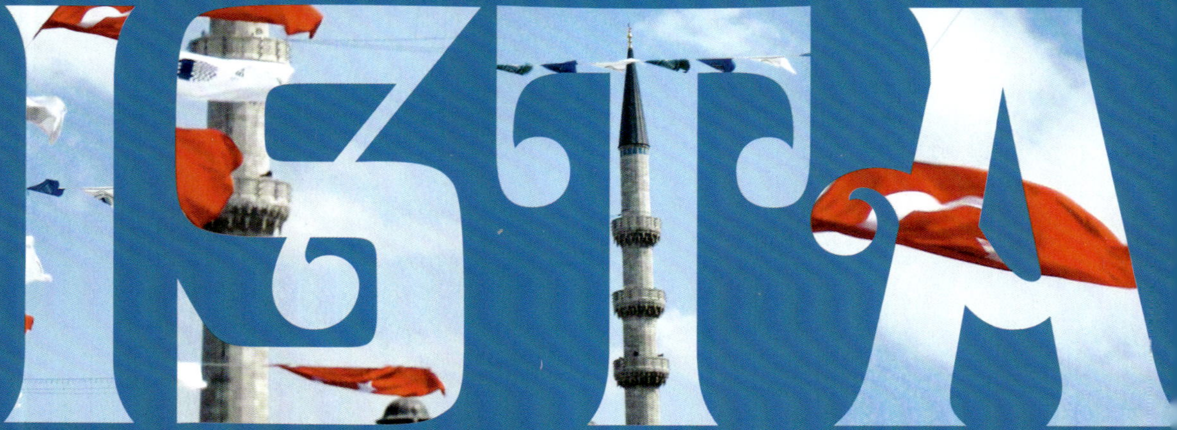
ISTA

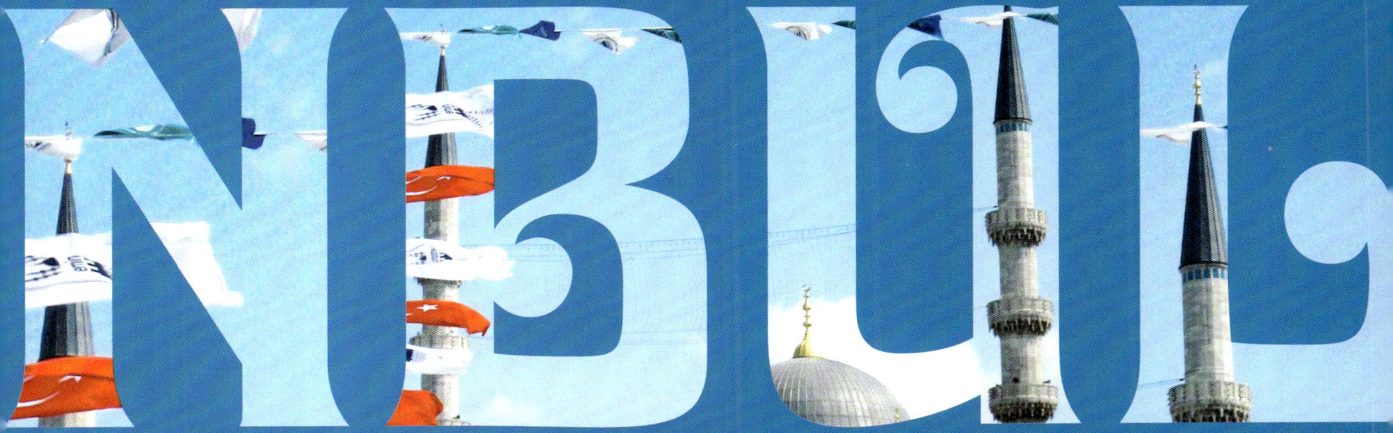

Istanbul est la seule ville au monde à être à cheval sur deux continents : l'Europe et l'Asie. C'est une ville immense et multiple. Elle est à la fois tournée vers le futur, avec ses boîtes de nuit et ses restos branchés, tout en étant très protectrice de son immense passé historique. Si Montréal est la ville aux 100 clochers, Istanbul est certainement la ville aux 100 mosquées ! Je m'y suis rendue en septembre 2008 et j'ai été complètement envoûtée par ses rues et ses bâtiments pleins d'histoire.

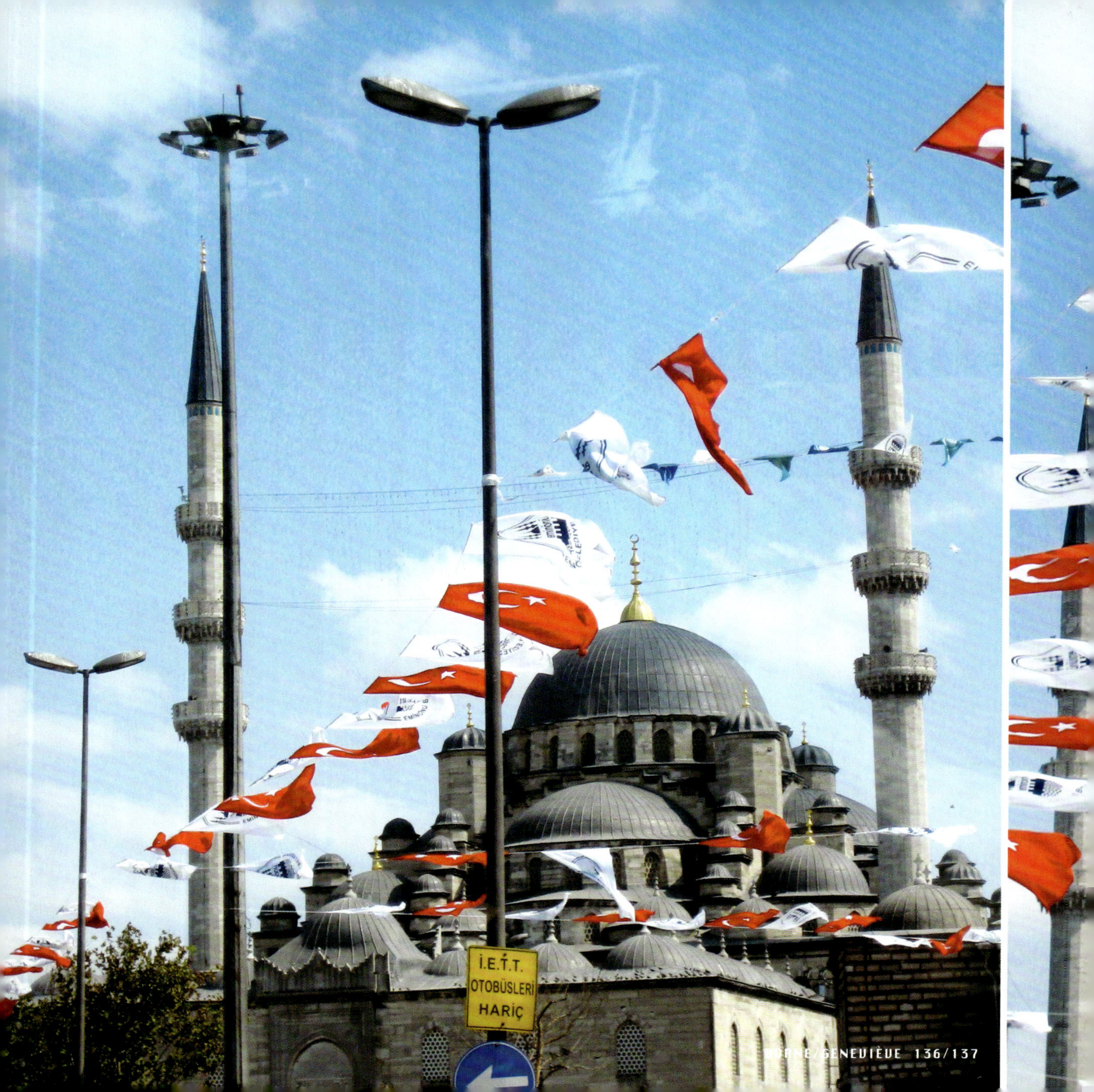
İ.E.T.T.
OTOBÜSLERİ
HARİÇ

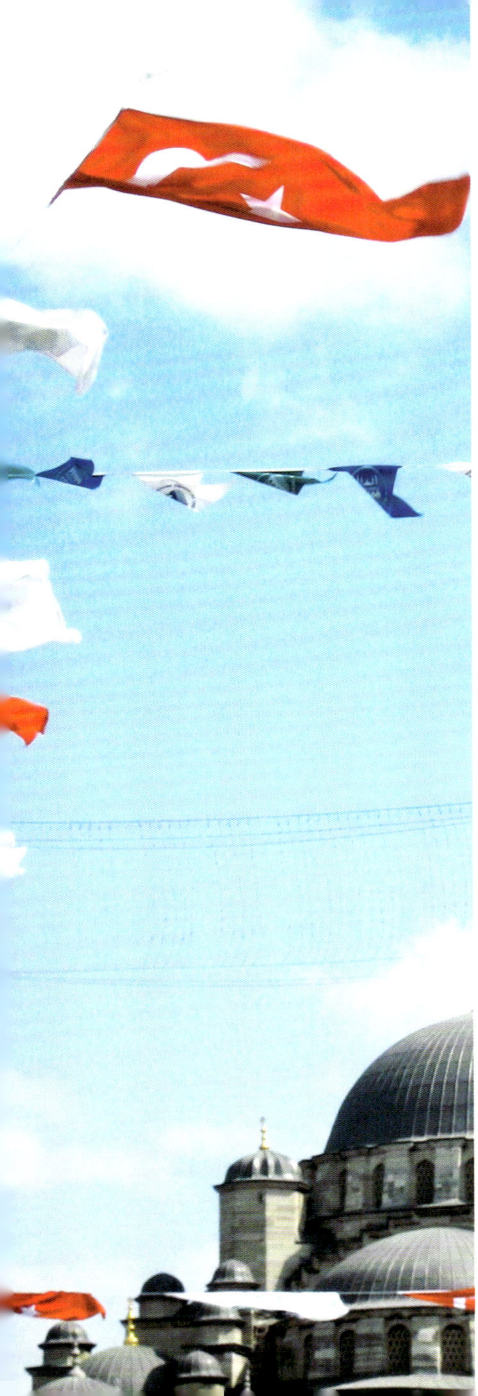

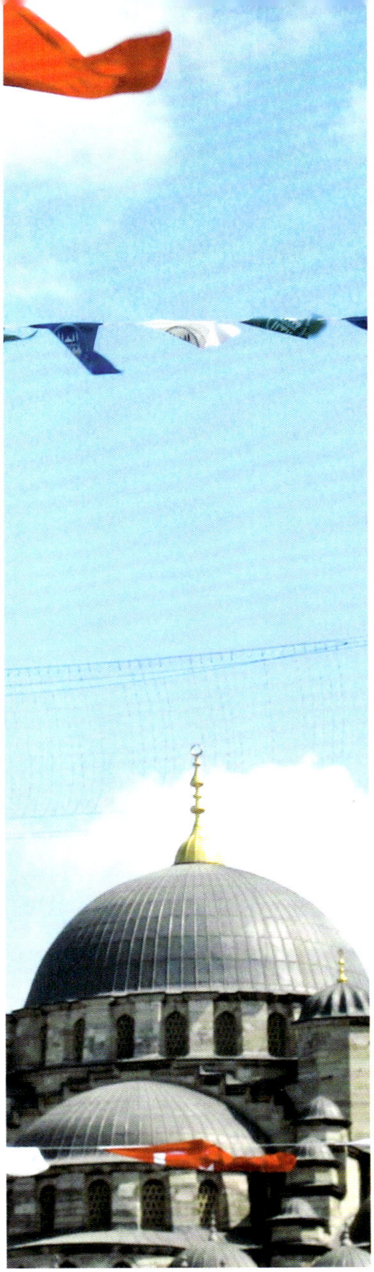

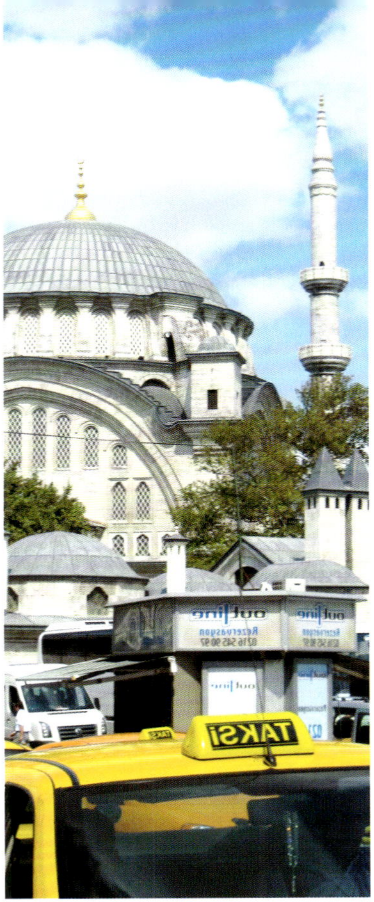

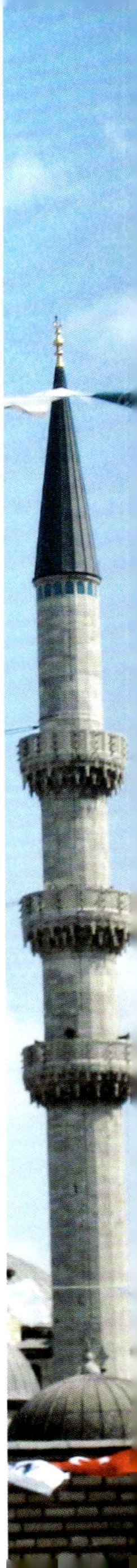

ISTANBUL, TURQUIE

MOSQUÉE BLEUE

La Mosquée bleue est l'une des plus célèbres d'Istanbul. On la surnomme ainsi parce que ses murs intérieurs sont recouverts d'une mosaïque de tuiles bleues. Elle a longtemps été le point de départ des pèlerins musulmans en route vers La Mecque.

« **2 SEPTEMBRE 2008**

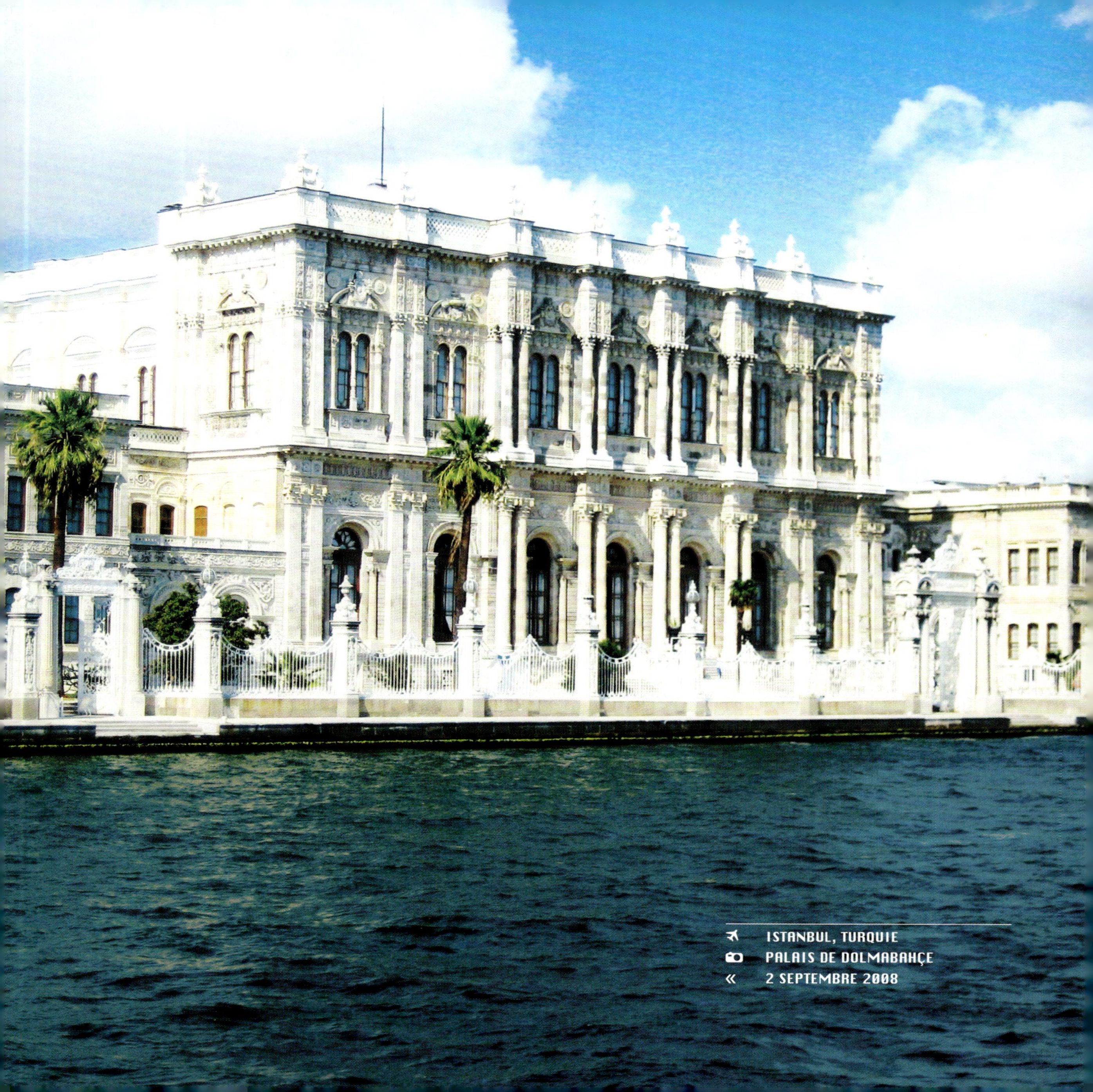

ISTANBUL, TURQUIE
PALAIS DE DOLMABAHÇE
« 2 SEPTEMBRE 2008

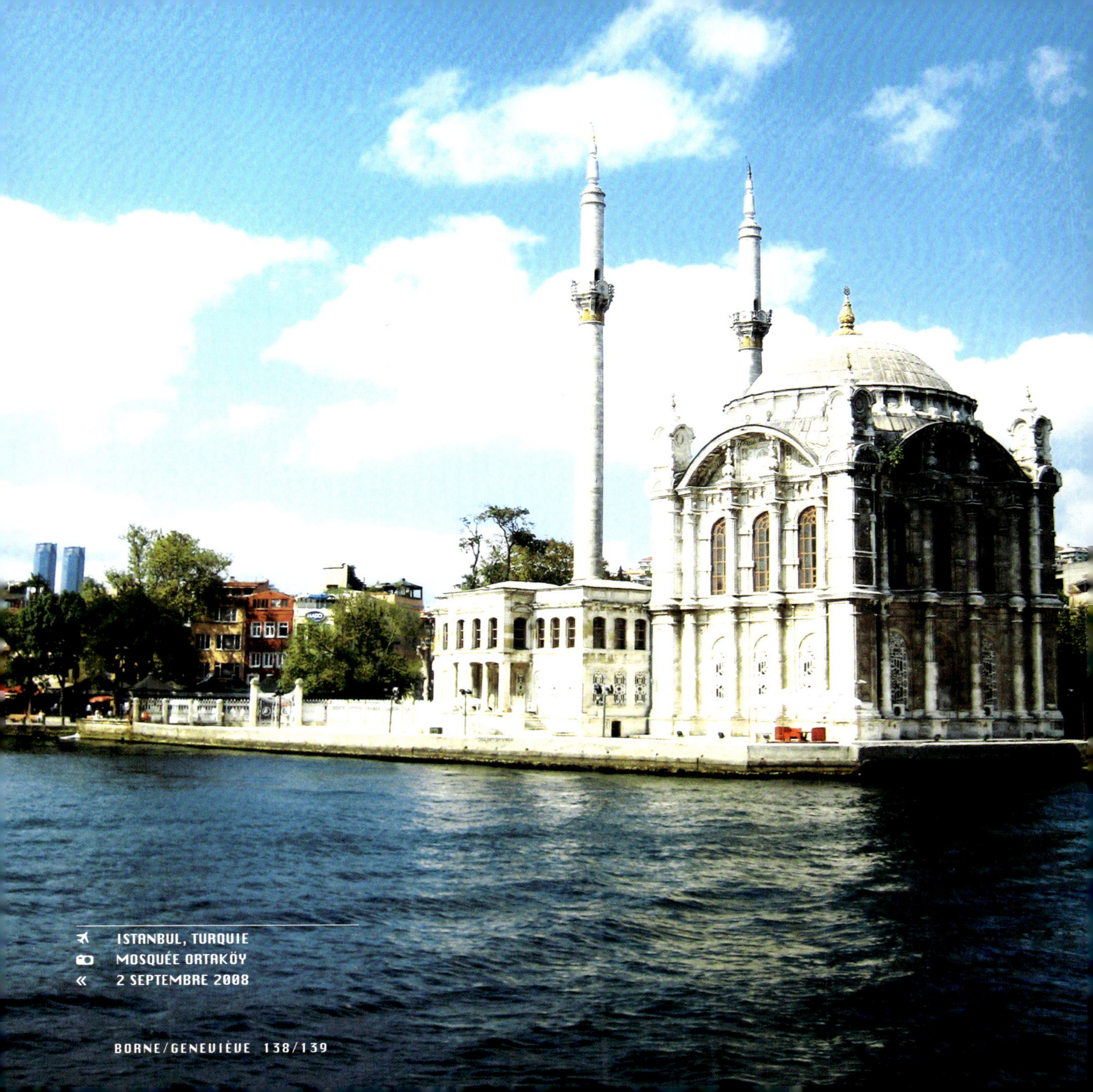

ISTANBUL, TURQUIE
MOSQUÉE ORTAKÖY
« 2 SEPTEMBRE 2008

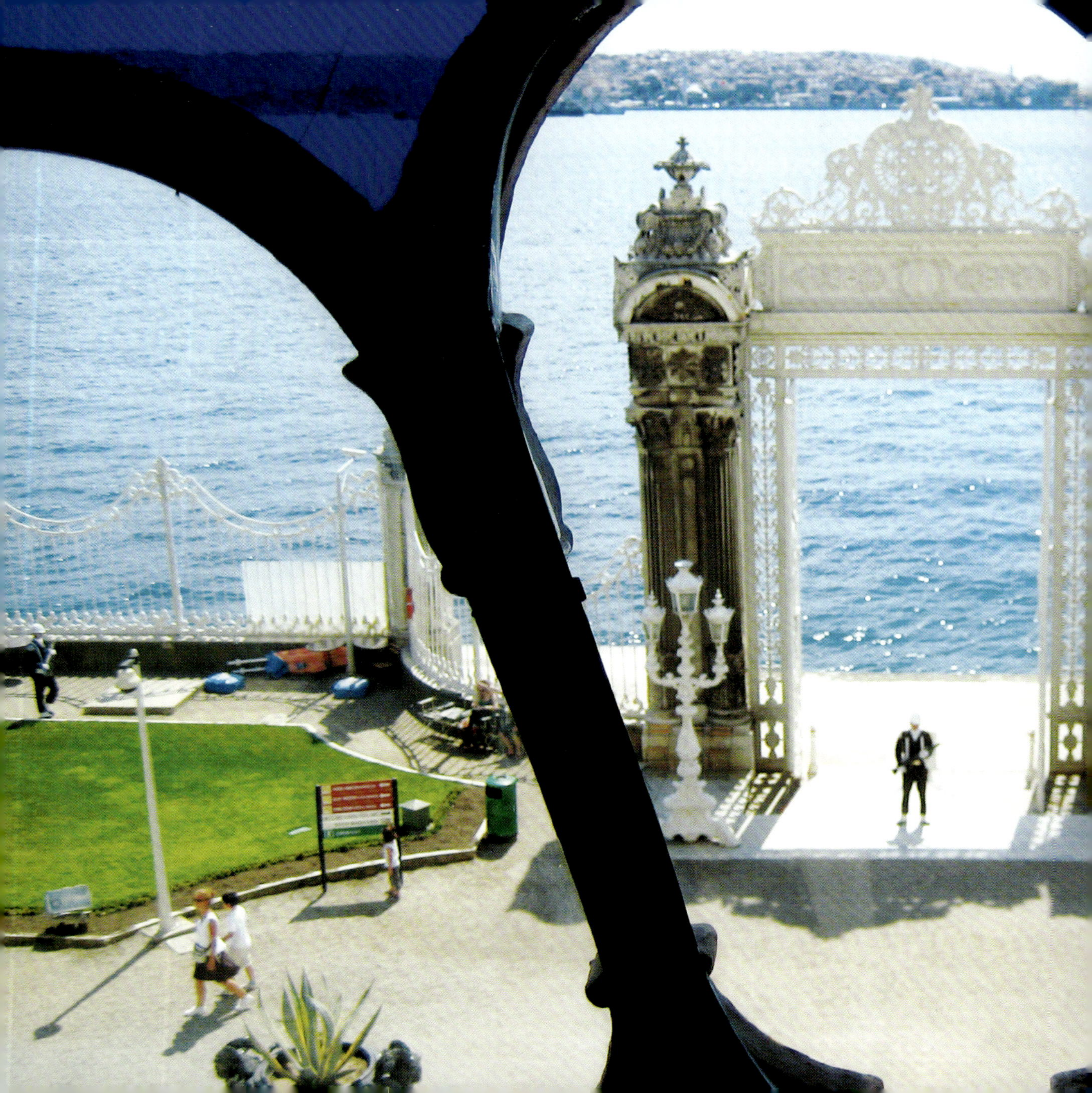

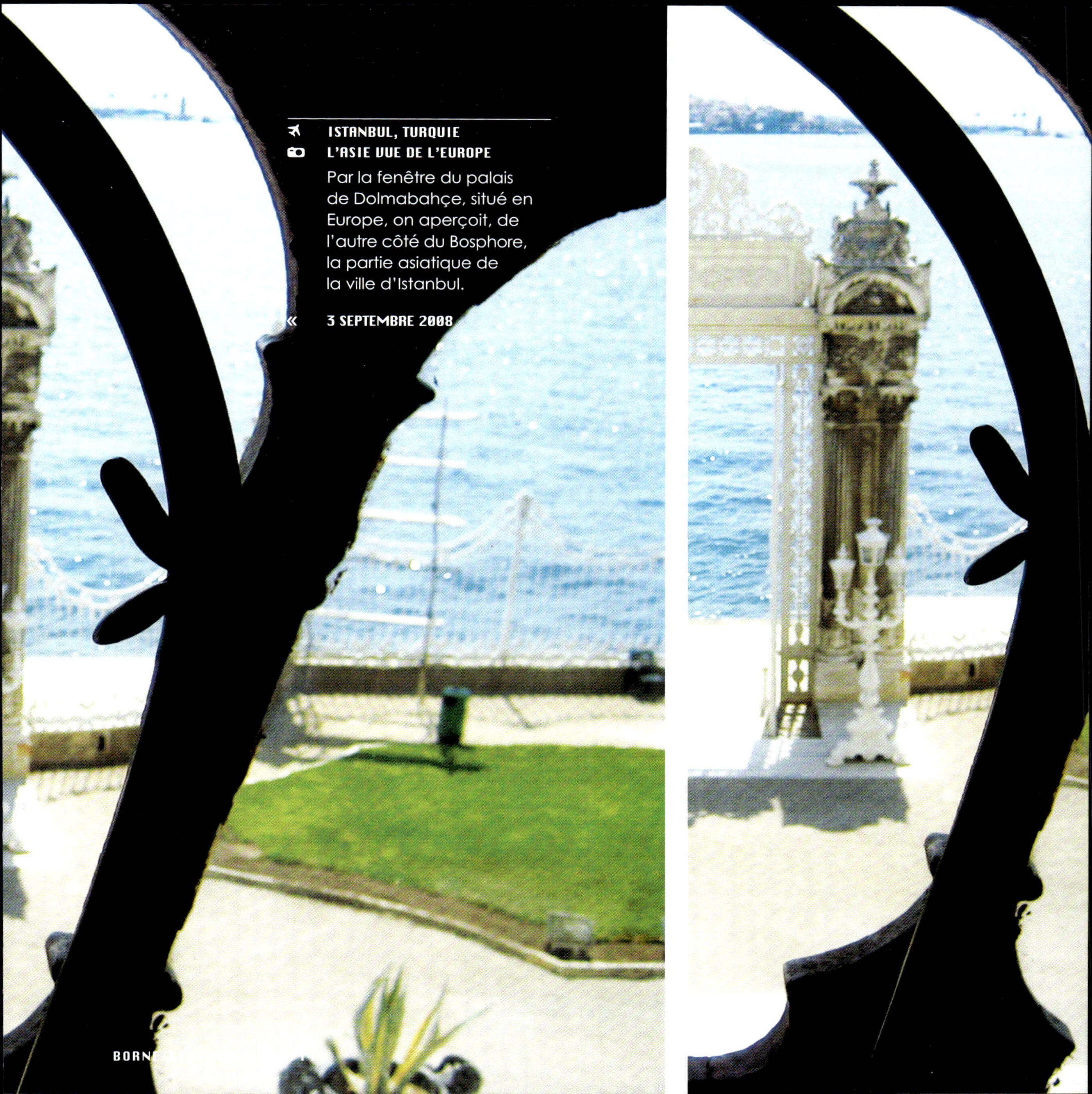

ISTANBUL, TURQUIE

L'ASIE VUE DE L'EUROPE

Par la fenêtre du palais de Dolmabahçe, situé en Europe, on aperçoit, de l'autre côté du Bosphore, la partie asiatique de la ville d'Istanbul.

3 SEPTEMBRE 2008

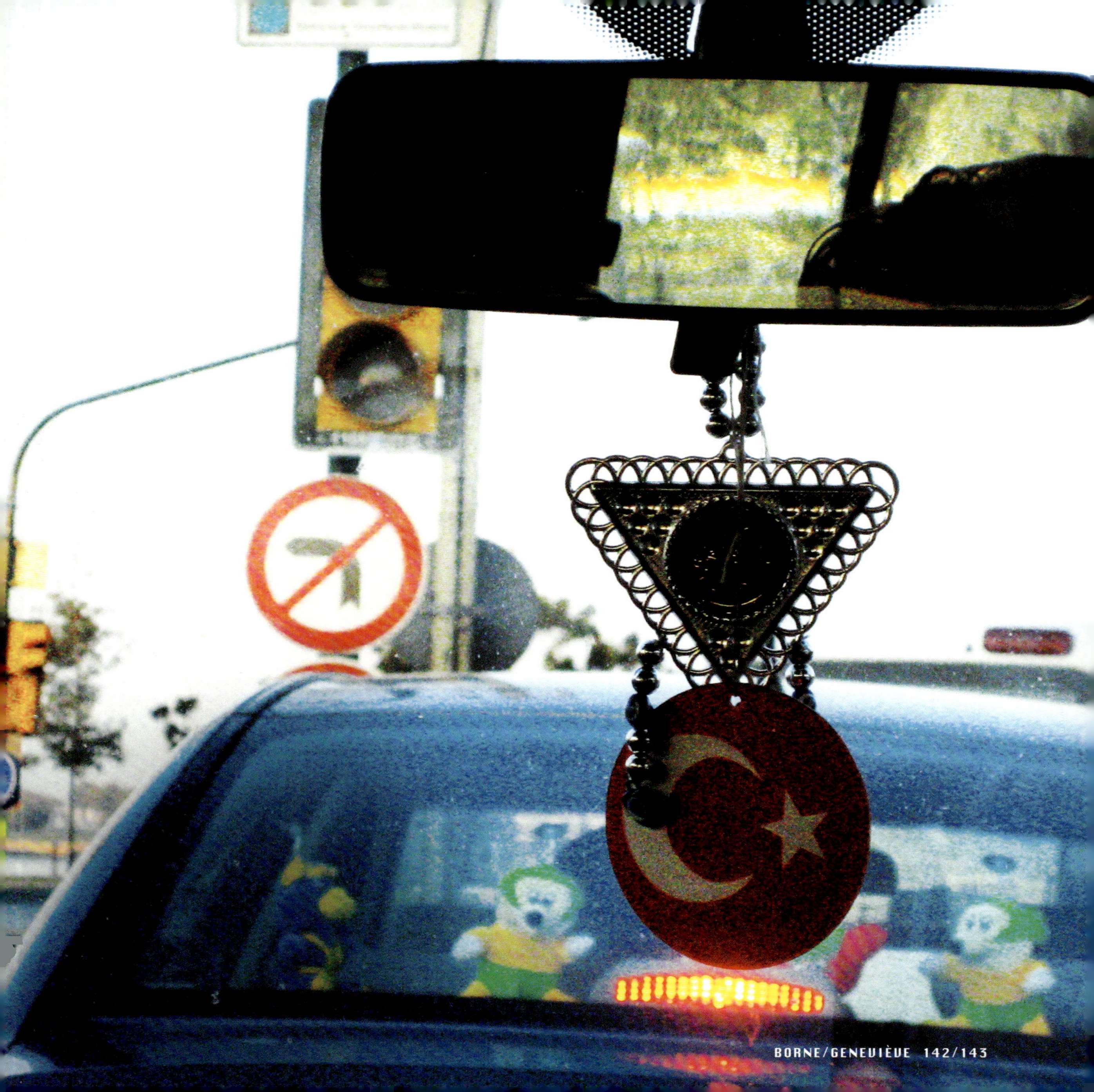

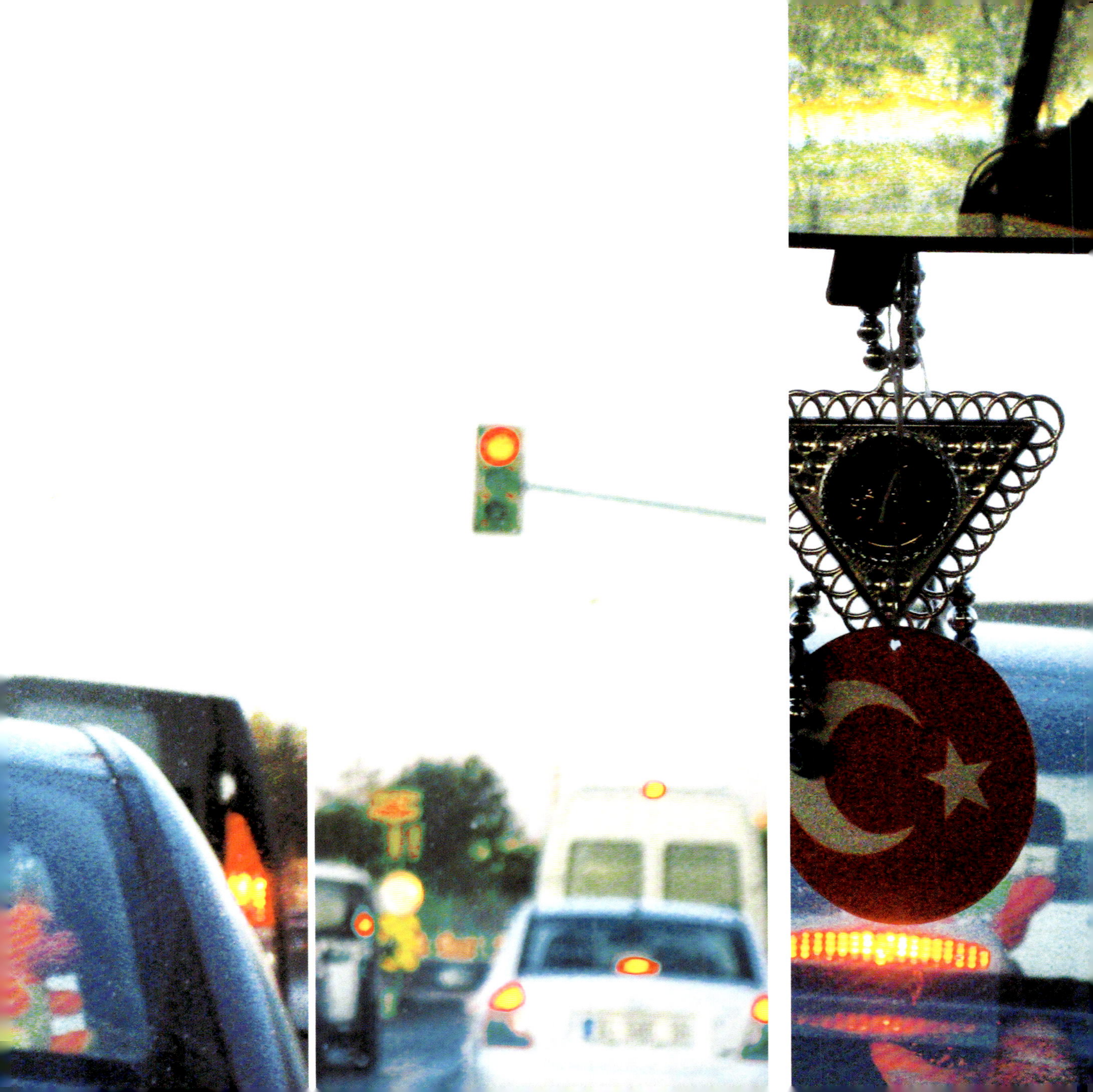

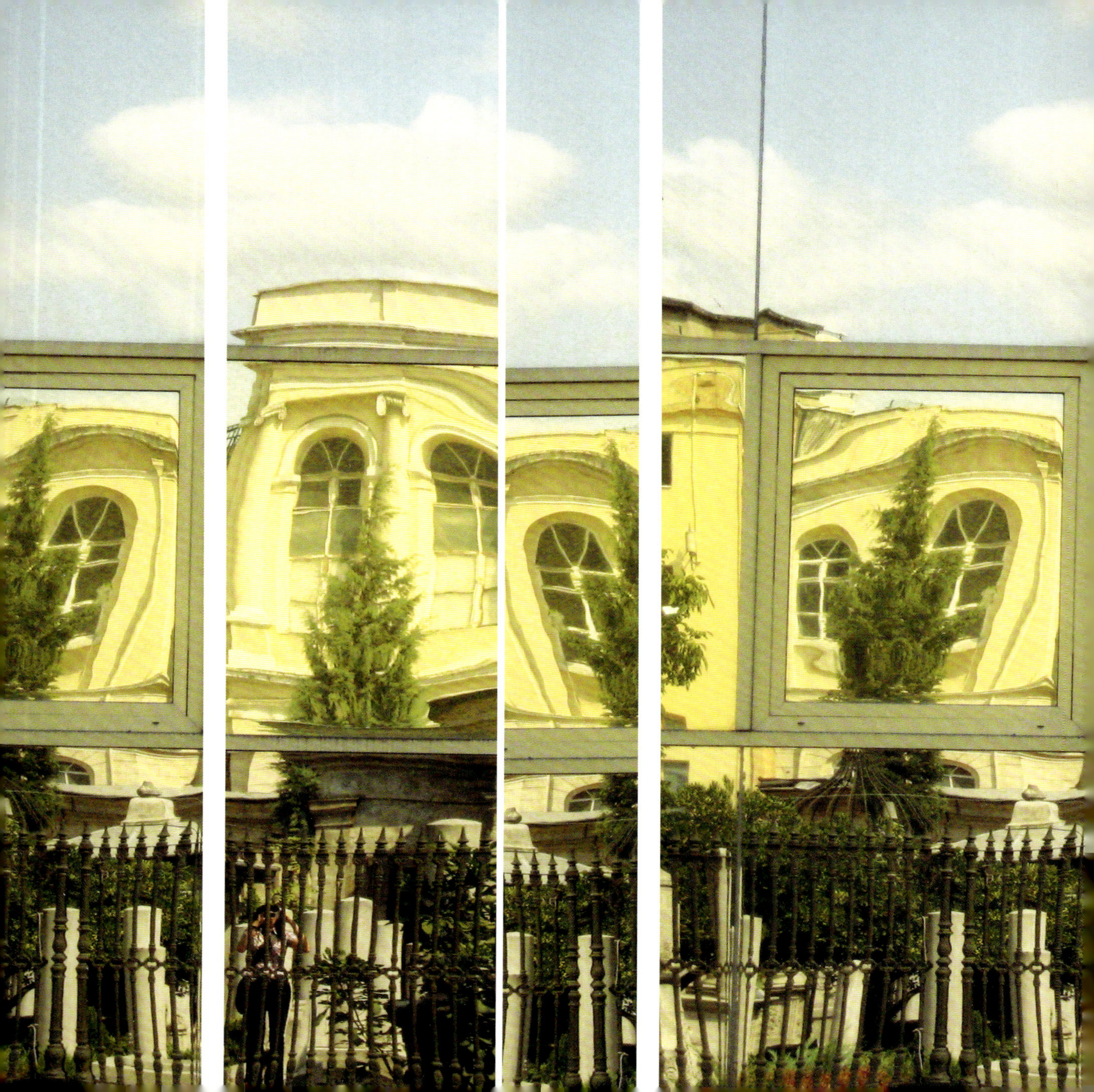

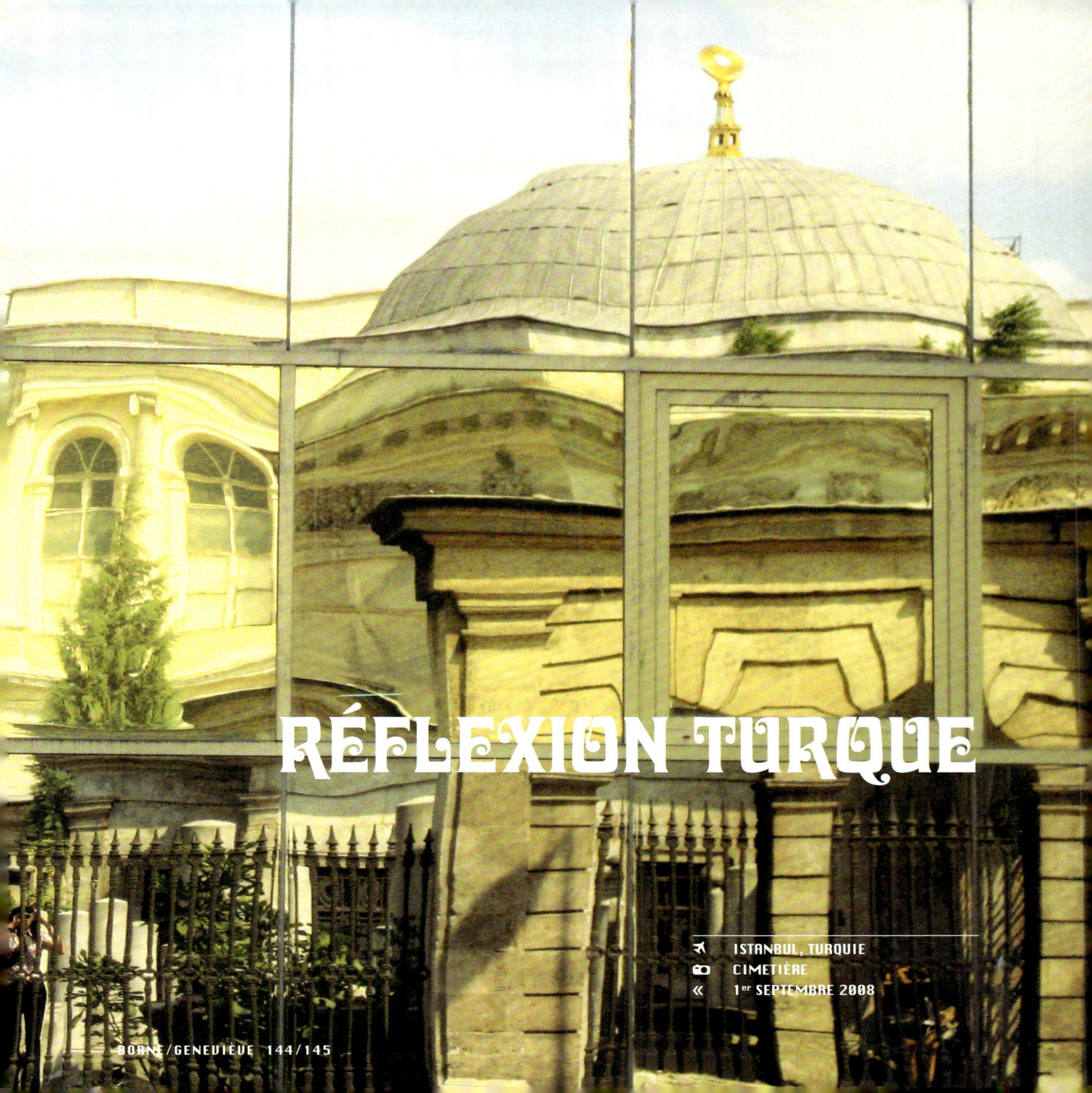

RÉFLEXION TURQUE

ISTANBUL, TURQUIE
CIMETIÈRE
1er SEPTEMBRE 2008

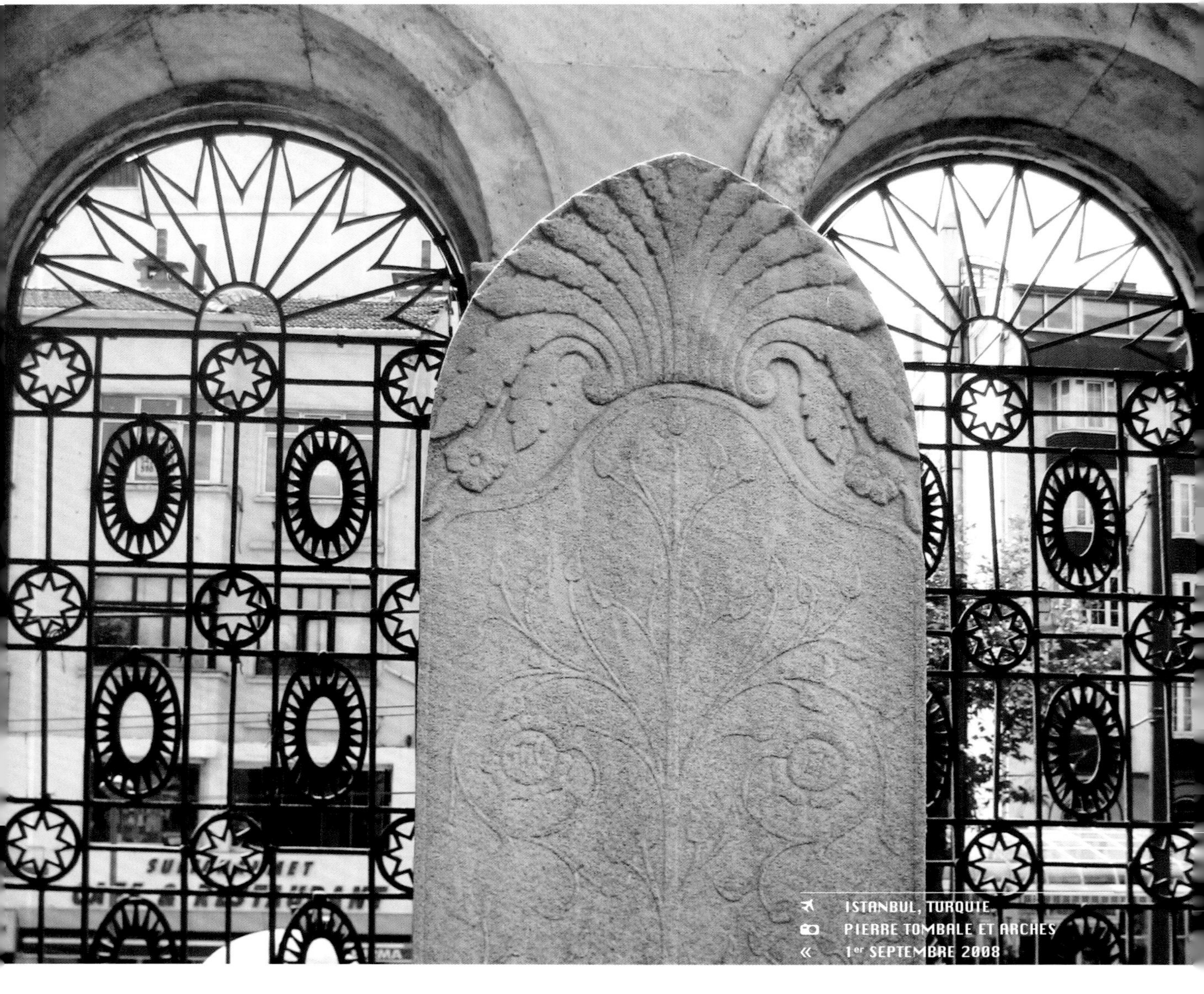

ISTANBUL, TURQUIE
PIERRE TOMBALE ET ARCHES
1er SEPTEMBRE 2008

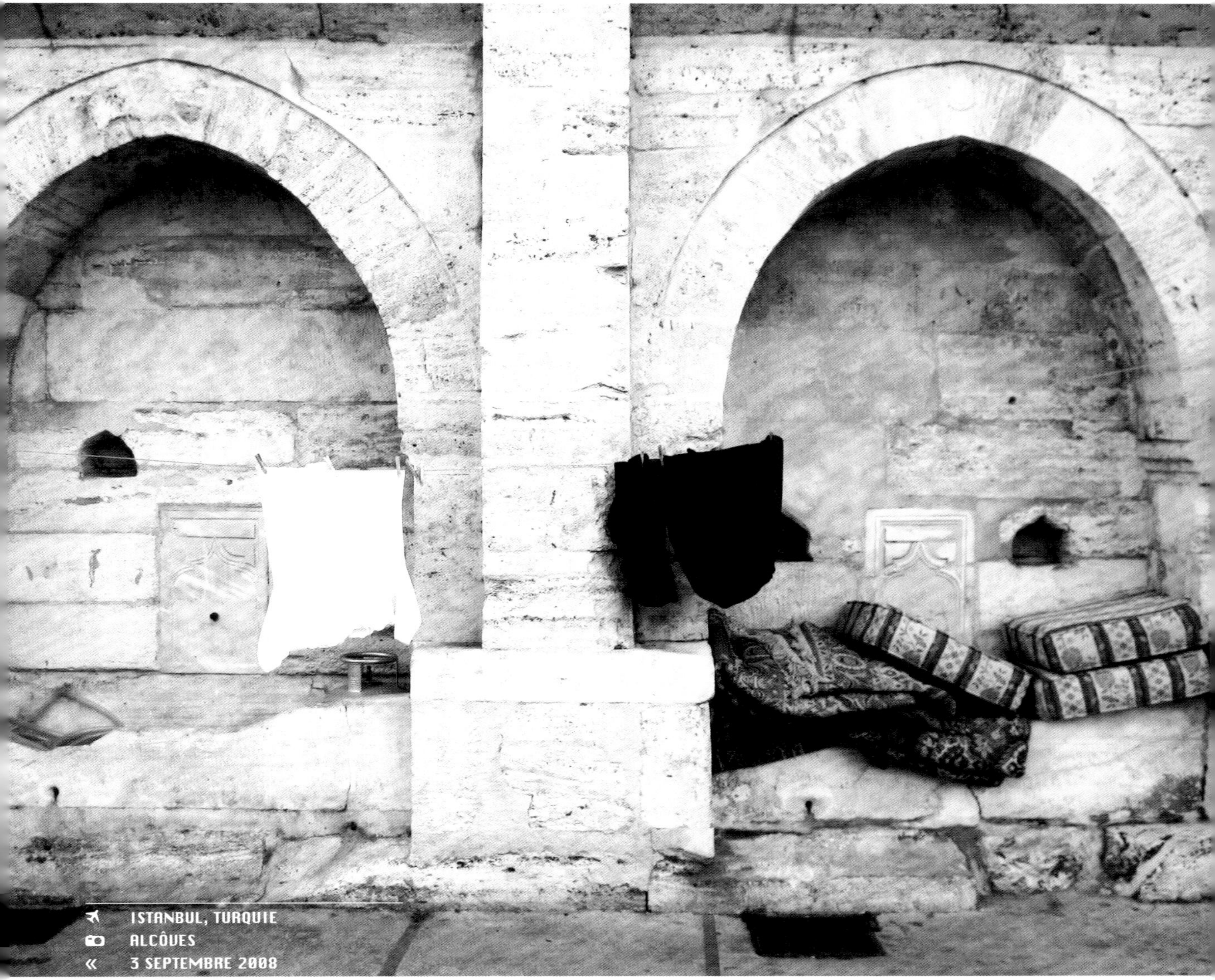

ISTANBUL, TURQUIE
ALCÔVES
3 SEPTEMBRE 2008

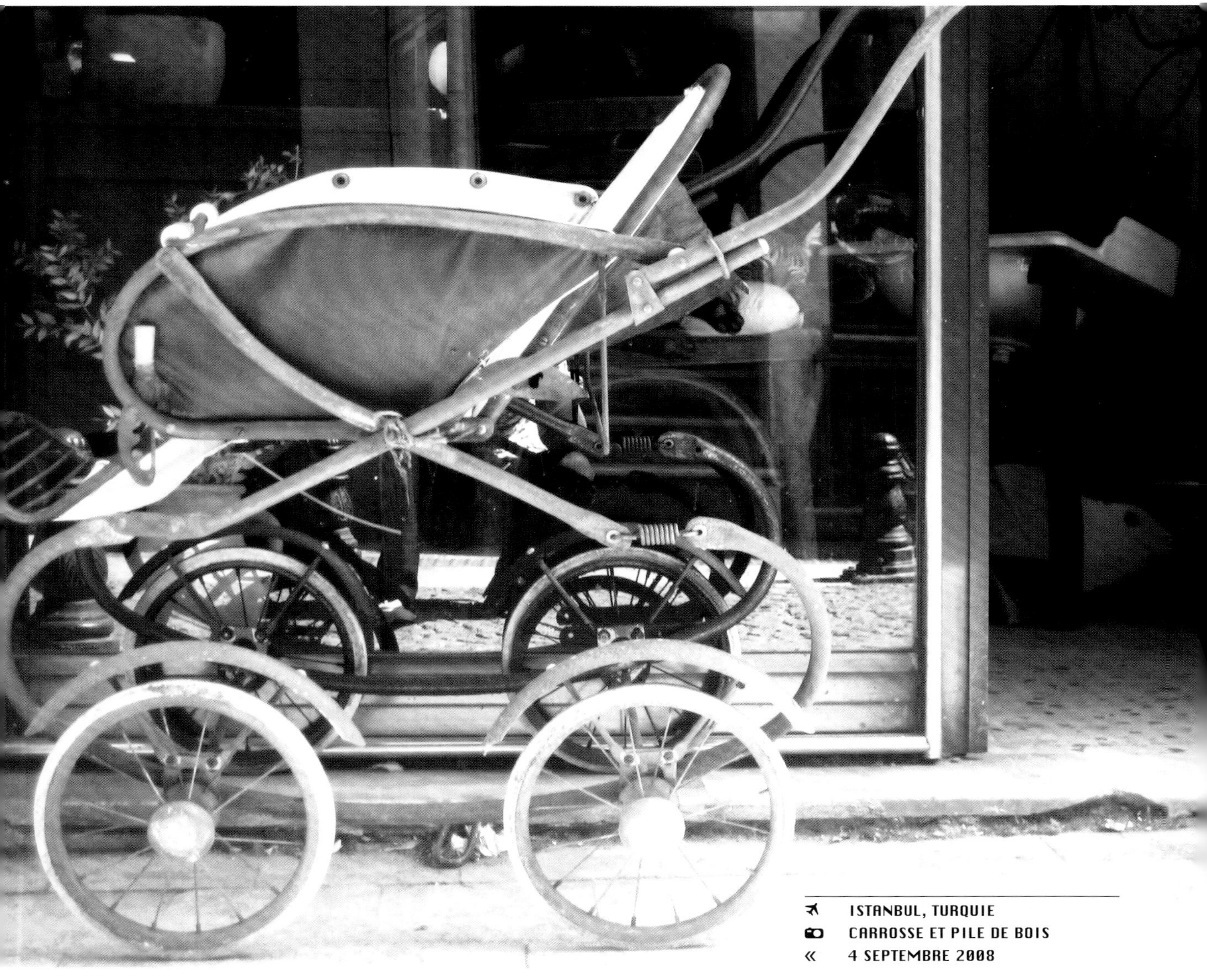

ISTANBUL, TURQUIE
CARROSSE ET PILE DE BOIS
« 4 SEPTEMBRE 2008

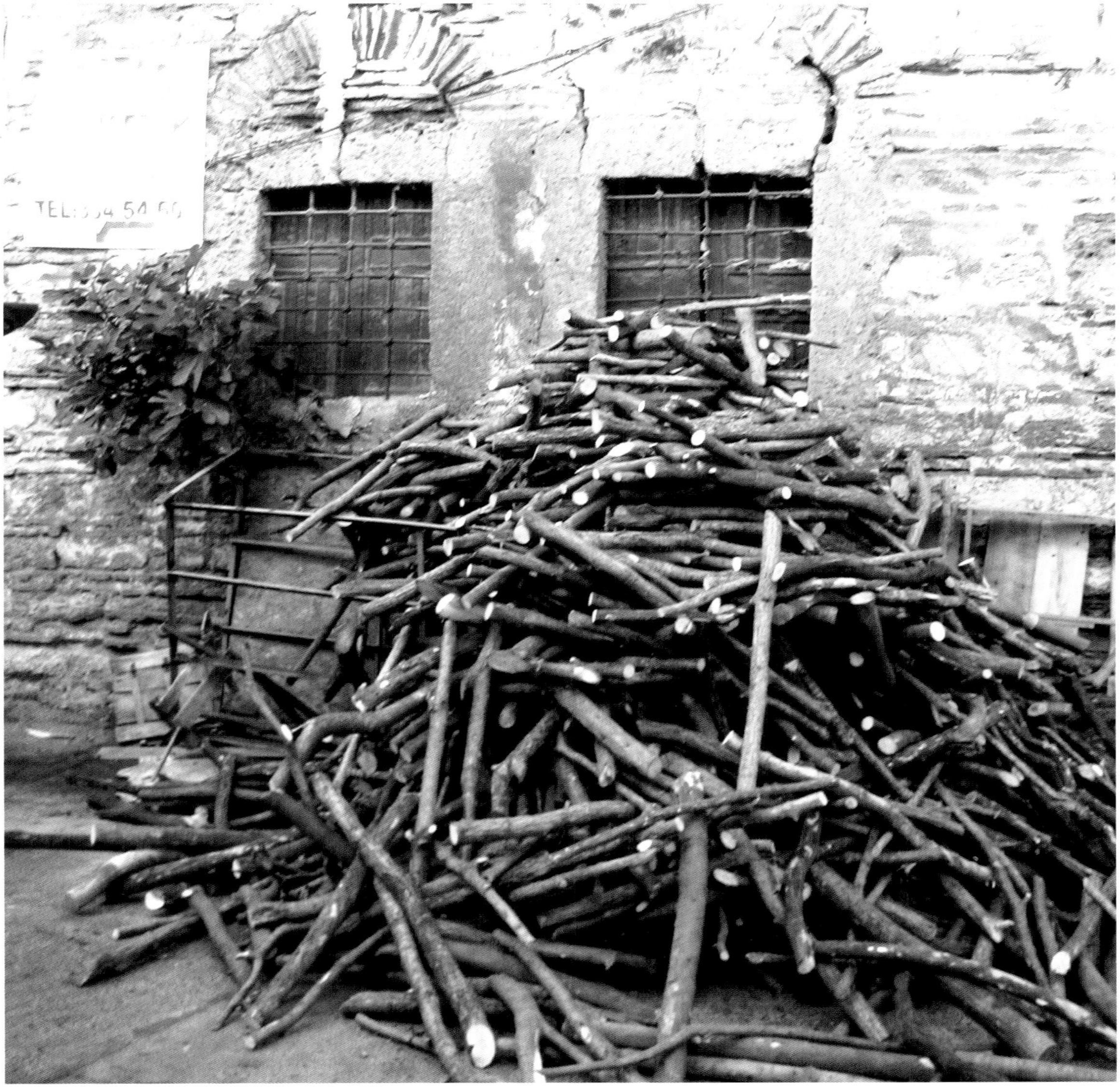
TEL:

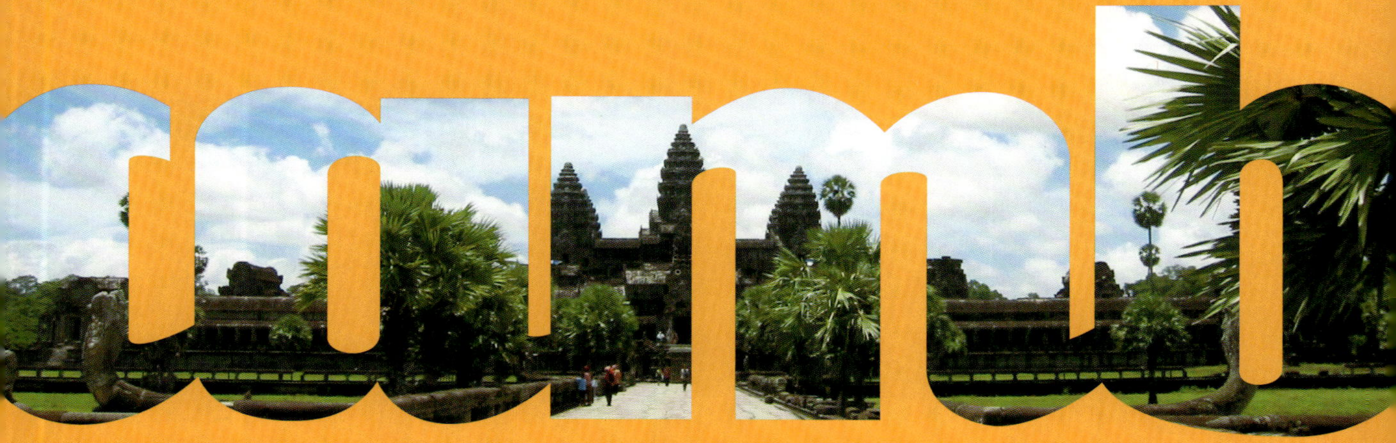
camb

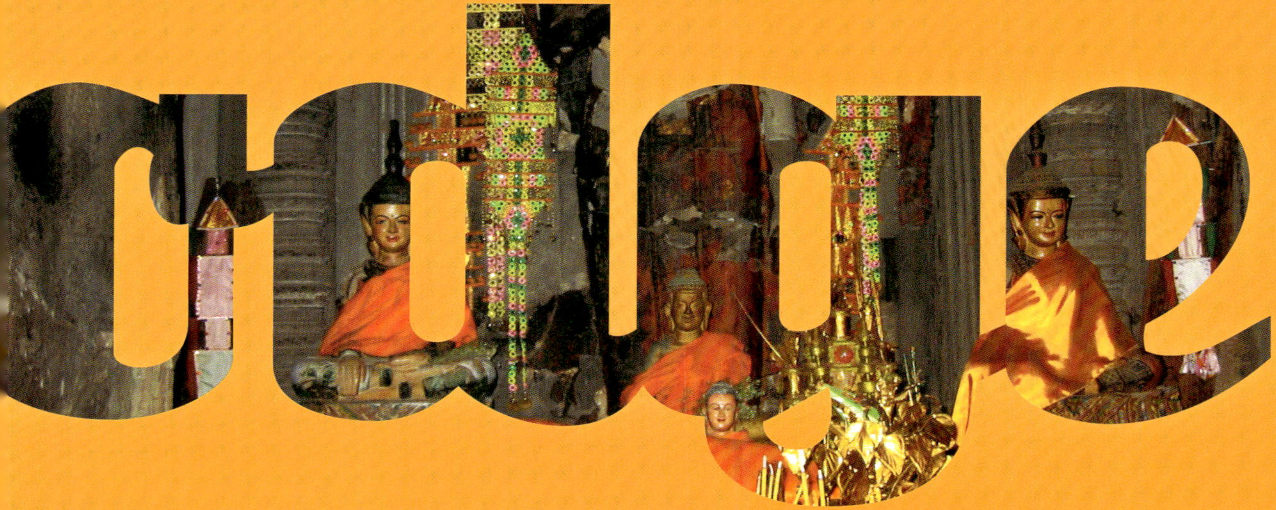

Eva est la première amie originaire d'un autre pays que j'ai eue. Je l'ai rencontrée à l'âge de 14 ans, à l'école secondaire. Elle me parlait du Cambodge, son pays d'origine, avec beaucoup de passion. J'imaginais les temples hindouistes d'Angkor et la jungle. J'étais troublée par les récits du génocide cambodgien. Exactement 20 ans plus tard, c'est avec elle que j'ai découvert ce pays. Encore à ce jour, dans mon palmarès de destinations favorites, le Cambodge occupe la première place.

SIEM REAP, CAMBODGE

ANGKOR VAT

Angkor Vat est d'une beauté à couper le souffle! Il est le plus grand des temples de la cite médiévale d'Angkor. Emblème du Cambodge, on le retrouve sur le drapeau national.

« **25 JUIN 2002**

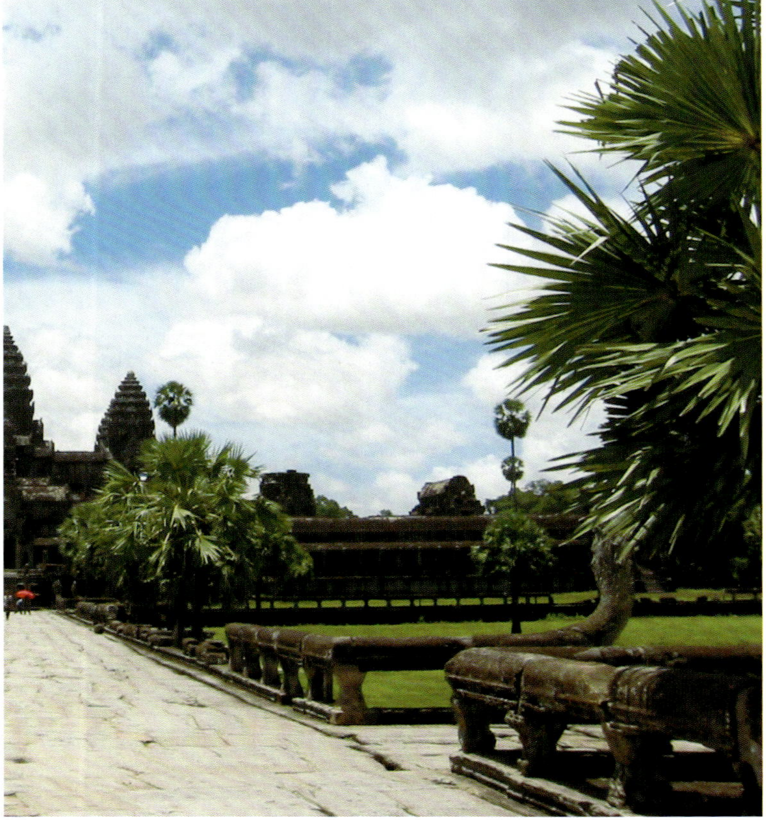

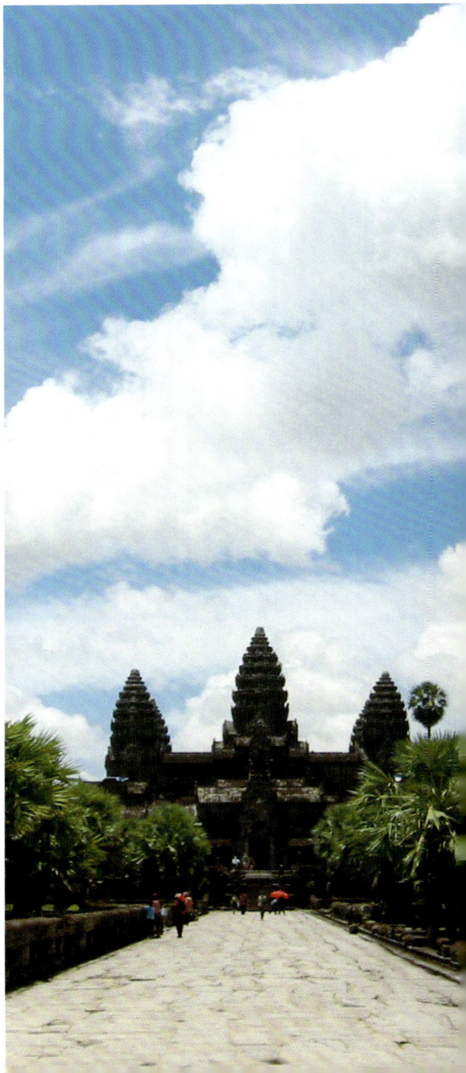

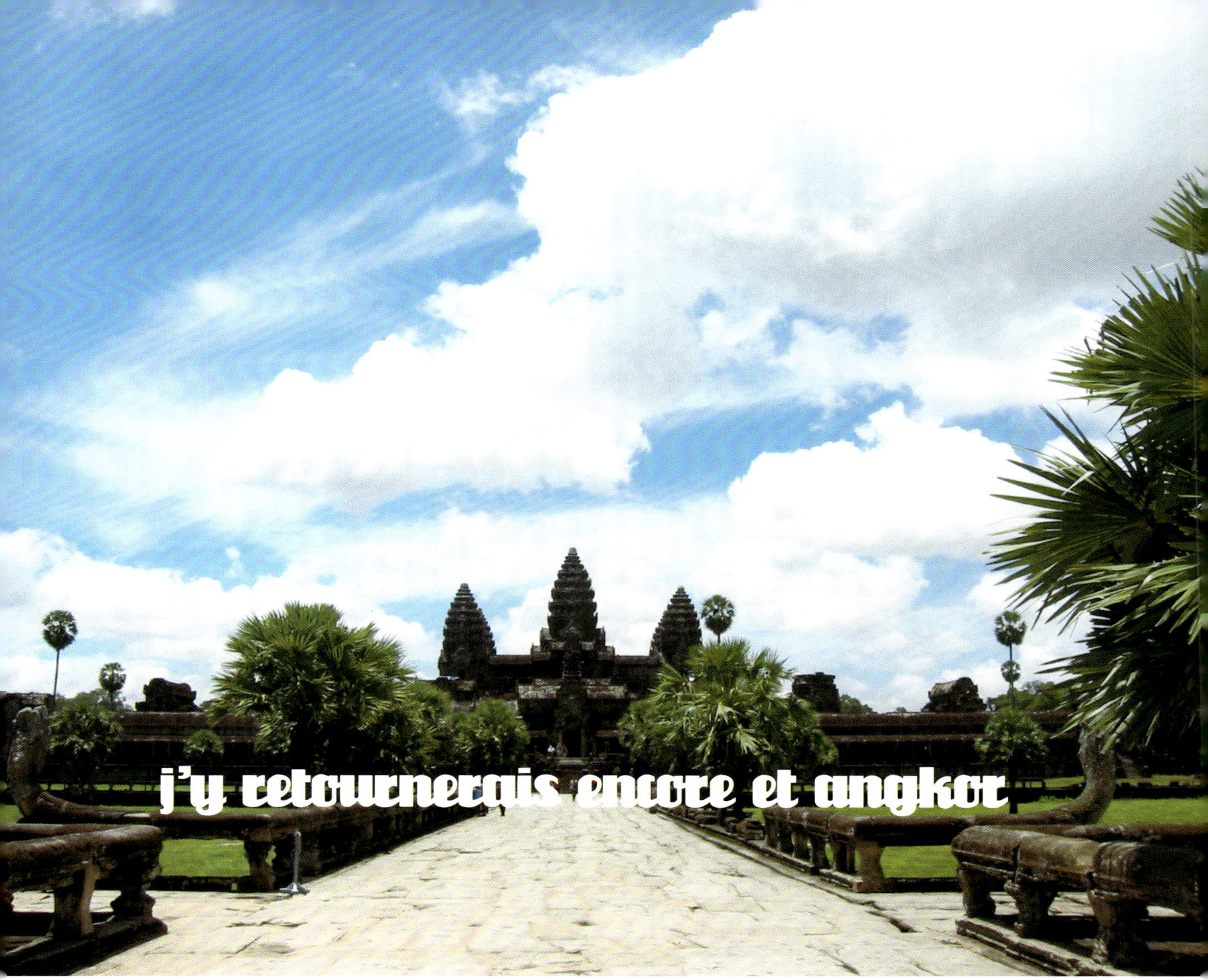
j'y retournerais encore et angkor

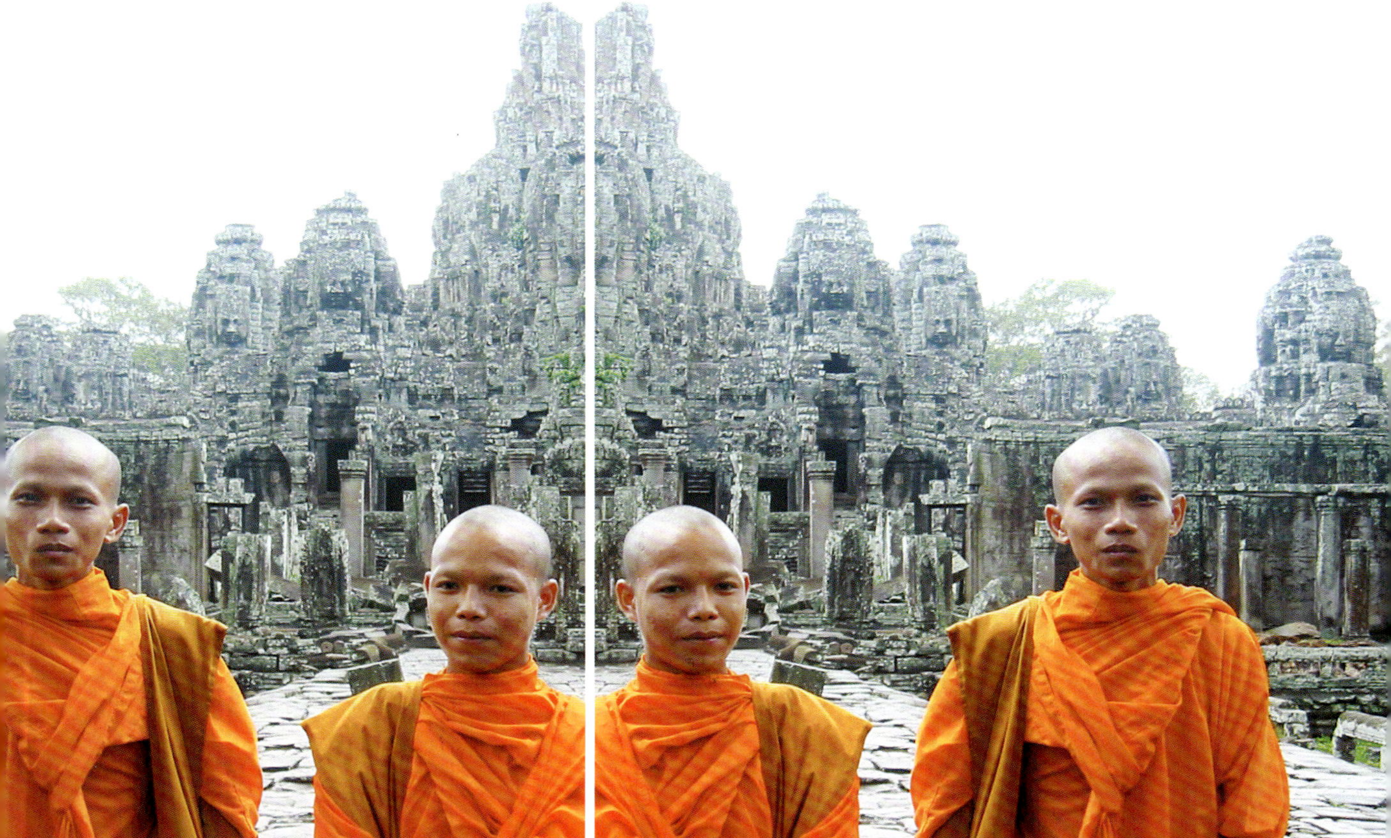

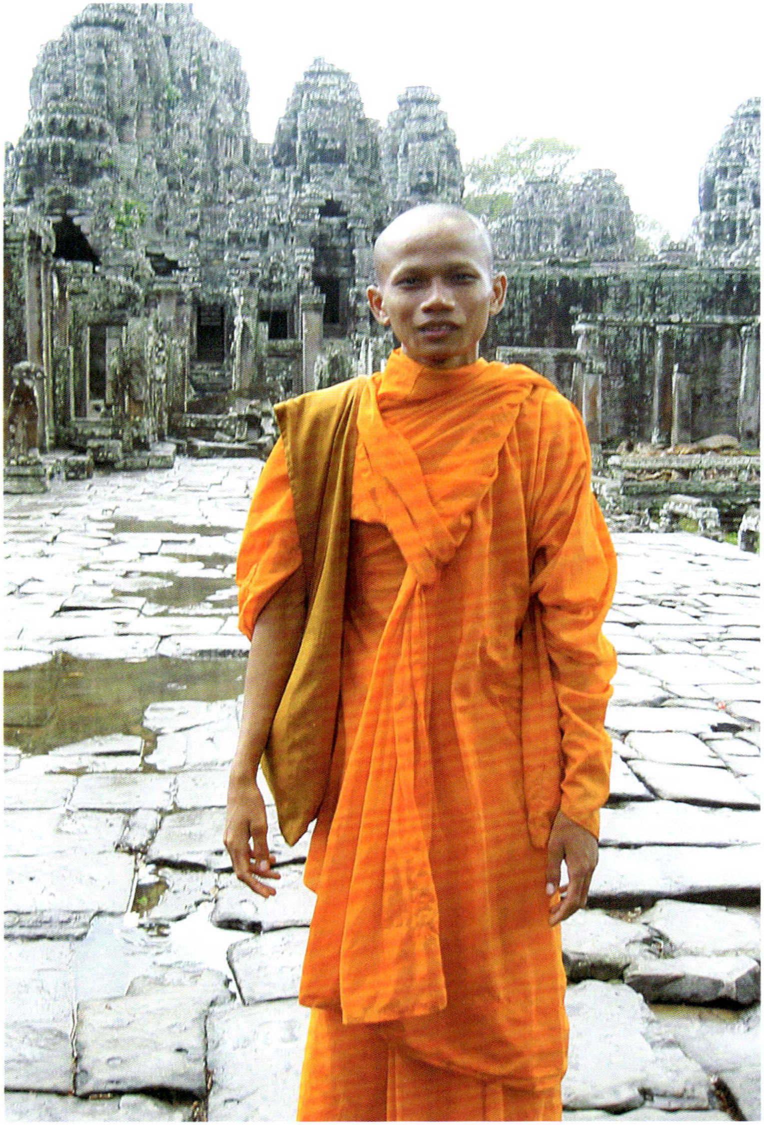

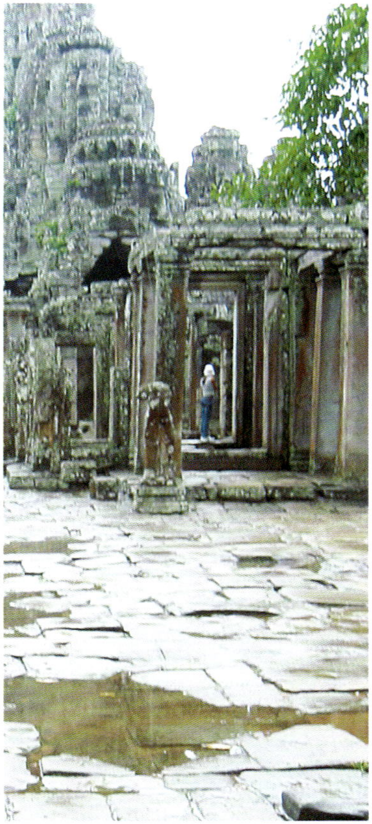

SIEM REAP, CAMBODGE

MOINES AU TEMPLE ANGKOR THOM

Les moines bouddhistes ont veillé, au fil des années, à l'entretien et à la protection des temples d'Angkor. Ils y pratiquent régulièrement différents rituels.

« 26 JUIN 2002

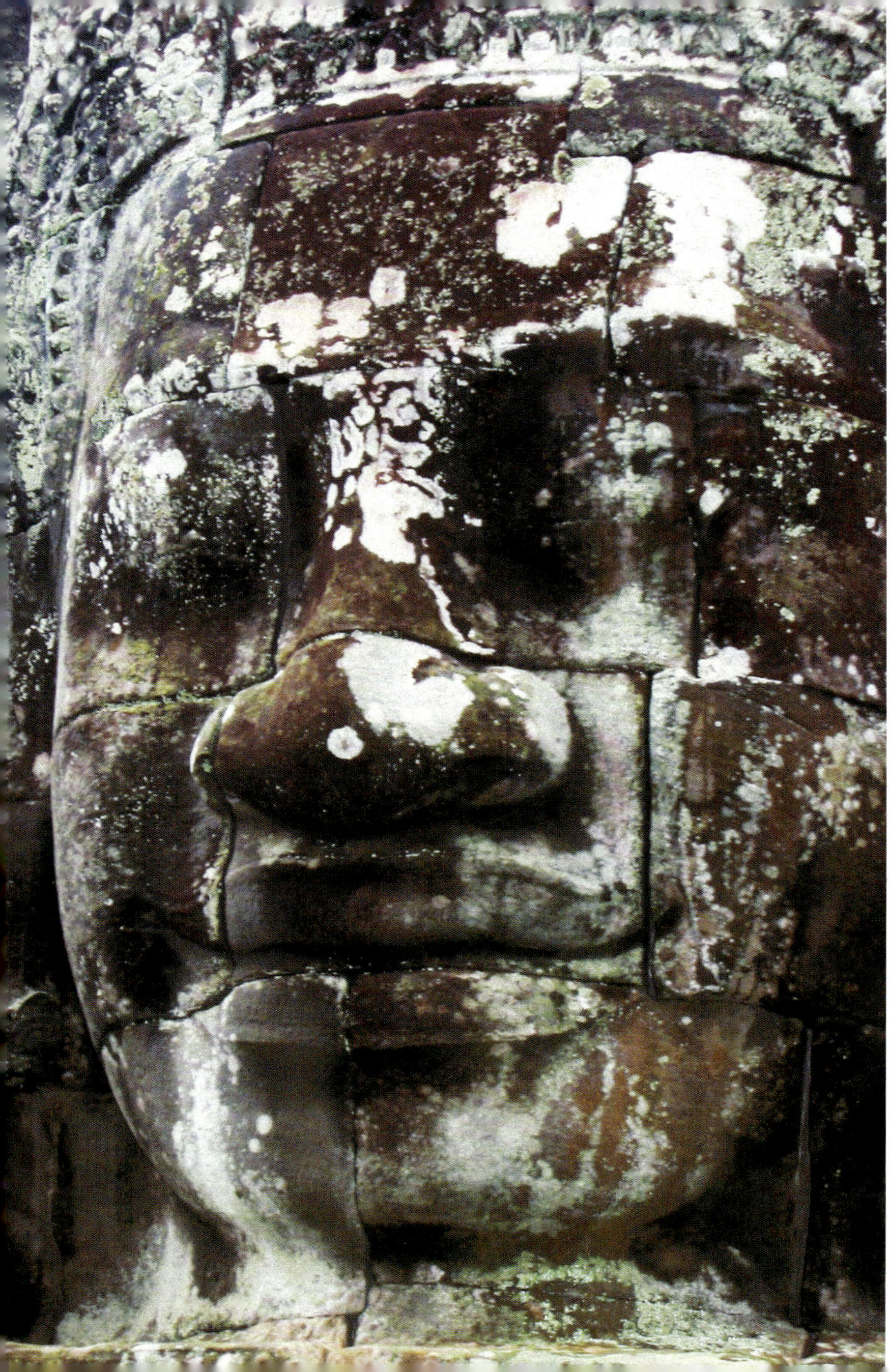

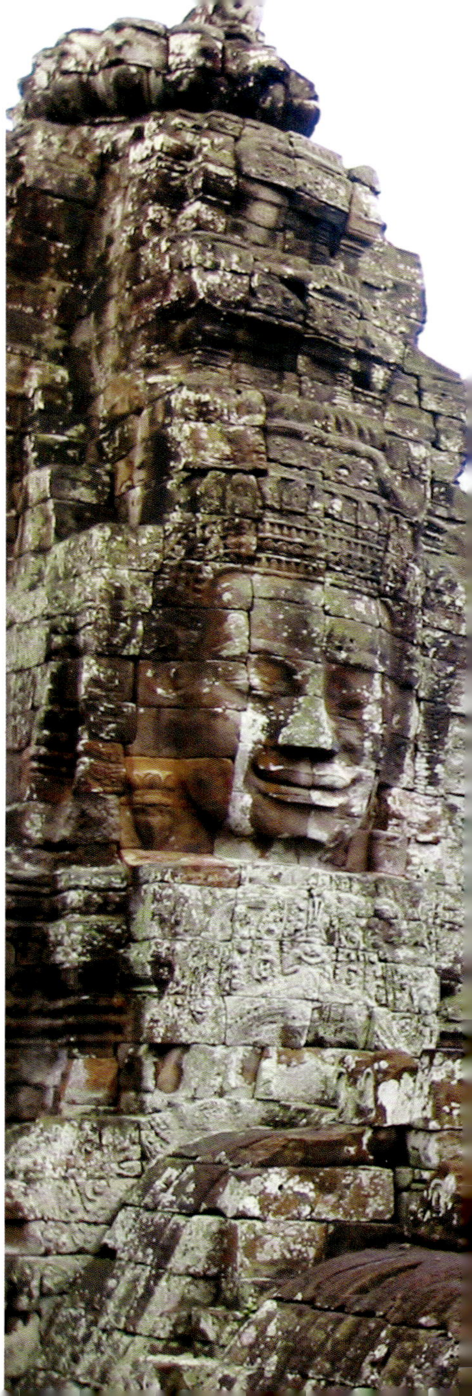

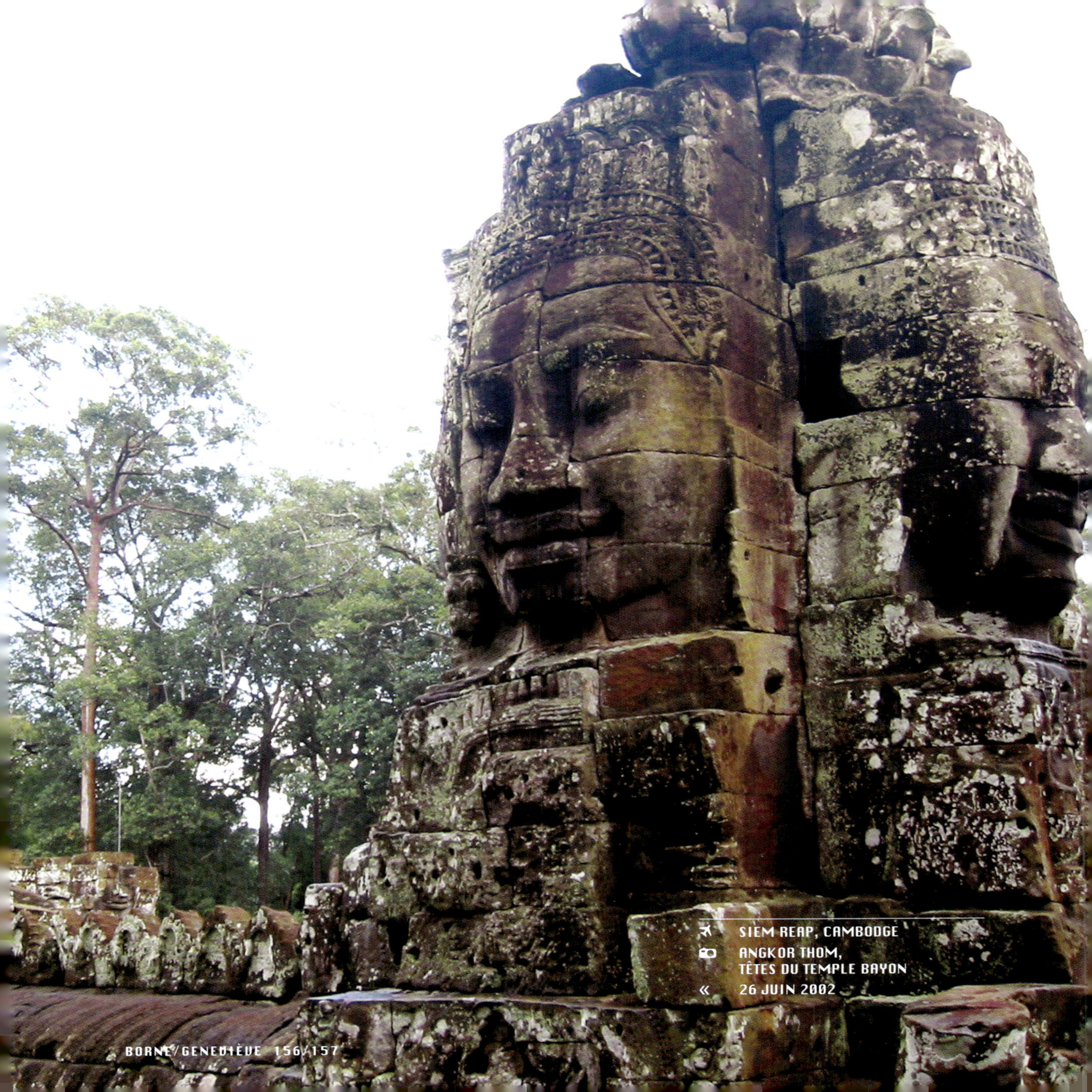

SIEM REAP, CAMBODGE
ANGKOR THOM,
TÊTES DU TEMPLE BAYON
« 26 JUIN 2002

BORNE/GENEVIÈVE 156/157

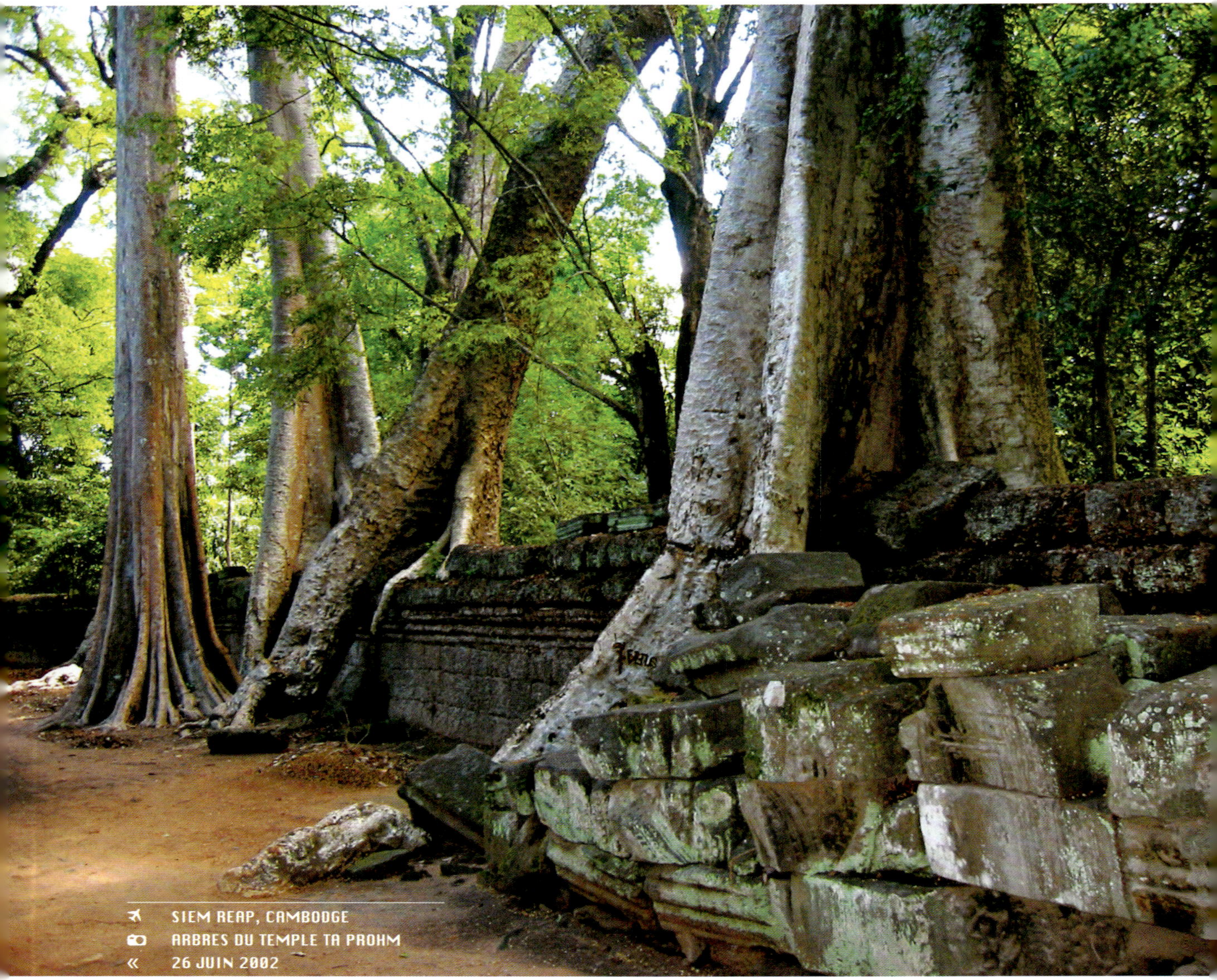

SIEM REAP, CAMBODGE
ARBRES DU TEMPLE TA PROHM
« 26 JUIN 2002

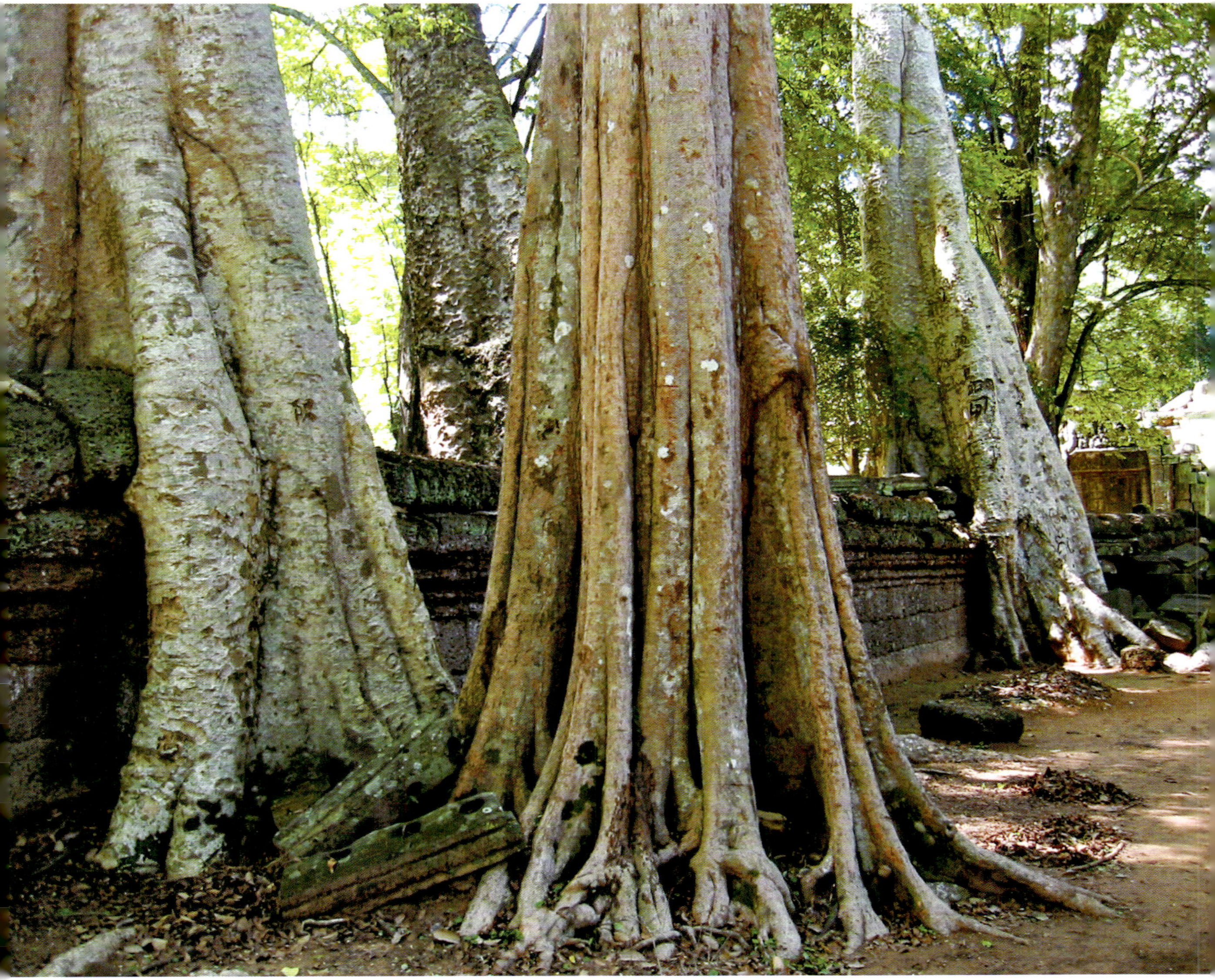

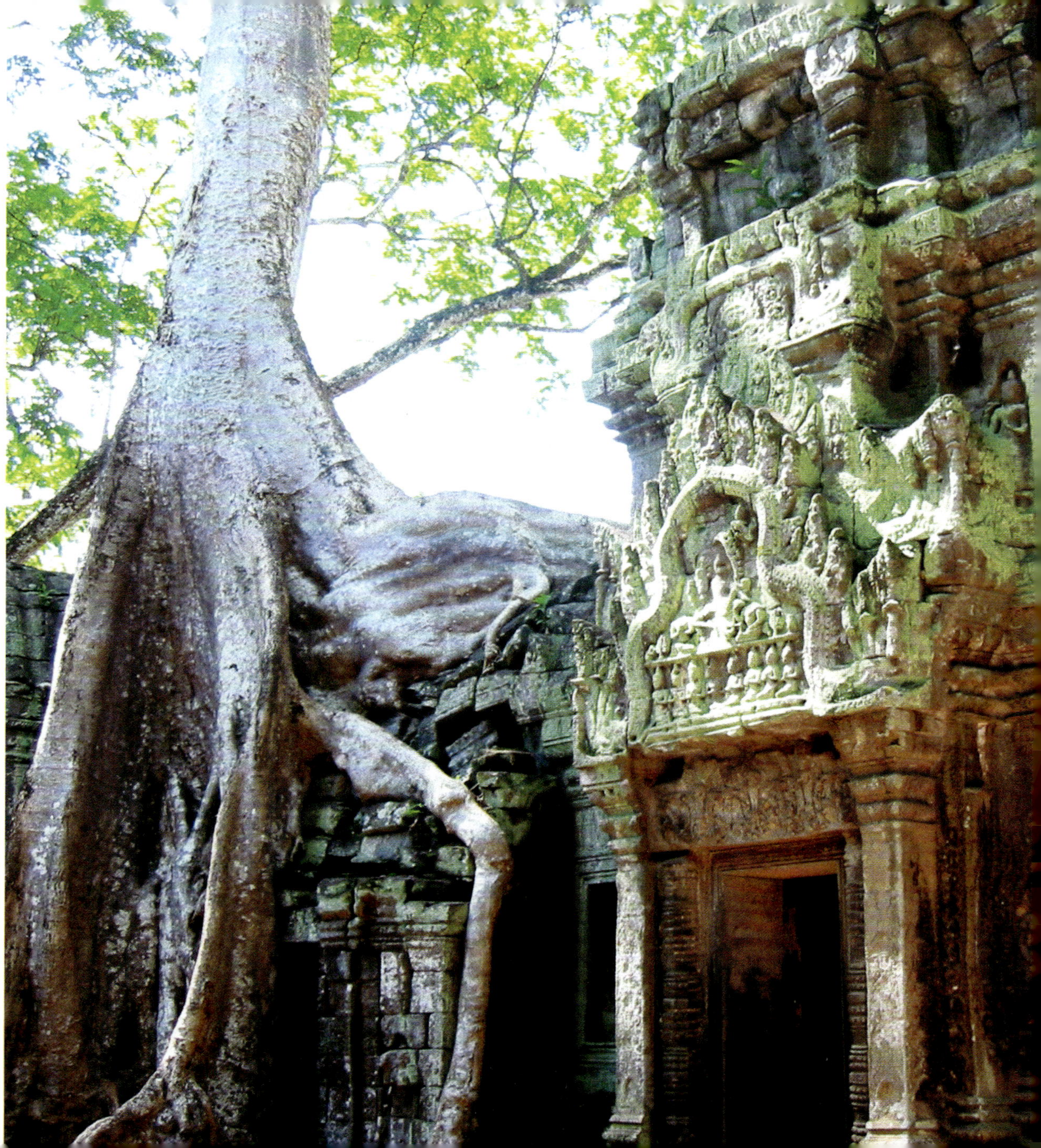

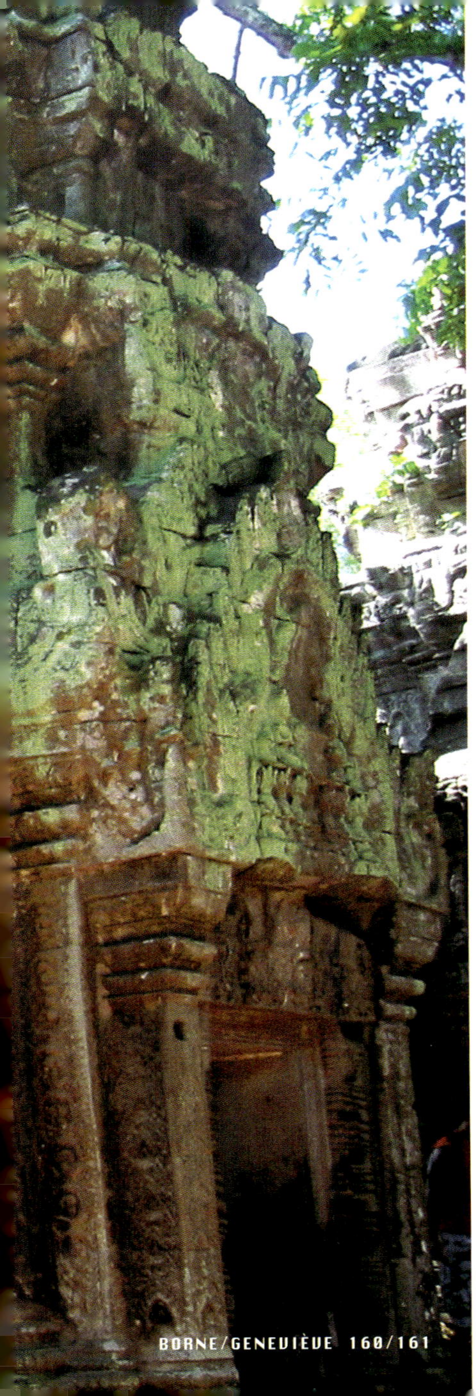

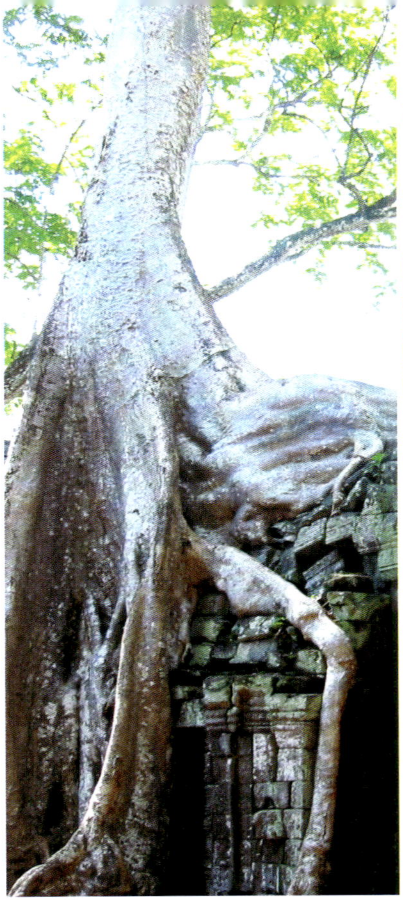

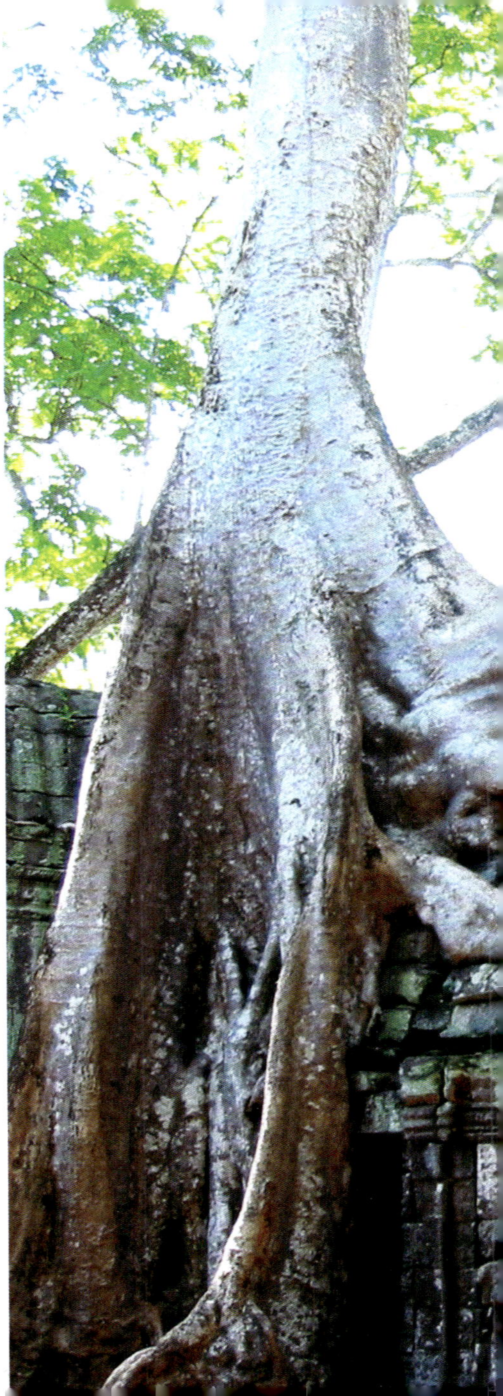

SIEM REAP, CAMBODGE

TEMPLE TA PROHM

Le temple Ta Prohm a été laissé dans l'état où il était lorsqu'on l'a redécouvert au début du xxe siècle. Au fil des ans, la nature a repris le dessus et les arbres ont poussé sur les murs.

« 26 JUIN 2002

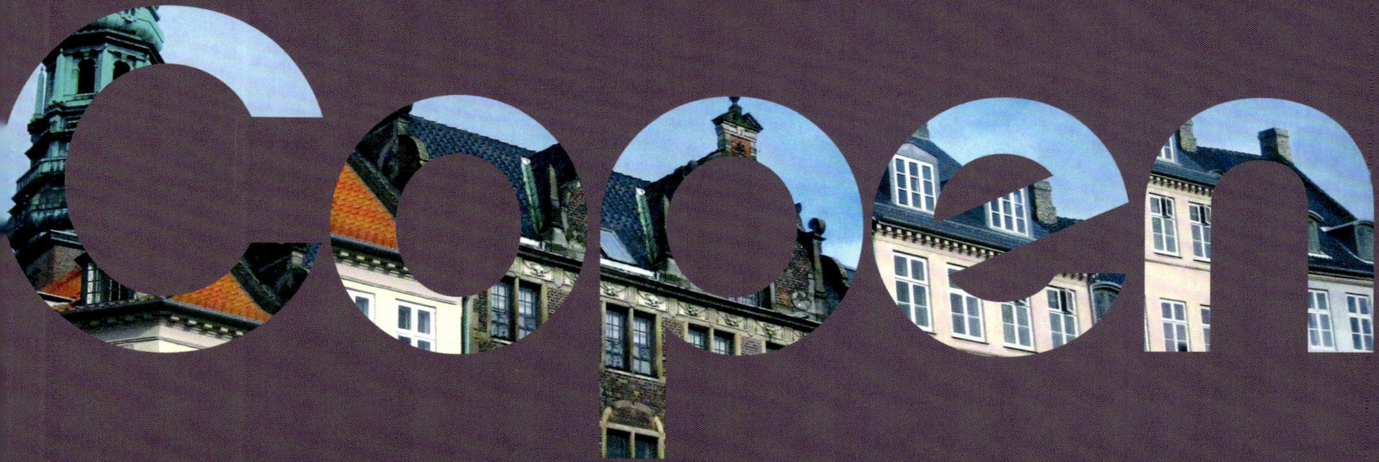
Copen

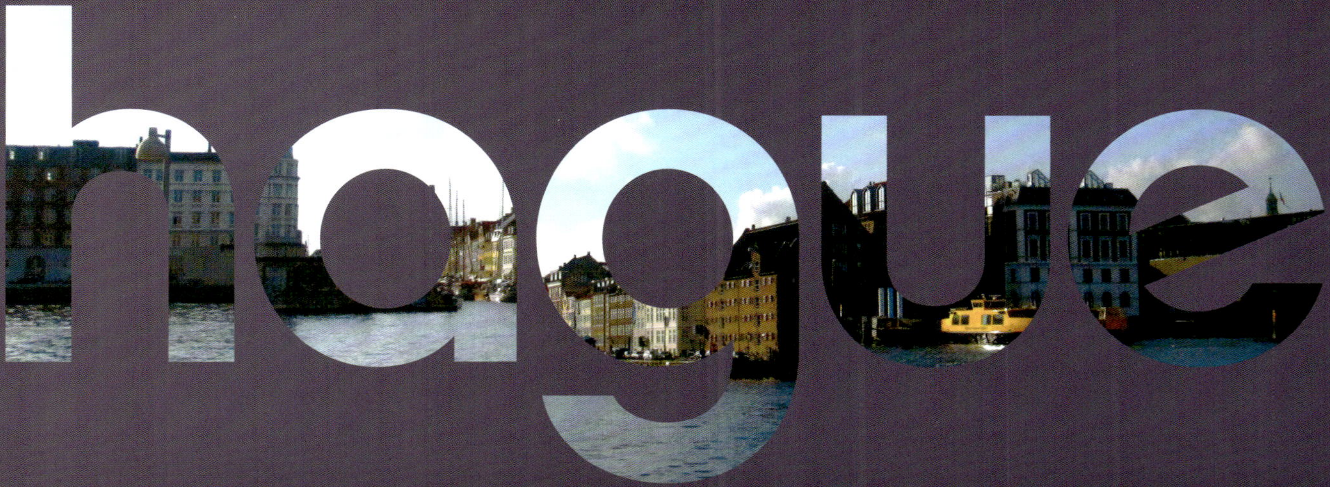

J'ai eu un grand coup de cœur pour Copenhague. La ville est formée de différentes îles enlacées par plusieurs cours d'eau sur lesquels voguent de nombreux bateaux. Même au cœur de la cité, on a le sentiment d'être en vacances. Sur place, j'ai fait comme les citoyens de l'endroit : j'ai emprunté une bicyclette et je me suis baladée dans une des villes les plus charmantes du monde.

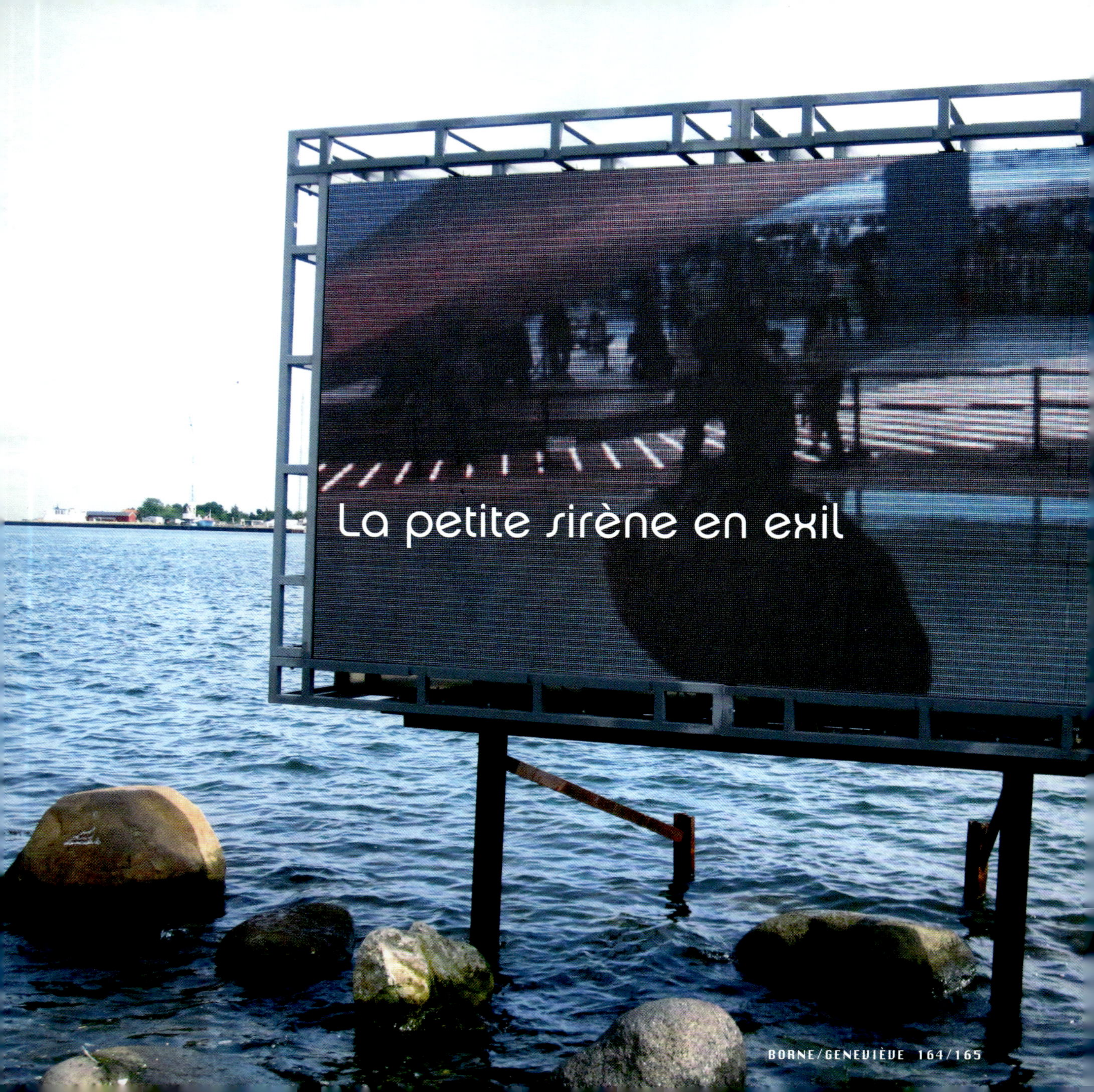
La petite sirène en exil

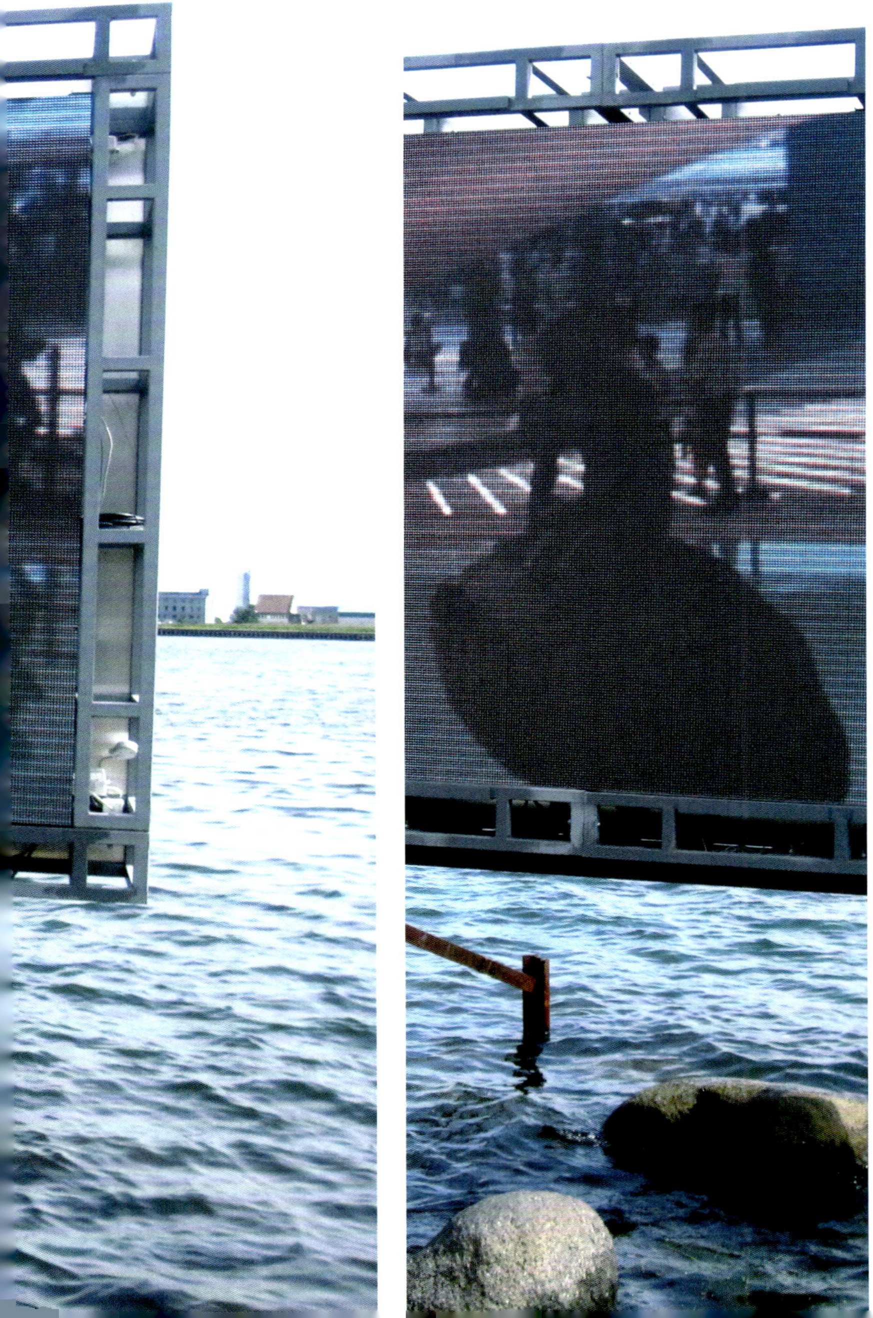

COPENHAGUE, DANEMARK

LA PETITE SIRÈNE EN DIRECT

C'est ici qu'on peut habituellement admirer la statue de la petite sirène, emblème important de Copenhague. Lors de mon passage, elle était exilée à Shangai dans le cadre de l'Exposition universelle. Une image vidéo nous permettait de la contempler en direct de la Chine.

« **23 AOÛT 2010**

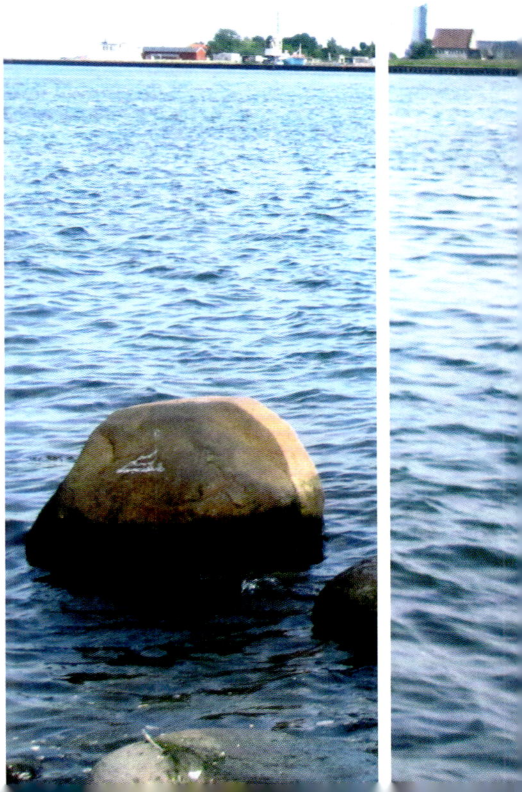

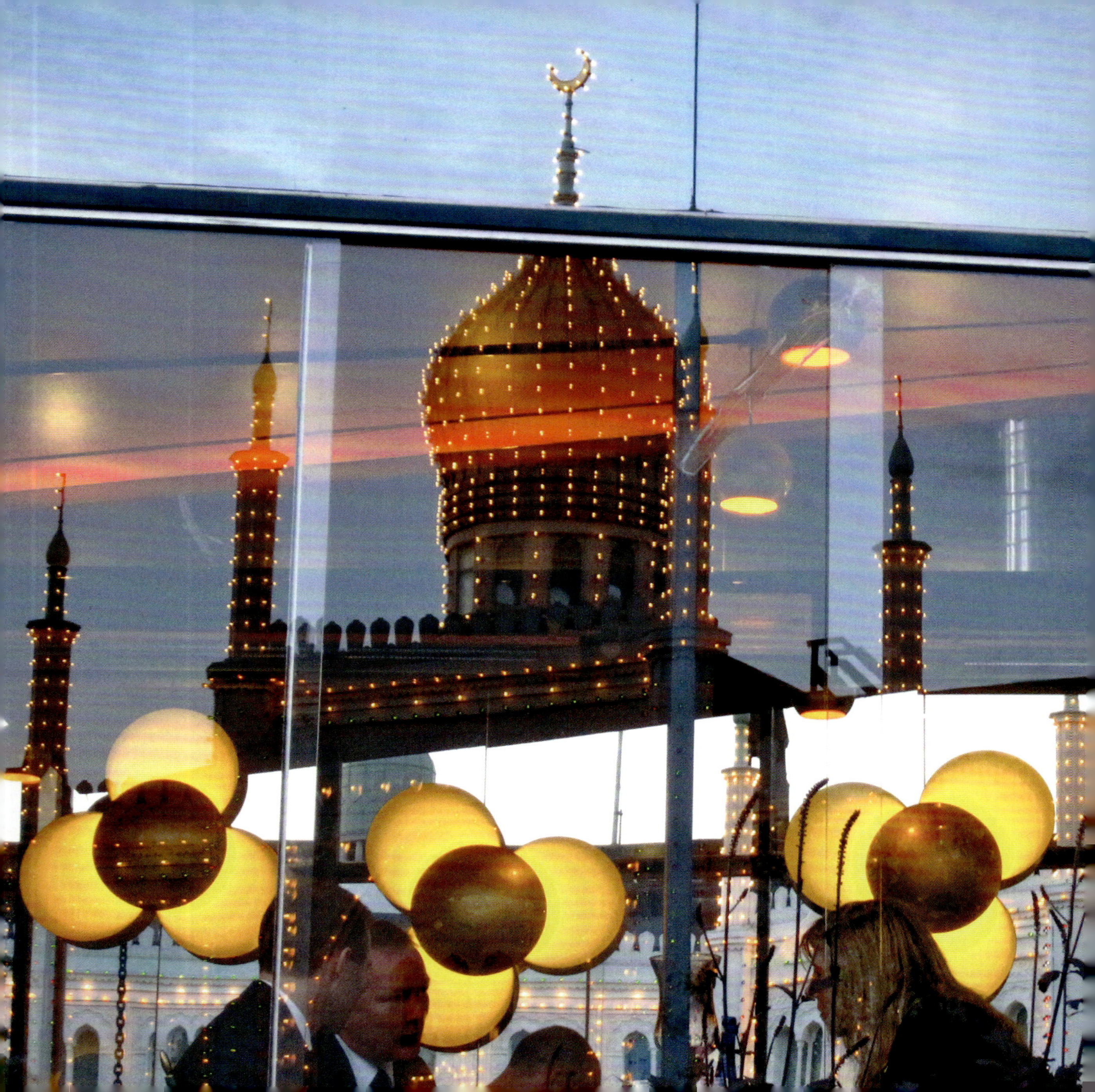

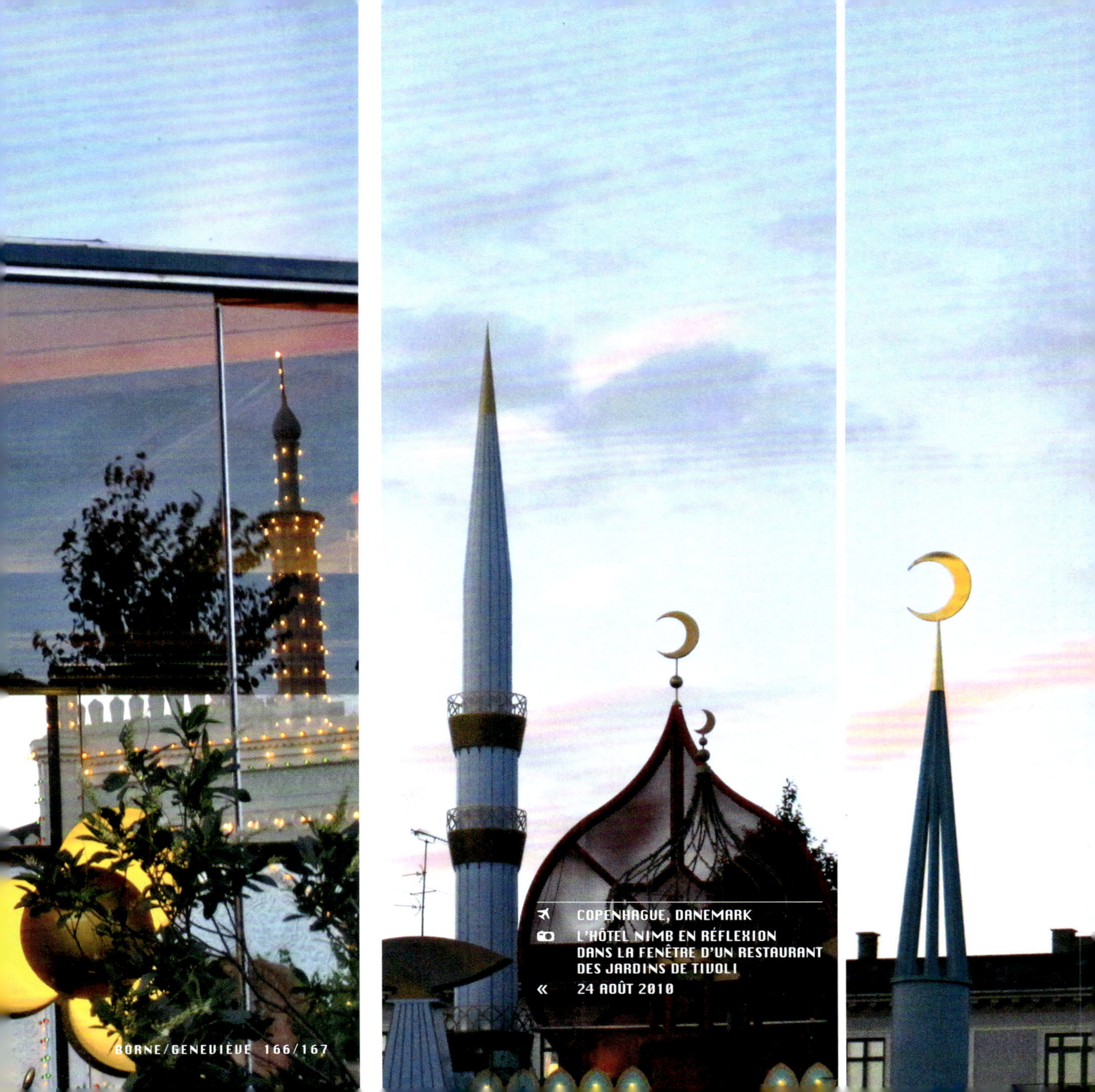

COPENHAGUE, DANEMARK
L'HÔTEL NIMB EN RÉFLEXION DANS LA FENÊTRE D'UN RESTAURANT DES JARDINS DE TIVOLI
« 24 AOÛT 2010

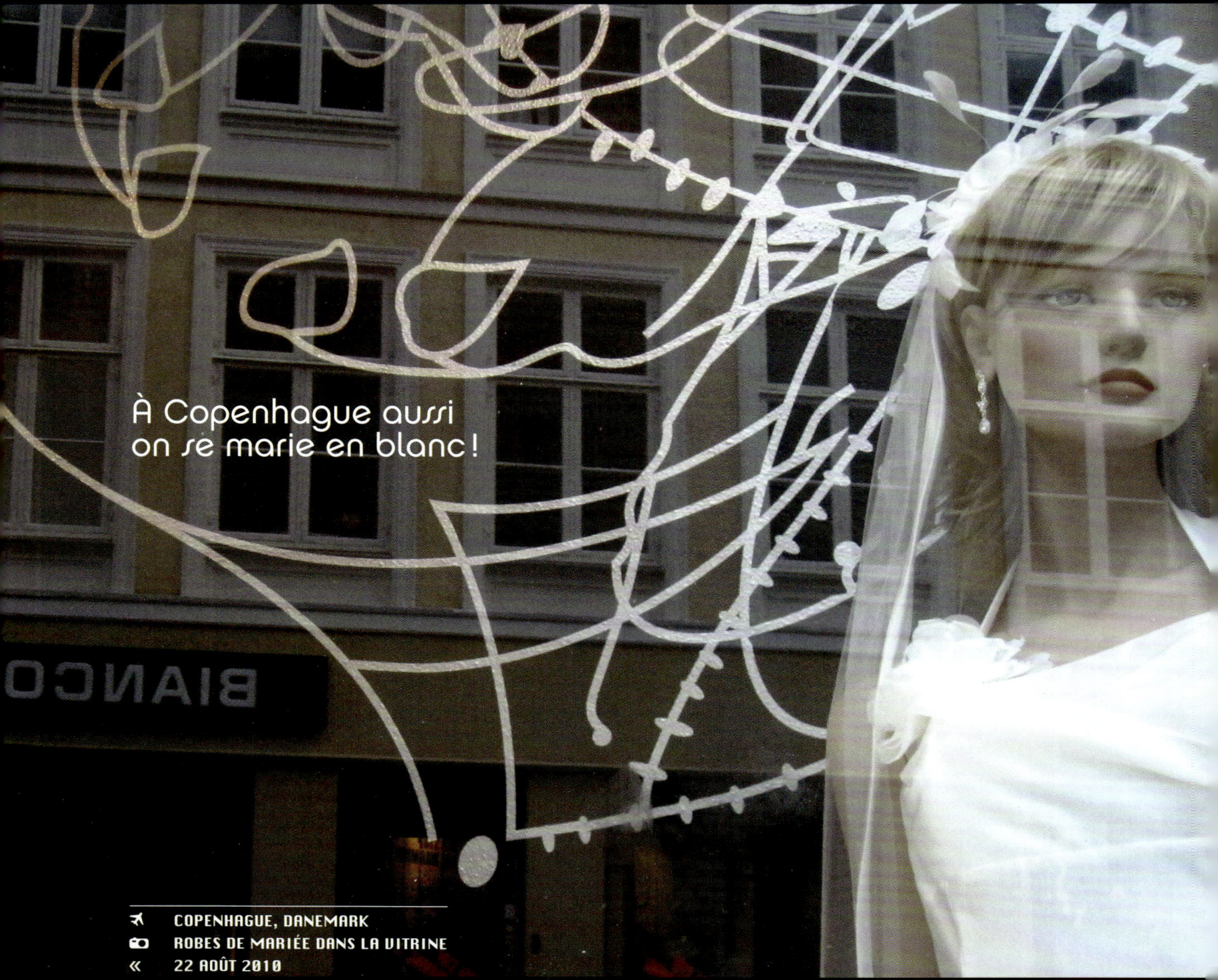

À Copenhague aussi
on se marie en blanc !

COPENHAGUE, DANEMARK
ROBES DE MARIÉE DANS LA VITRINE
« 22 AOÛT 2010

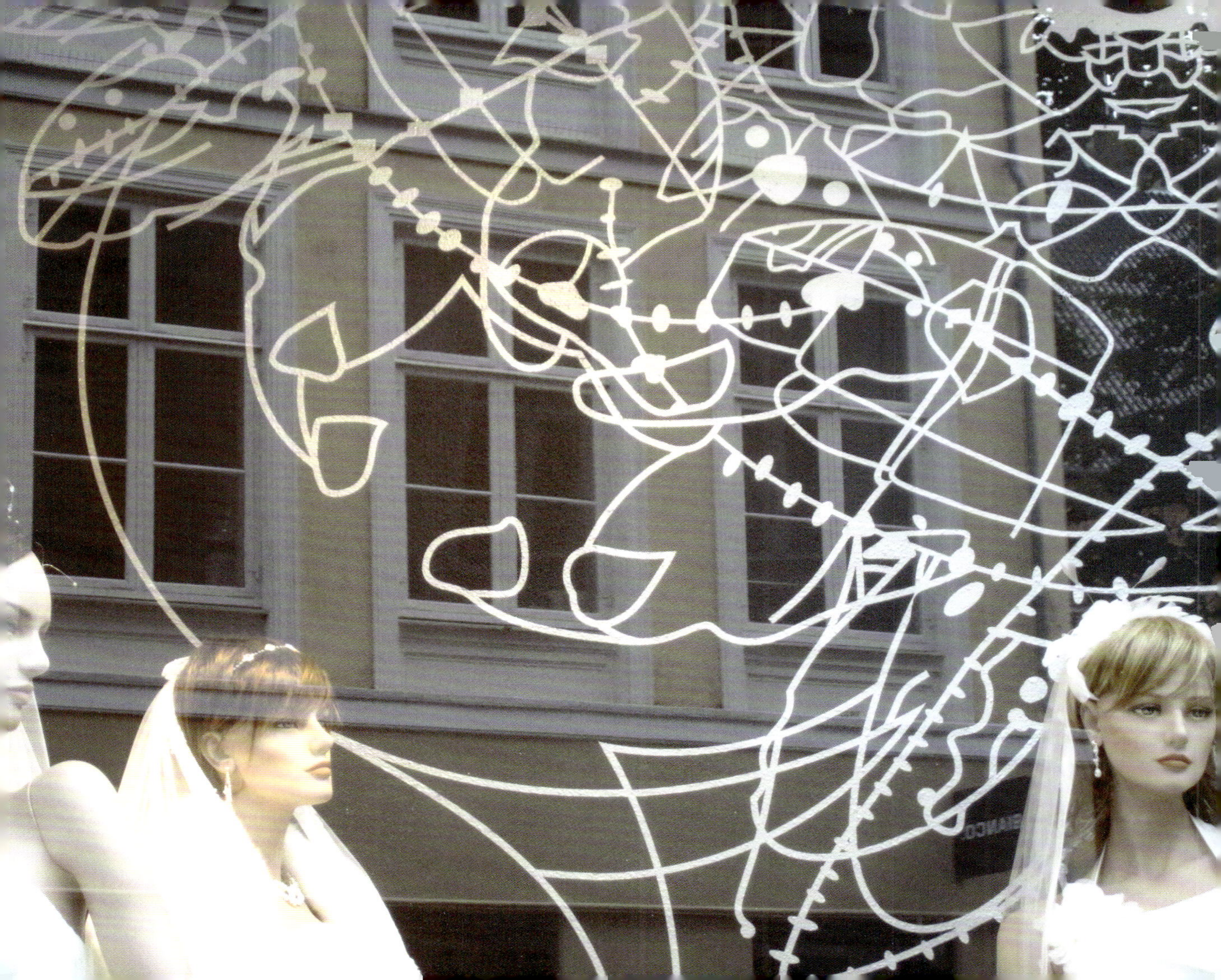

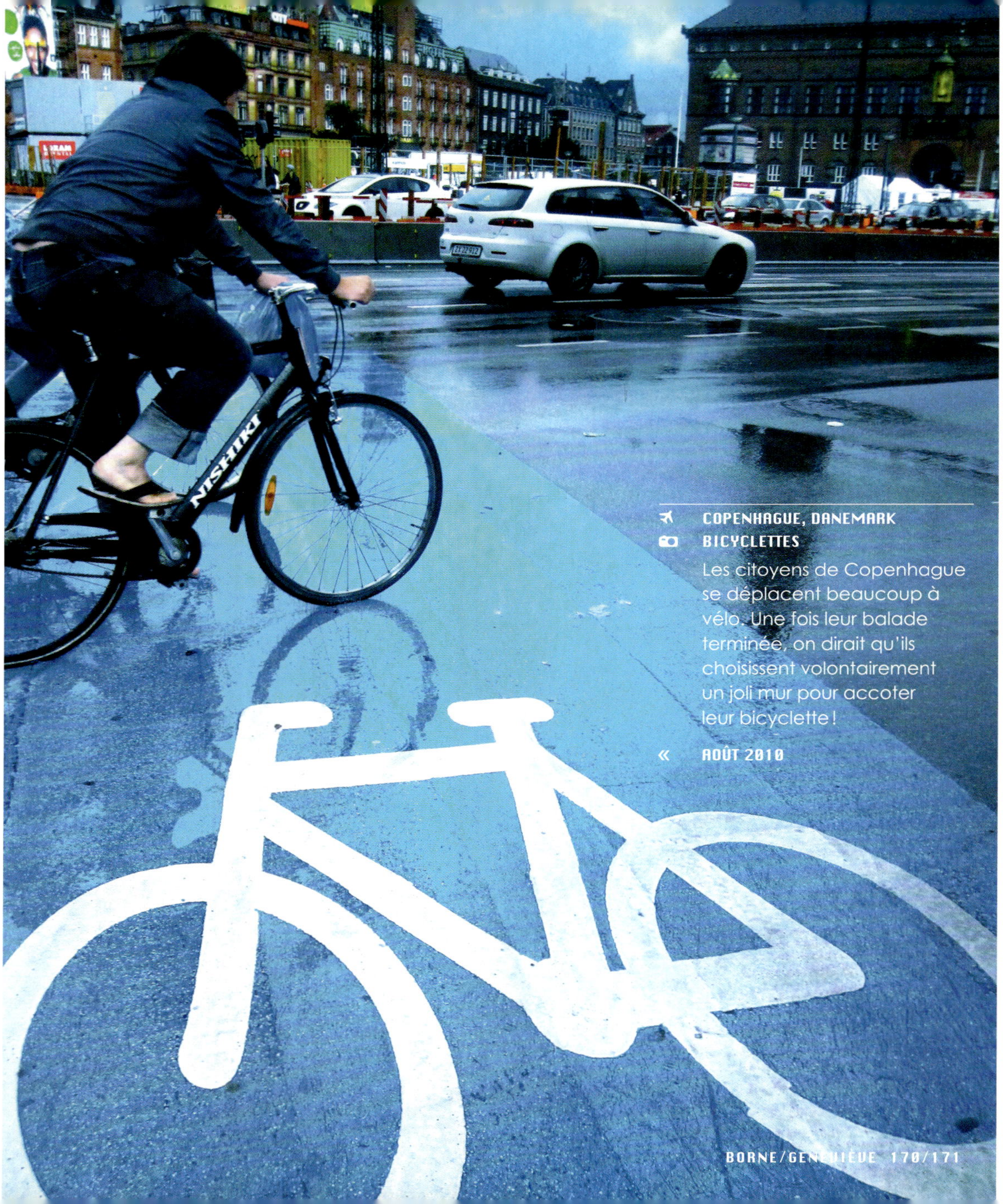

COPENHAGUE, DANEMARK

BICYCLETTES

Les citoyens de Copenhague se déplacent beaucoup à vélo. Une fois leur balade terminée, on dirait qu'ils choisissent volontairement un joli mur pour accoter leur bicyclette !

« **AOÛT 2010**

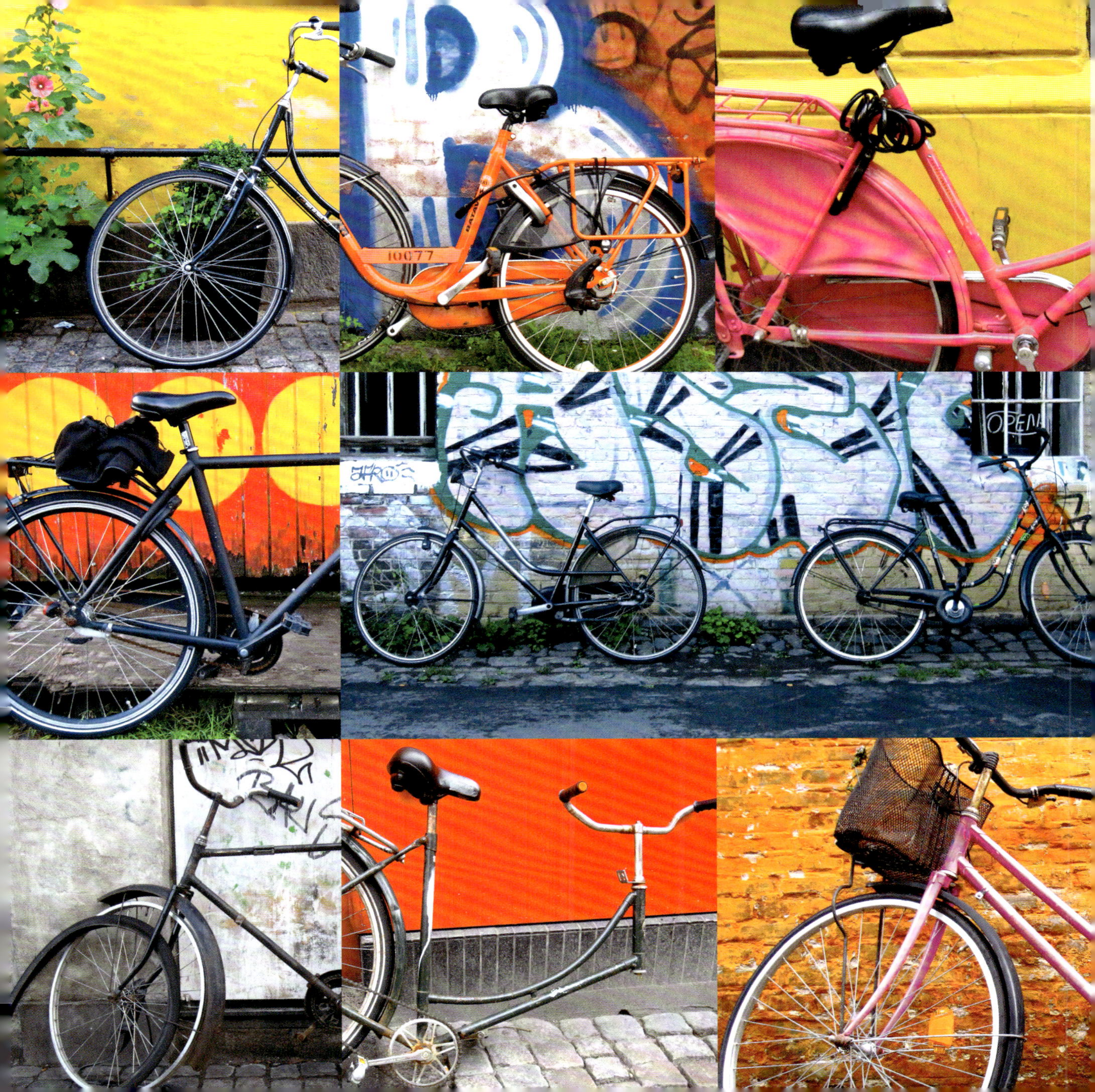
10077
OPEN

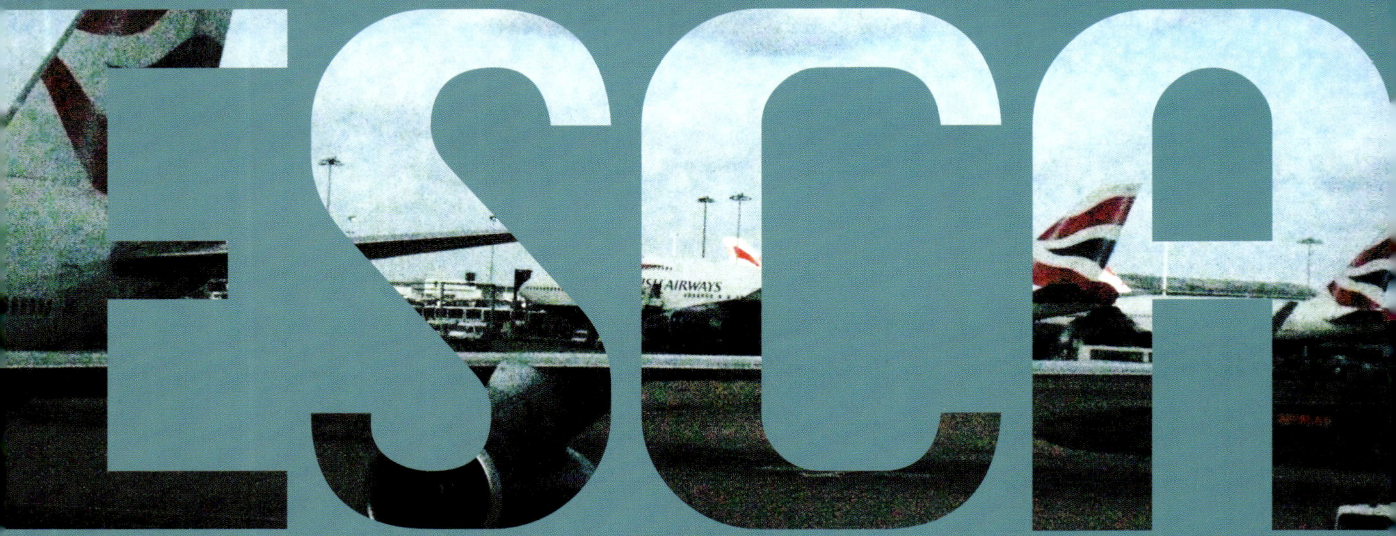
ESCA

LES

Avant l'atterrissage, je vous emmène faire un dernier petit périple autour de la planète dans ce chapitre intitulé Escales. De New York à Helsinki en passant par la Tunisie, l'Argentine, la Suède et le Japon, je vous entraîne dans d'autres lieux qui m'ont enchantée.

La statue de la Liberté est le monument numéro 1 de New York

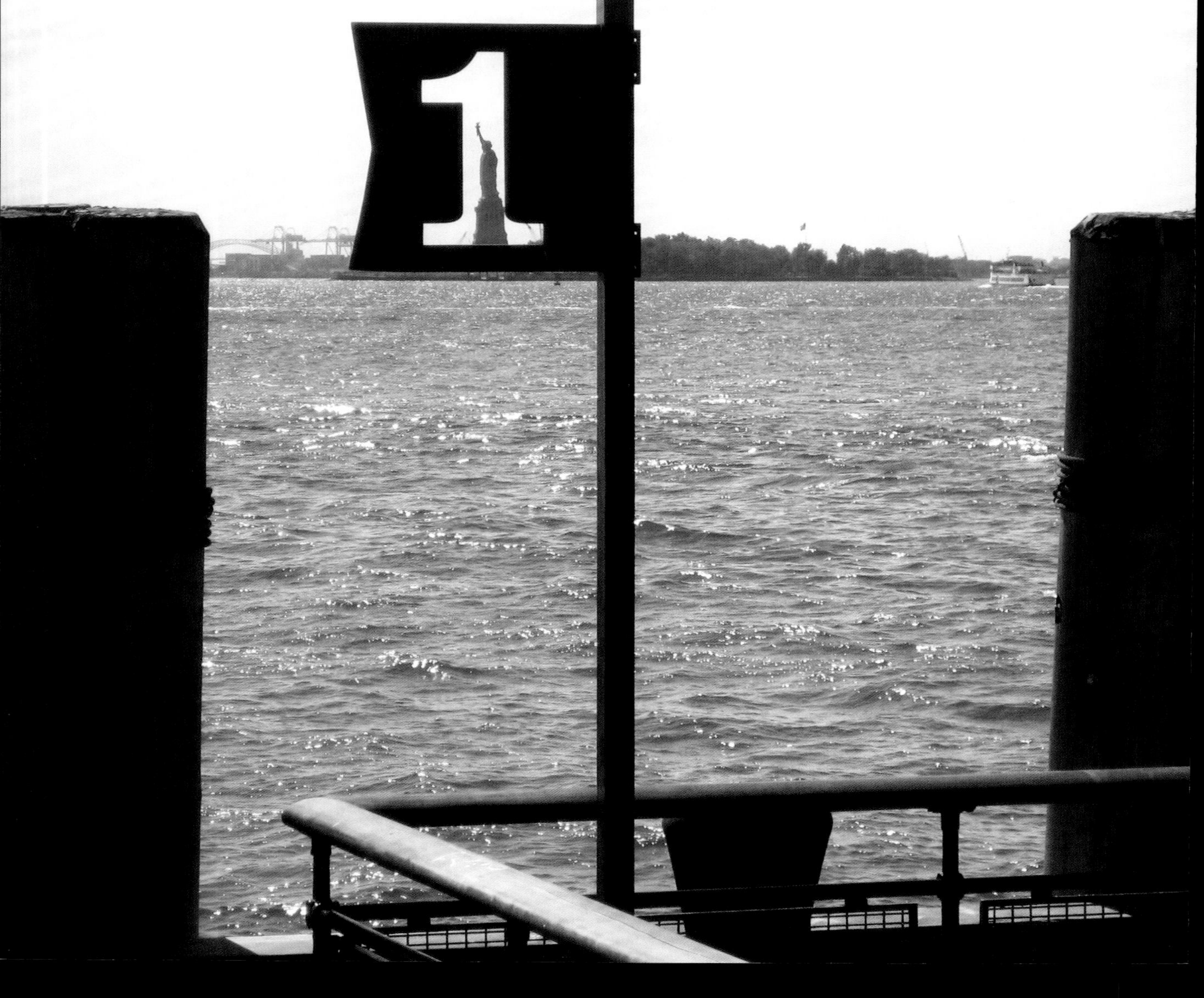

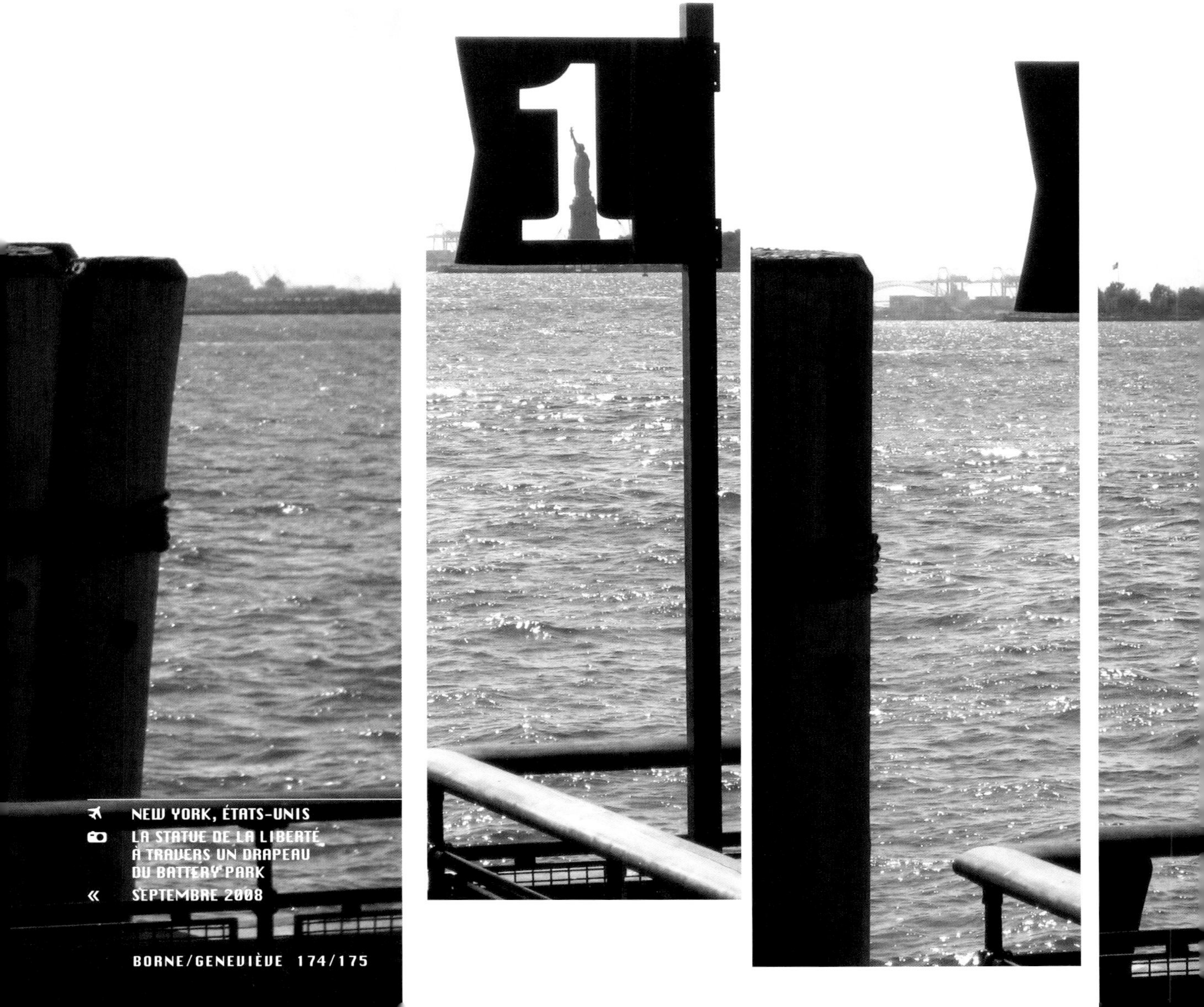

NEW YORK, ÉTATS-UNIS
LA STATUE DE LA LIBERTÉ À TRAVERS UN DRAPEAU DU BATTERY PARK
« SEPTEMBRE 2008

BORNE/GENEVIÈVE 174/175

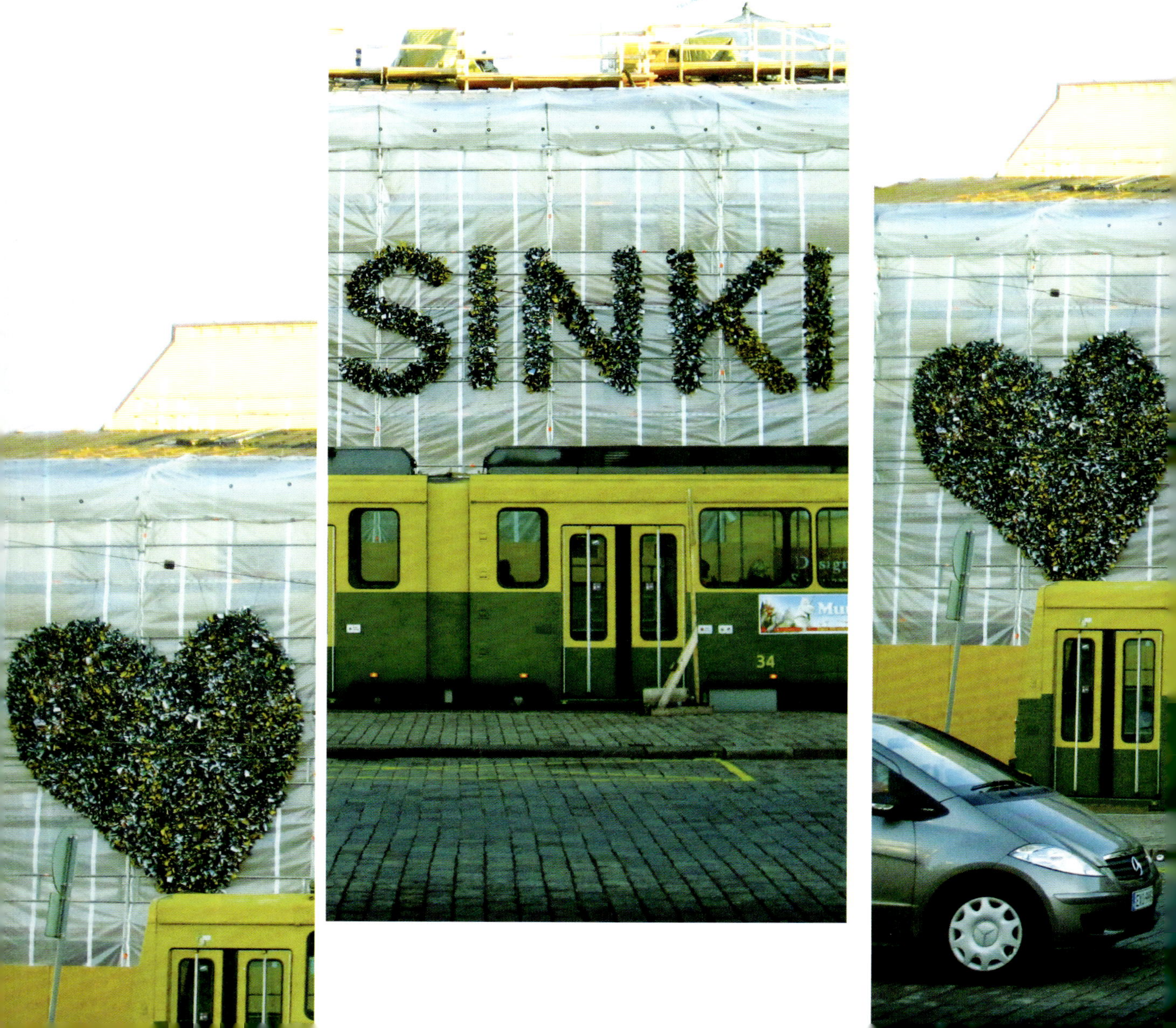
SINKI
34

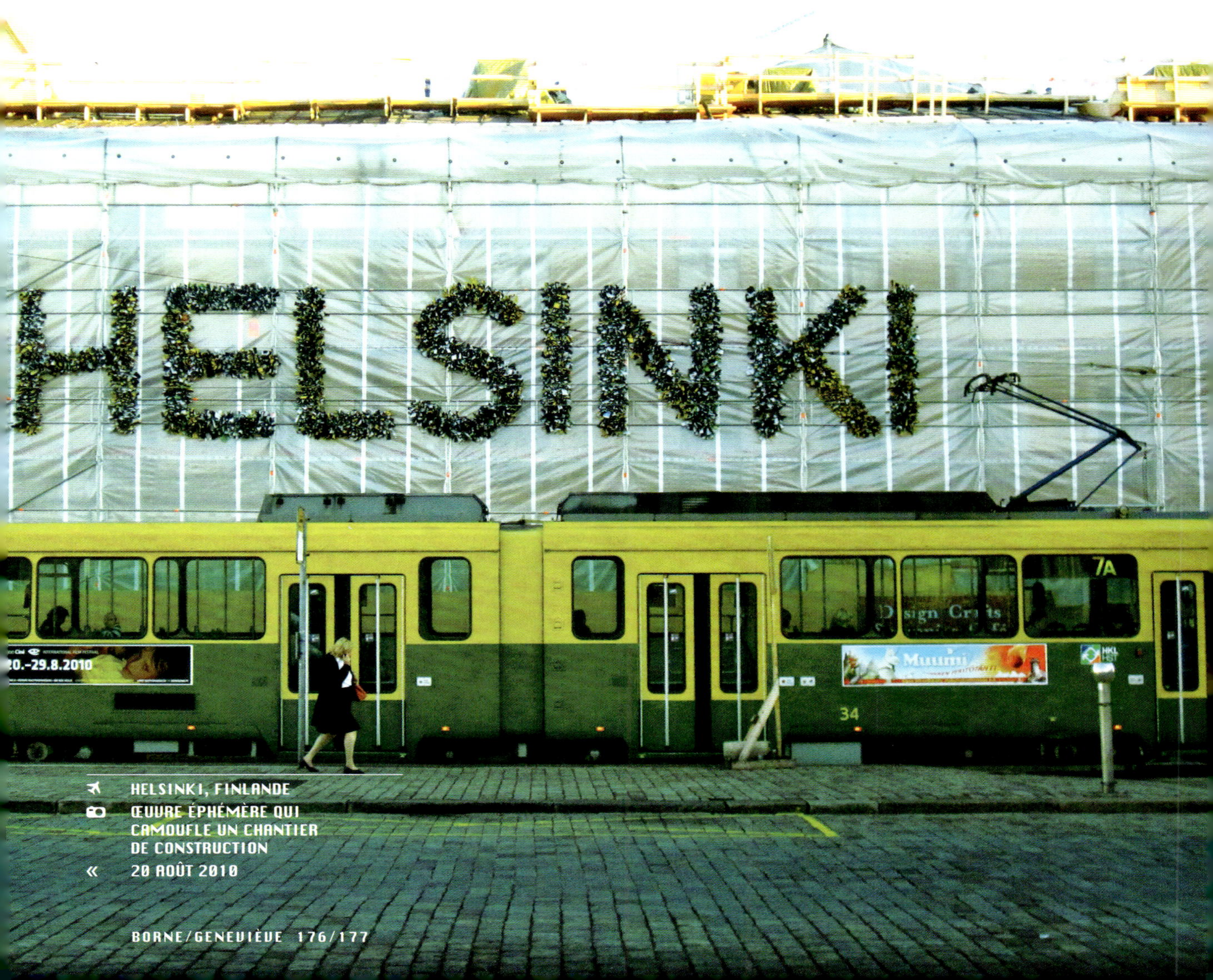

HELSINKI, FINLANDE

ŒUVRE ÉPHÉMÈRE QUI CAMOUFLE UN CHANTIER DE CONSTRUCTION

« 20 AOÛT 2010

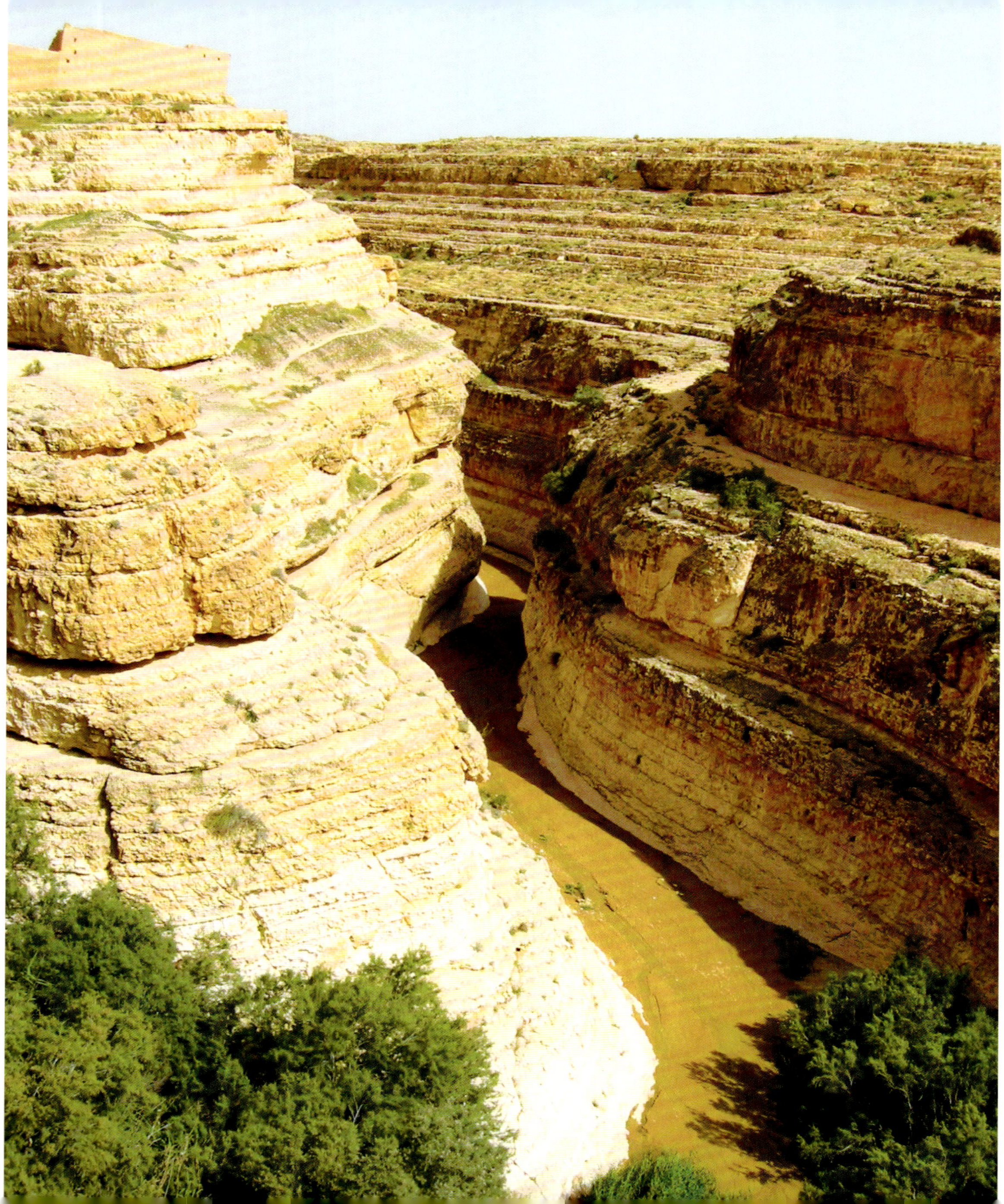

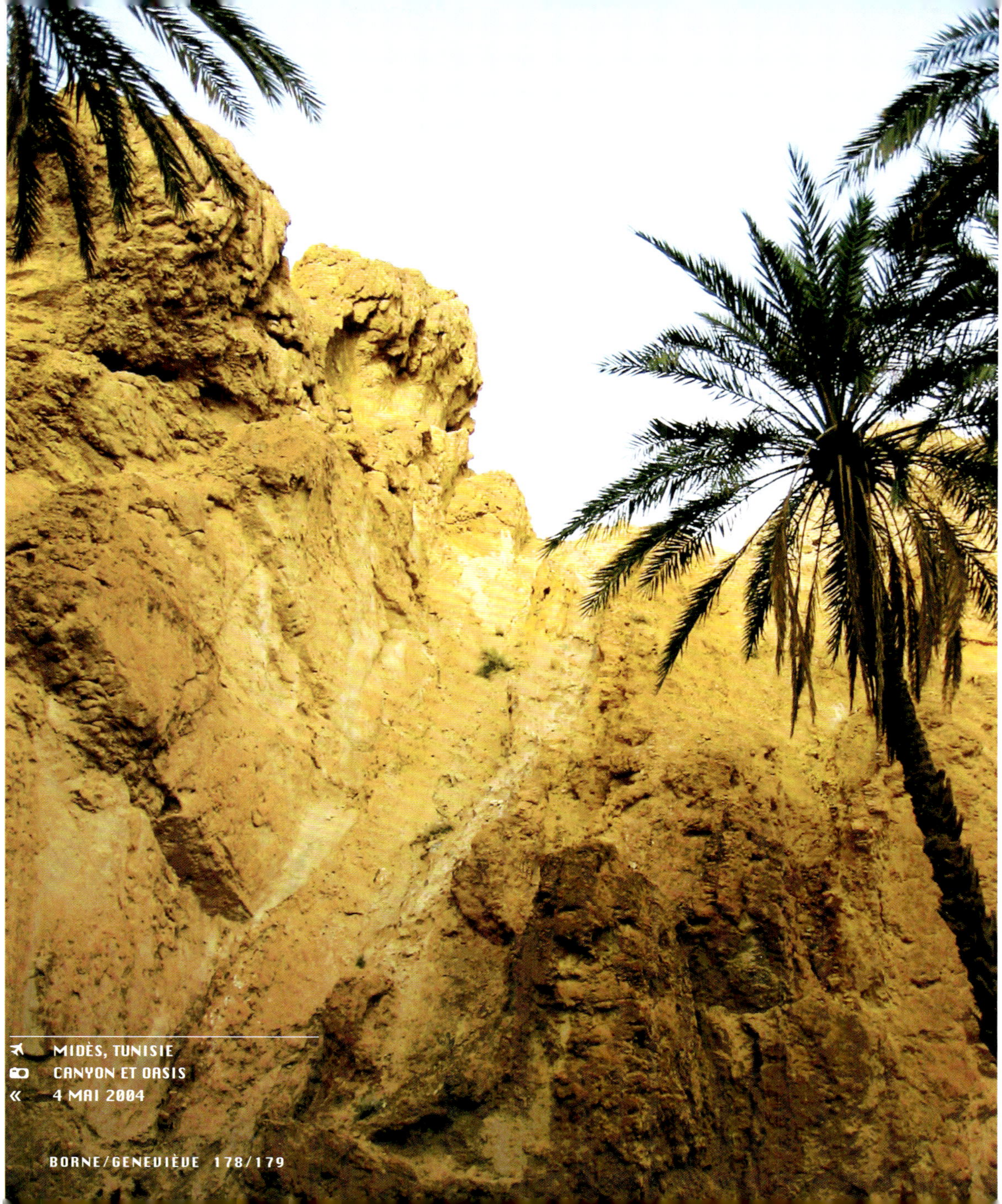

MIDÈS, TUNISIE
CANYON ET OASIS
4 MAI 2004

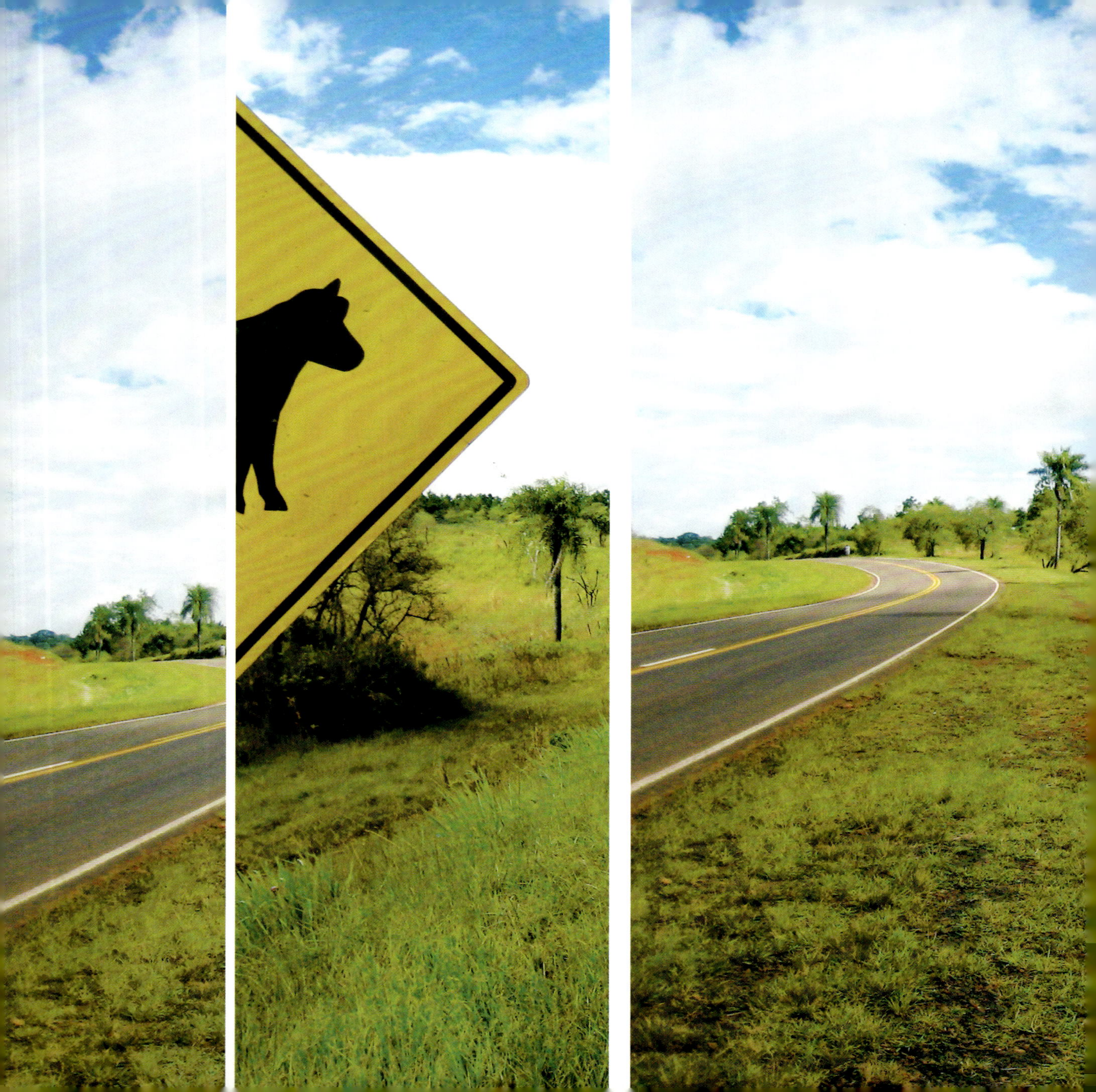

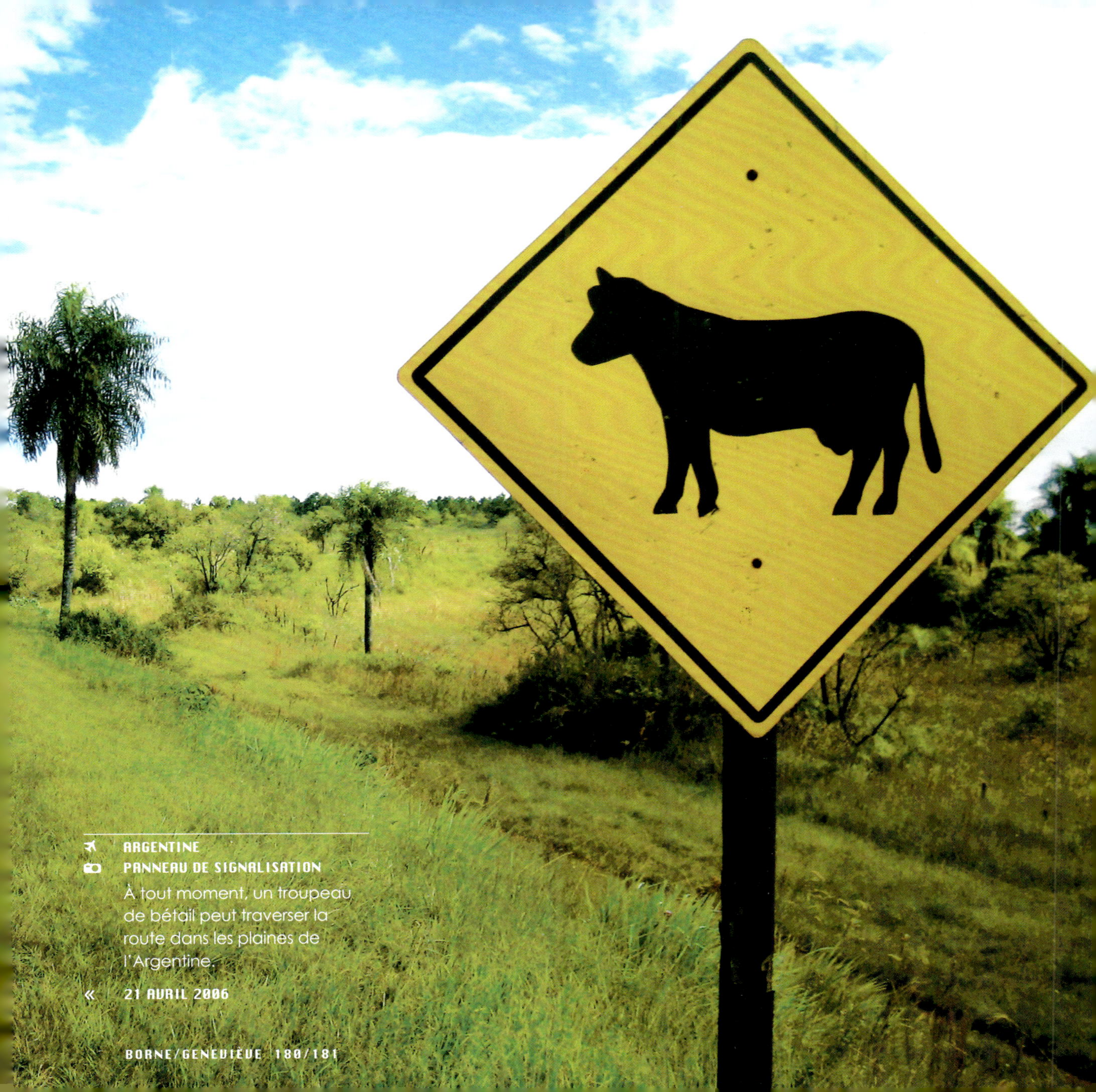

ARGENTINE

PANNEAU DE SIGNALISATION

À tout moment, un troupeau de bétail peut traverser la route dans les plaines de l'Argentine.

« **21 AVRIL 2006**

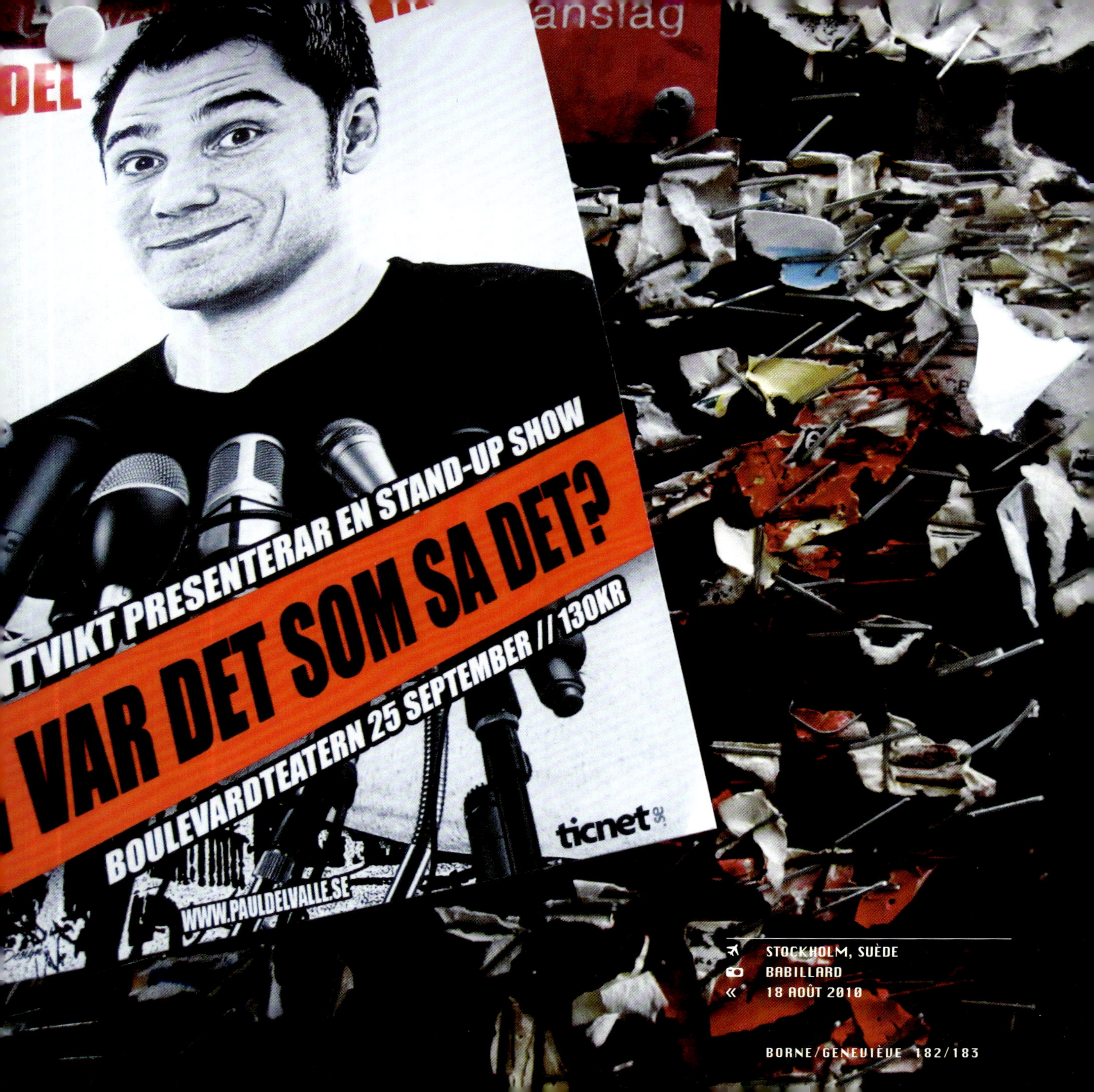

STOCKHOLM, SUÈDE
BABILLARD
« 18 AOÛT 2010

TAND-UP SHOW
SA DET?
SEPTEMBER // 130KR
ticnet

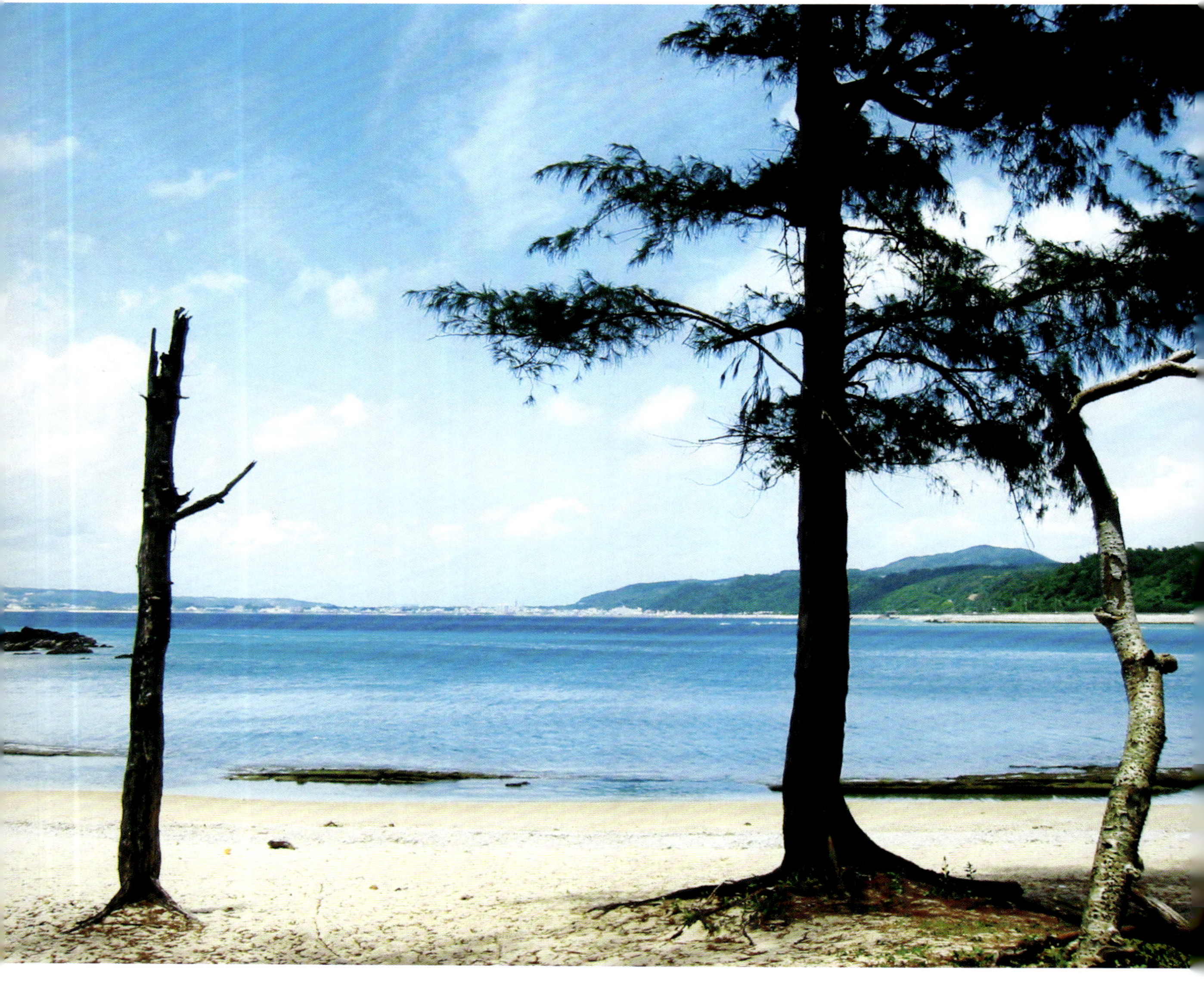

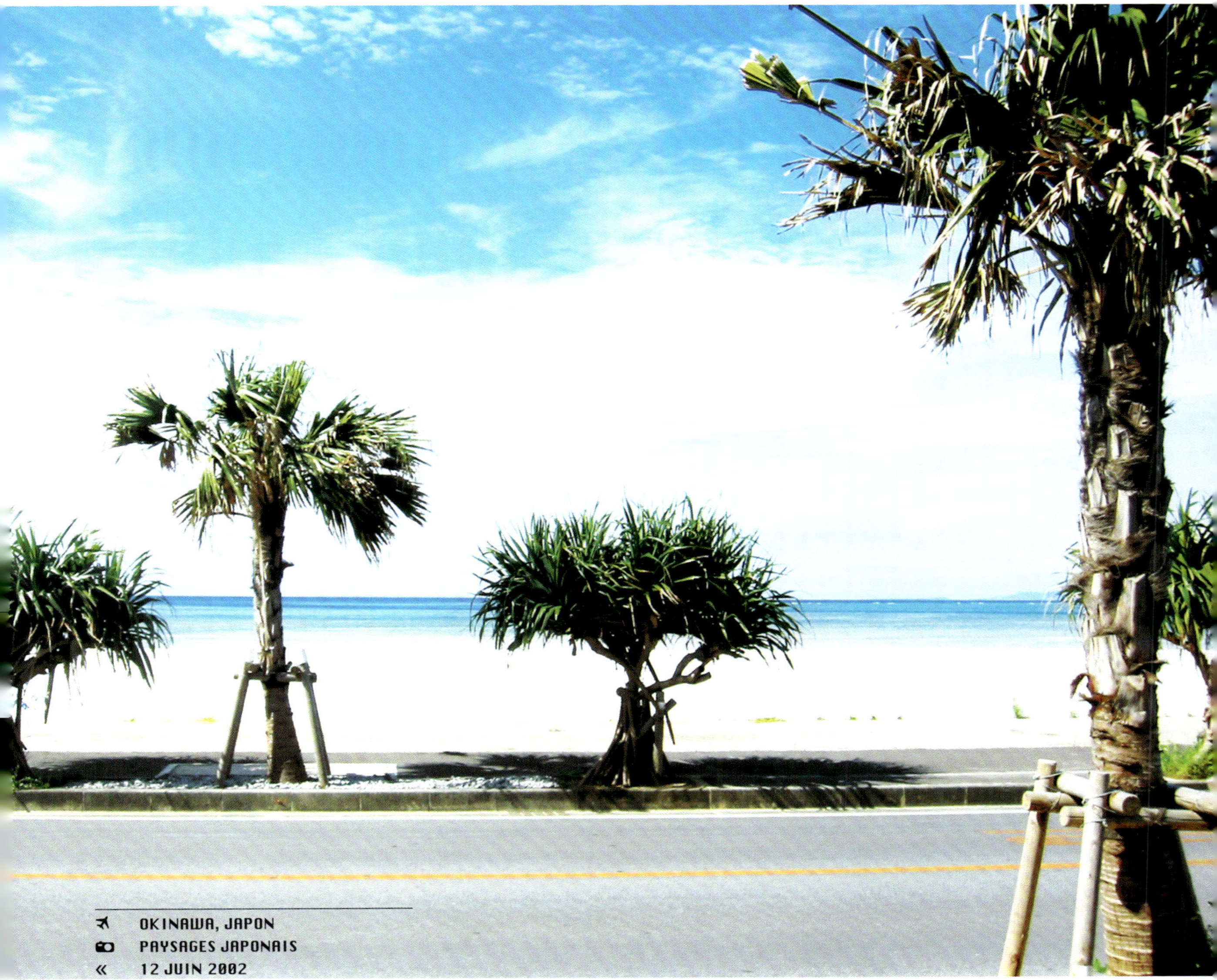

OKINAWA, JAPON
PAYSAGES JAPONAIS
« 12 JUIN 2002

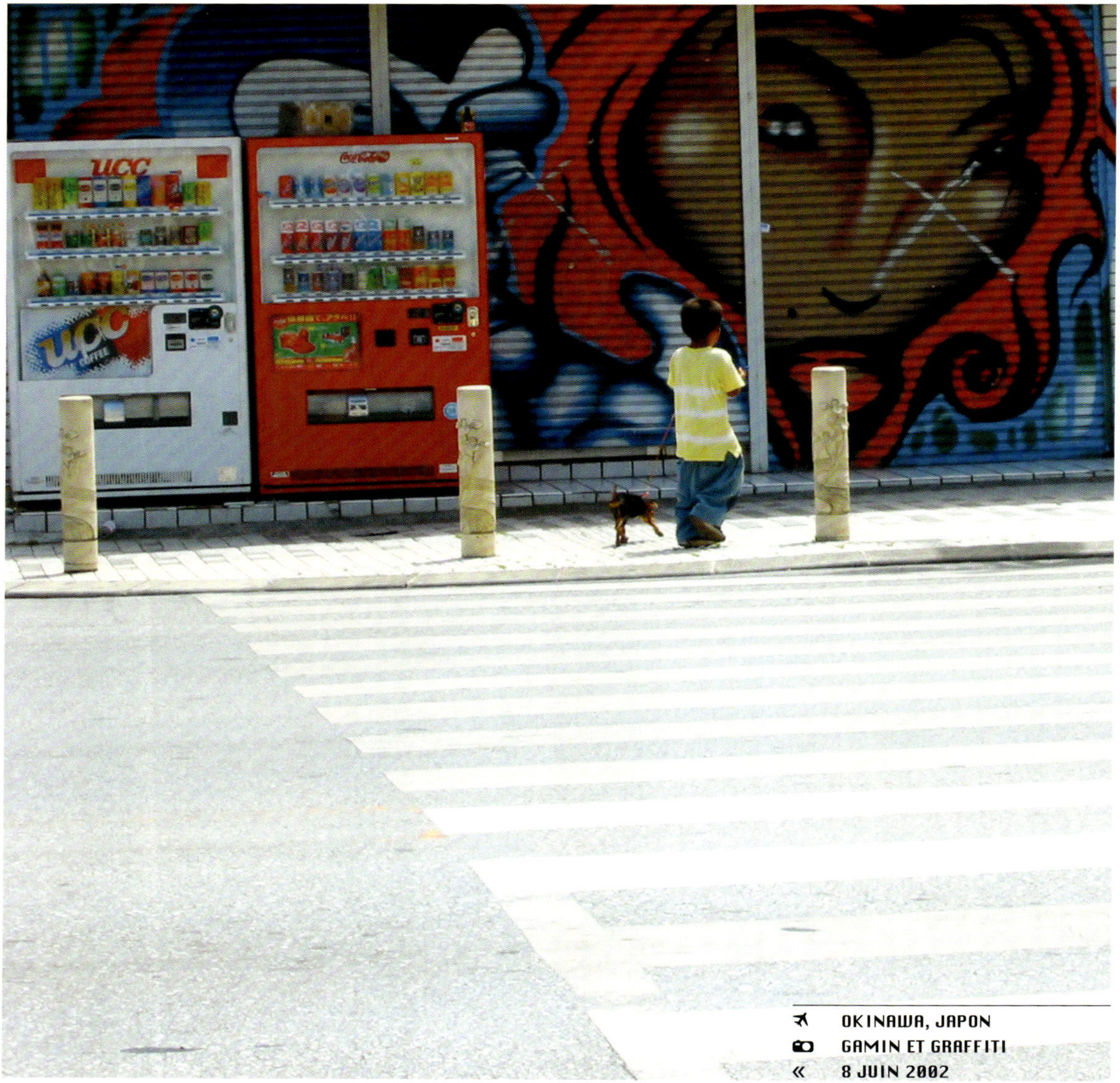

OKINAWA, JAPON
GAMIN ET GRAFFITI
« 8 JUIN 2002

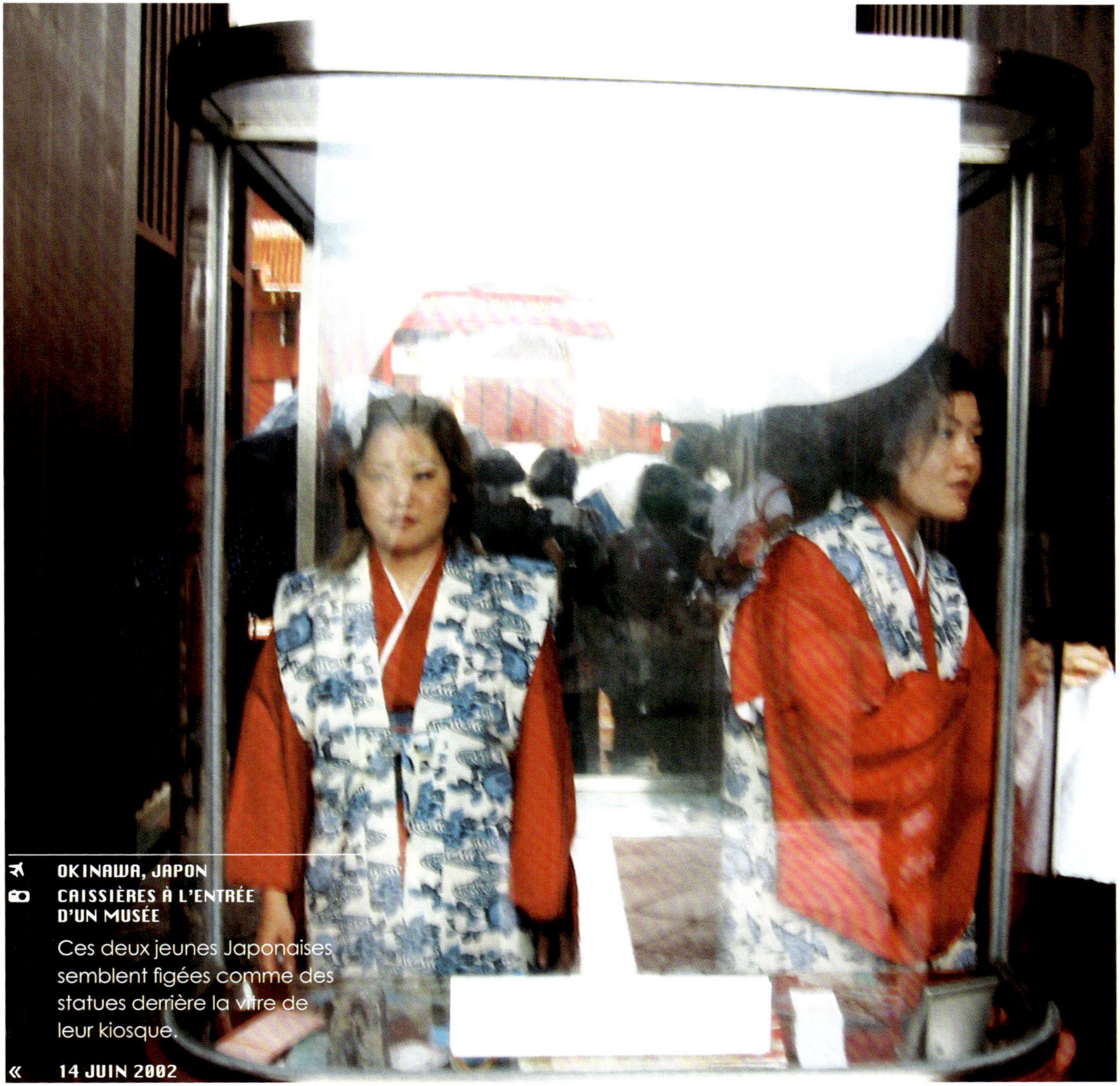

OKINAWA, JAPON

CAISSIÈRES À L'ENTRÉE D'UN MUSÉE

Ces deux jeunes Japonaises semblent figées comme des statues derrière la vitre de leur kiosque.

« 14 JUIN 2002

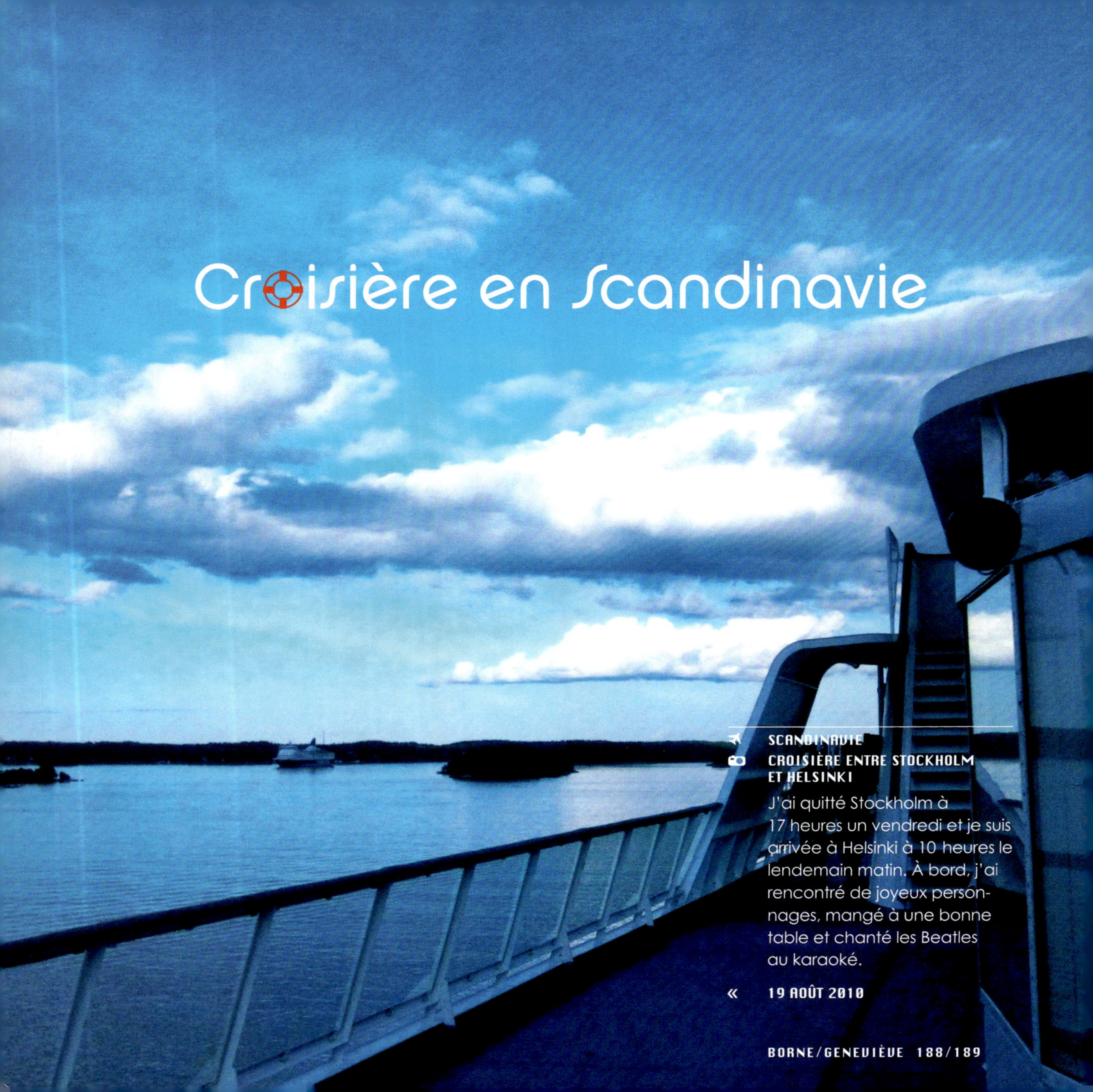

Croisière en Scandinavie

SCANDINAVIE

CROISIÈRE ENTRE STOCKHOLM ET HELSINKI

J'ai quitté Stockholm à 17 heures un vendredi et je suis arrivée à Helsinki à 10 heures le lendemain matin. À bord, j'ai rencontré de joyeux personnages, mangé à une bonne table et chanté les Beatles au karaoké.

« **19 AOÛT 2010**

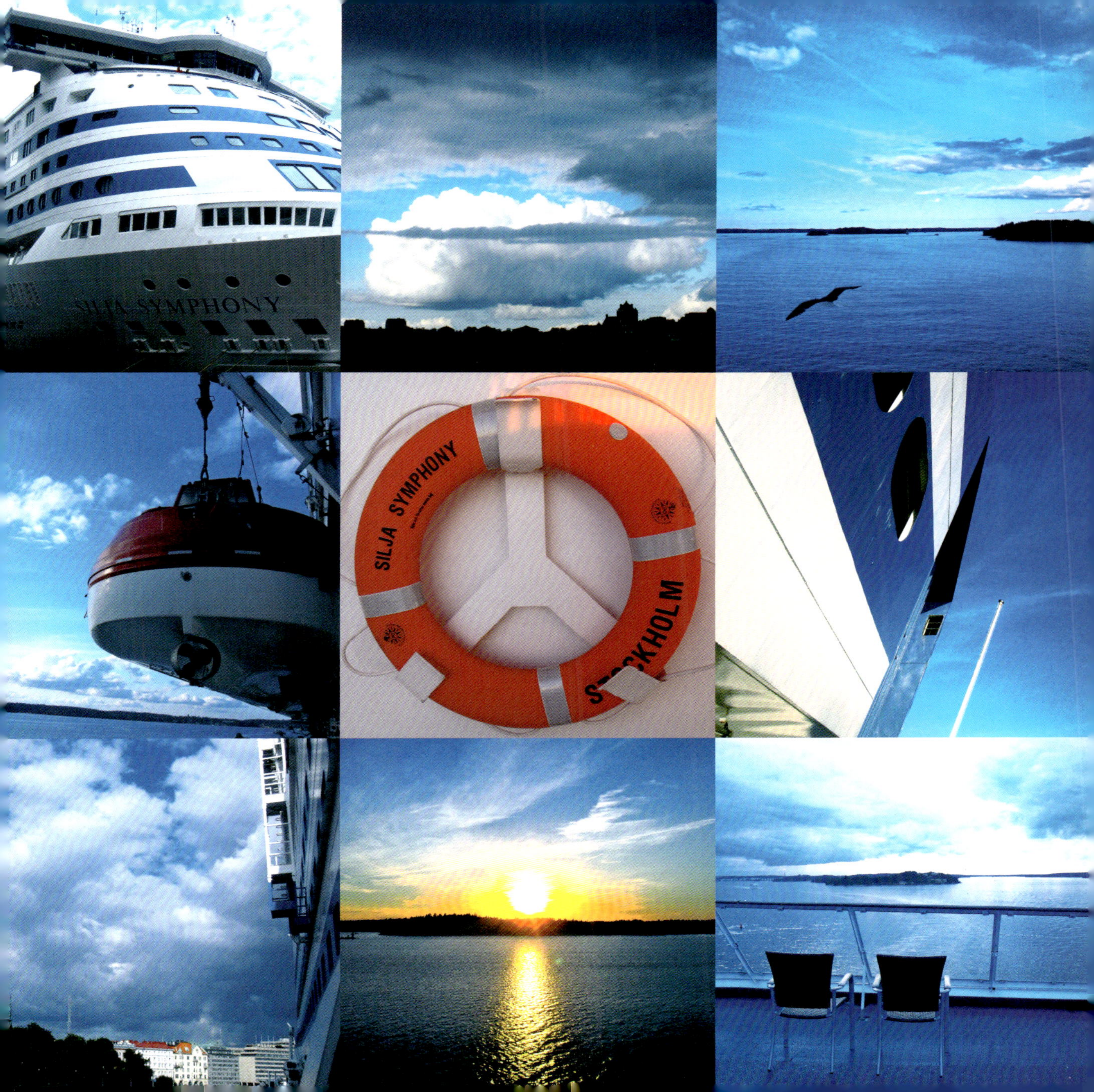
SILJA SYMPHONY
SILJA SYMPHONY

Remerciements

Merci d'abord à Michelle Raymond de m'avoir choisie et d'avoir fait de moi une animatrice d'émissions de voyages. Grâce à elle, j'ai pu explorer en profondeur l'Argentine, la Chine, la Polynésie, la Tunisie et le Viêtnam. Merci à Donat Chabot, mon grand complice de tournages et de safari-photos – que dis-je ? mon mentor ! Merci au réalisateur et producteur Carlos Soldevila, qui m'envoie en mission depuis toutes ces années ! Merci à toute l'équipe d'Évasion pour la belle complicité et la fidélité au fil des ans.

Un merci immense à Ann-Sophie Caouette pour toutes les heures passées à travailler à l'élaboration de ce livre et à faire du « slicing ».

Merci à Julie Snyder et à Jean Lamoureux pour l'aventure-télé *Dans ma caméra* ; ma passion pour la photographie est certainement née de là !

Merci à mes parents, Jacques et Louise, qui m'ont transmis l'amour des voyages. Papa, on se donne encore rendez-vous à l'autre bout de la planète ?

Merci à tous ceux qui, en voyage, m'ont attendue pendant que je prenais une centième photo !
Merci à tous mes amis pour leur soutien et l'enthousiasme qu'ils ont manifesté envers ce projet.
Merci à Martine et à Guy pour les conseils et les encouragements qu'ils m'ont prodigués.
Merci à Bobby et à Pat pour le beau voyage à Moscou. Merci à Catherine Dupont pour l'escapade à Istanbul et merci à Eva de m'avoir fait découvrir son pays envoûtant, le Cambodge.
Kiitos Heidi ihanasta Scandinavian matkasta !
Merci à Michèle Coulombe et l'équipe de *Clin d'œil* qui m'ont toujours soutenue dans mes projets.
Merci à Jude, Patrick Raymond, Michel Valiquette, Stéphane Rocheleau, Julia Yaccarini, Fabien Côté et Jean-François Perreault.
Merci à Erwan Leseul pour la direction allumée et sympathique !
Et, finalement, merci à Pierre Bourdon d'avoir cru en mon projet.

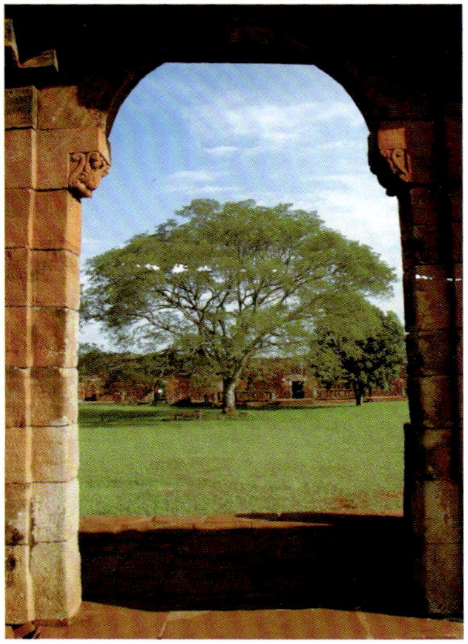

Suivez les Éditions de l'Homme sur le Web

Consultez notre site Internet et inscrivez-vous à l'infolettre pour rester informé en tout temps de nos publications et de nos concours en ligne. Et croisez aussi vos auteurs préférés et l'équipe des Éditions de l'Homme sur nos blogues!

www.editions-homme.com

Achevé d'imprimer au Canada